“十三五”国家重点出版物出版规划项目

转型时代的中国财经战略论丛

中国农村多维贫困代际传递治理研究

尹　秀　著

中国财经出版传媒集团
经济科学出版社
Economic Science Press

图书在版编目（CIP）数据

中国农村多维贫困代际传递治理研究/尹秀著.
—北京：经济科学出版社，2021.6
（转型时代的中国财经战略论丛）
ISBN 978-7-5218-2453-7

Ⅰ.①中… Ⅱ.①尹… Ⅲ.①农村-贫困问题-研究-中国 Ⅳ.①F323.8

中国版本图书馆 CIP 数据核字（2021）第 057357 号

责任编辑：于海汛 姜思伊
责任校对：刘 昕
责任印制：范 艳 张佳裕

中国农村多维贫困代际传递治理研究
尹 秀 著
经济科学出版社出版、发行 新华书店经销
社址：北京市海淀区阜成路甲 28 号 邮编：100142
总编部电话：010-88191217 发行部电话：010-88191522
网址：www.esp.com.cn
电子邮箱：esp@esp.com.cn
天猫网店：经济科学出版社旗舰店
网址：http://jjkxcbs.tmall.com
北京季蜂印刷有限公司印装
710×1000 16 开 14 印张 230000 字
2021 年 7 月第 1 版 2021 年 7 月第 1 次印刷
ISBN 978-7-5218-2453-7 定价：56.00 元
（图书出现印装问题，本社负责调换。电话：010-88191510）

本书受到山东省高等学校青创人才引育计划“理论经济学研究型创新团队”的资助。

前　言

新中国成立以来，经过70多年的发展，我国经济总量稳居世界第二位，成为世界第二大经济体；人均GDP稳步增加，已经进入上中等收入国家行列。随着生产力不断发展、经济总量增加、人均可支配收入增长，我国已经解决了十几亿人口的温饱问题；随着新时代脱贫攻坚任务如期完成，我国现行标准下农村贫困人口全部脱贫，绝对贫困和区域性整体贫困问题完全消除。但是，如何巩固拓展脱贫攻坚成果，关注农村低收入人群的发展问题，缓解相对贫困的代际传递，促进共同富裕的实现，依然是建成社会主义现代化强国、实现民族复兴的重大课题。

新时代下对相对贫困问题的解决应有新思路。党的十九大报告中明确指出，“中国特色社会主义进入新时代，我国社会主要矛盾已经转化为人民日益增长的美好生活需要和不平衡不充分的发展之间的矛盾”。在新的发展阶段，我国社会的主要矛盾发生了重大变化，人民对美好生活的需要日渐广泛，不仅限于物质层面；而对于相对易返贫致贫人口而言，他们的生活还停留在较低的层面。要履行“让贫困人口和贫困地区同全国一道进入全面小康社会”的庄严承诺，就要在解决贫困问题时，既要考虑易返贫致贫人口的“生存需要”，也要考虑其“发展需要”，让易返贫致贫人口真正脱贫的同时，也让他们拥有足够的发展能力。同时，党的十九大报告强调要“坚持以人民为中心的发展思想”并“促进人的全面发展”。这也为我国解决相对贫困问题提出了新要求，要促进人的全面发展就要满足人的多维需求。对相对贫困人口而言，要考虑其致贫诱因的多样性，而不应该仅仅以收入为唯一的贫困衡量标准。

本书以马克思主义和中国特色社会主义反贫困理论为指导，借鉴西方经济学中有益理论成果，坚持“人的全面发展”，立足于我国农村现状，从贫困代际传递视角入手，以多维贫困指标代替单一的收入贫困指标，分析我国农村地区多维贫困代际传递现象，探寻其历史和现实诱因，并致力于提出治理我国农村多维贫困代际传递的主要路径和措施。

全书的主要研究思路为：

首先，在对国内外学者的现有研究成果、马克思主义理论、中国特色社会主义反贫困理论以及西方经济学中部分理论成果进行系统梳理的基础上，分析新中国成立以来我国农村贫困代际传递的历史演进以及阶段特征。基于中国健康与营养调查（CHNS）微观数据库，利用熵值法构建个体多维贫困指数，并分别从成人和儿童视角，利用logit回归、转移矩阵和分位数回归等方法实证分析了我国农村多维贫困以及多维贫困代际传递现状。其次，从户籍制度、城乡二元土地制度、教育制度、就业制度和社会保障制度演变的视角分析了我国农村多维贫困代际传递的外因；从低收入家庭内部收入约束和文化贫困影响下的个体选择视角分析了贫困代际传递的内因；在外因和内因的共同作用下，我国农村多维贫困代际传递问题发生在家庭生命周期的不同阶段，显示了明显的阶段异质性。最后，在具体分析我国农村多维贫困代际传递现状、诱因和阶段异质性的基础上，提出阻断我国农村地区多维贫困代际传递的路径和措施。

本书是在笔者博士毕业论文的基础上修改完成的，写作时间为2018~2019年，我国脱贫攻坚任务还未完全结束之期，书中表述欠妥之处，笔者在后续修改中做了适当调整。2020年底，我国脱贫攻坚目标任务如期完成，现行标准下农村贫困人口全部脱贫，绝对贫困和区域性整体贫困得以完全消除。本书以解决相对贫困为目标，分析我国农村欠发达地区多维贫困代际传递问题，以期为我国“巩固提升脱贫攻坚成果”，促进低收入人群的全面发展做出部分贡献。

由于笔者学术水平有限，对部分问题的分析研究还未深入，希望读者提出宝贵意见！

尹　秀

2020年10月

目　录

第1章 导　论

2020 年是新中国成立 71 周年，改革开放也走过了 42 个年头。在 70 多年的发展过程中，我国“创造了世所罕见的经济快速发展奇迹和社会长期稳定奇迹，中华民族迎来了从站起来、富起来到强起来的伟大飞跃”。① 而今，我国经济发展总量稳居世界第二位，是世界第二大经济体；人均 GDP 稳步增长，我国已经进入上中等收入国家行列。随着我国生产力的不断发展、经济总量增加、人均可支配收入的增长，我国已经稳定解决了十几亿人口的温饱问题；随着新时代脱贫攻坚任务如期完成，我国现行标准下农村贫困人口全部脱贫，绝对贫困和区域性整体贫困问题完全消除。但是，如何巩固拓展脱贫攻坚成果，关注农村低收入人群的发展问题，缓解相对贫困的代际传递，促进共同富裕的实现依然是我国建成社会主义现代化强国、实现民族复兴的重大问题。

1.1 选题背景及研究意义

1.1.1 选题背景

1. 经济实现跨越式发展，综合国力和国际影响力日渐增强

在历史发展的长河中，我国一直是一个农业大国，农业生产力的发展曾经在历史发展的多个阶段发挥了重要作用。在农耕文明的历史长河

① 中共中央关于坚持和完善中国特色社会主义制度　推进国家治理体系和治理能力现代化若干重大问题的决定［N］. 人民日报，2019 - 11 - 06（1）.

中，我国曾经不仅经济总量领先，而且综合国力、国际影响力也领先世界各国。这样的领先地位使我国当时不仅成为举世闻名的经济中心，而且成为举世闻名的思想文化中心。“我国历史上的发展和辉煌，同当时我国科技发明和创新密切相关。我国古代在天文历法、数学、农学、医学、地理学等众多科技领域取得举世瞩目的成就。这些发明创造同生产紧密结合，为农业和手工业发展提供了有力支撑。英国哲学家培根这样讲到：印刷术、火药、指南针，这 3 种发明曾改变了整个世界事物的面貌和状态，以致没有一个帝国、教派和人物能比这 3 种发明在人类事业中产生更大的力量和影响。一些资料显示，16 世纪以前世界上最重要的 300 项发明和发现中，我国占 173 项，远远超过同时代的欧洲。我国发展历史上长期处于世界领先地位，我国思想文化、社会制度、经济发展、科学技术以及其他许多方面对周边发挥了重要辐射和引领作用。”① 然而，随着近代西方工业革命的推进，我国与西方的生产力差距逐渐拉大，极度贫困的旧中国备受欺凌，积贫积弱。新中国成立初期，我国生产力发展水平较低，工业基础薄弱，经济千疮百孔，生产萎缩，民生凋敝，我国人口大部分处于贫困之中。在我国农村地区，长期实行的封建剥削的土地所有制使得农民生活困苦异常。1950 年开始的土地改革废除了封建土地所有制，建立起了农民阶级的土地所有制。土地改革使得我国 3 亿贫困的农村人口获得了土地，农民翻身当了主人，农民生产积极性提高，农业发展，粮食产量提高，农村温饱问题得到初步解决，我国农村的绝对贫困问题得以缓解。同时，农业的发展也为我国的工业化开辟了道路。以土地改革为契机，我国迈出了经济发展、解决大规模贫困问题的第一步。

经历了新中国成立初期工业体系的建设和其后的社会主义经济建设，我国于 1978 年正式改革开放。改革首先从农村开始，家庭联产承包责任制的推行进一步解放了农业生产力，促进了农业的发展和农民的增收。改革开放推动了我国经济的高速发展，推动了中国特色社会主义不断焕发出新的生机和活力。改革开放 40 年以来，我国经济总量连上新台阶，我国成功由低收入国家迈入上中等收入国家行列。1978 年，我国 GDP 总量仅为 3645 亿元，经济总量位居世界第十，人均 GDP 为 381 元，在世界 200 多个国家中处于靠后位置，经济实力孱弱、人民生

① 习近平. 深入理解新发展理念［J］. 求是，2019（10）：1-7.

活水平不高是当时我国的实际国情。然而经过多年高速发展，我国的经济总量实现巨大飞跃：2008 年，我国经济总量超越德国，位居世界第三位；2010 年，我国 GDP 总量超过日本，成为仅次于美国的世界第二大经济体。2019 年，我国 GDP 总量为 99.0865 万亿元，稳居世界第二位，人均 GDP 达到 10276 美元，表明我国已经进入上中等收入国家行列。

图 1－1 给出了 2000 年以来我国 GDP 总量（GDP）以及人均 GDP（PGDP）的增长趋势。如图所示，2000～2019 年，我国 GDP 总量和人均 GDP 均有显著增长，且两者的增长趋势存在明显的一致性。

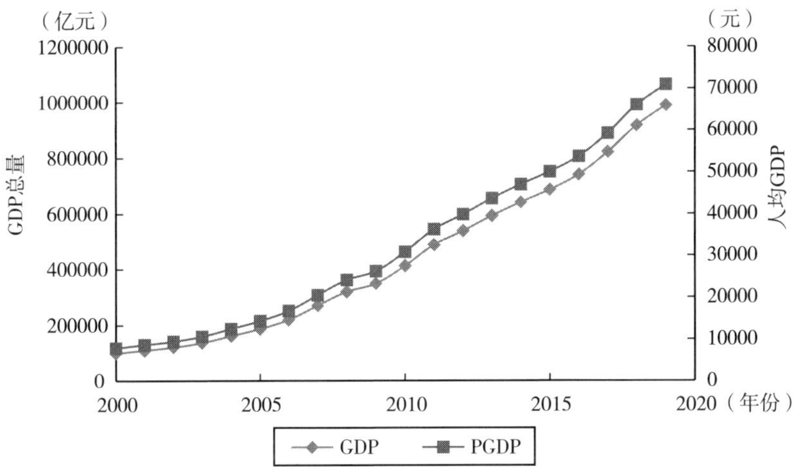

图 1－1　2000～2020 年我国 GDP 和人均 GDP 总量增长趋势

资料来源：国家统计局网站。

随着我国经济总量的增加，我国经济对世界经济增长的贡献率不断提高。2008 年爆发的世界经济危机对全球经济增长带来了巨大的损害，大多数发达经济体深陷其中。而中国保持较高的发展速度，成为带动世界经济复苏的重要引擎。改革开放 40 年来，我国保持了平均每年 9.6% 的发展速度，特别是 2008～2017 年，我国每年对世界经济增长的贡献率超过 30%，成为世界重要的经济增长点。

经济发展带来了人均收入的提高。1978 年，我国城镇居民人均可支配收入为 332 元，农村居民人均收入为 165 元；2019 年，我国城镇居民人均可支配收入为 42359 元，年均增长 12.55%，农村居民人均可支配收入为 16021 元，年均增长 11.81%。按照世界银行的衡量标准，我国已经顺利由低收入水平国家跃升为中等偏上收入国家。图 1 -2 给出了我国新统计口径下近 6 年人均可支配收入的增长趋势，如图所示，我国人均可支配收入稳步增长。其中，城镇地区人均可支配收入值较高，而农村地区可支配收入增长速度更快，年均增长率为 9.24%，高于城镇地区的 8.15%。

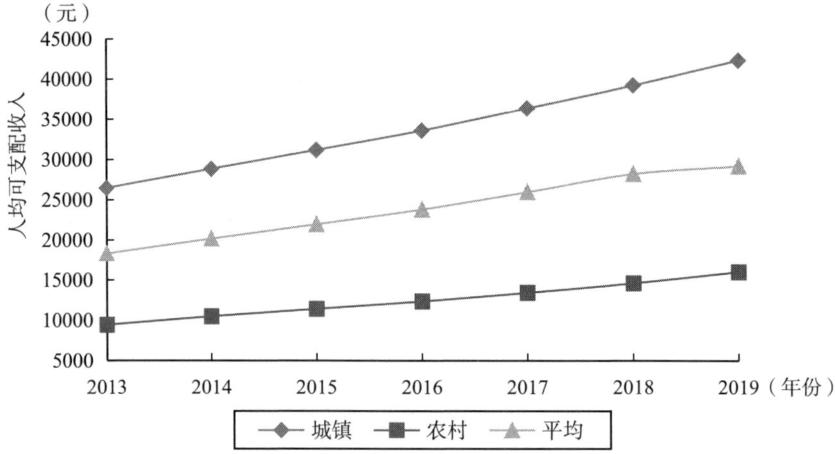

图 1 -2　2013 ~ 2019 年我国人均可支配收入增长趋势

资料来源：国家统计局网站。

同时，我国财政实力明显增强，为我国各项事业的稳定发展提供了有力的资金保障。我国对外开放能力不断增强，日益融入国际市场。对外贸易总量不断攀升，进出口商品不断优化，引进外资和对外投资日渐频繁，对外引资与投资结构不断优化，我国日益成为世界经济舞台上的佼佼者。

图 1 -3 和图 1 -4 分别给出了 2000 ~ 2020 年我国财政收支以及对外贸易状况。如图 1 -3 所示，在样本考察期间，随着我国经济总量以及人均收入的不断增长，我国财政收入和财政支出均出现了显著增长，年均增长率分别高达 11.82% 和 11.33%，财政支出增长率一直高于财政收入增长率，这与我国近些年来一直采用积极的财政政策有关。近些年来，我国充分发挥了财政政策的“自动稳定器”功能，利用积极的财政政策减税降费、改善基本公共服务，并大力支持我国的污染治理和精准扶贫工作，为我国的经济发展注入了活力。同时，随着财政支出增长率的不断提高，我国的财政赤字缺口也不断扩大。从图 1 -4 可以看

出，虽然进出口额度在考察期有所波动，但我国进口和出口额度在整体上呈现明显的增长趋势，同时出口总量大于进口总量，我国存在明显的贸易顺差。我国实际利用外资额也呈现出明显的增长趋势，年均增长 4.67%。

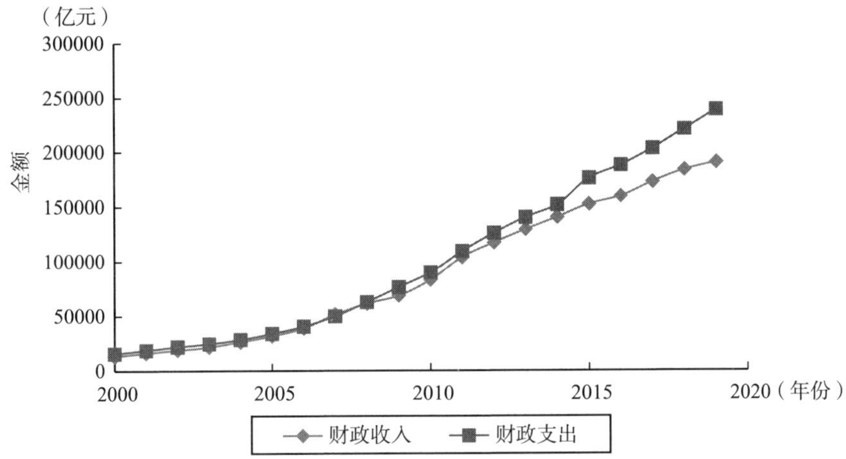

图 1-3 2000~2019 年我国财政收支状况

资料来源：国家统计局网站。

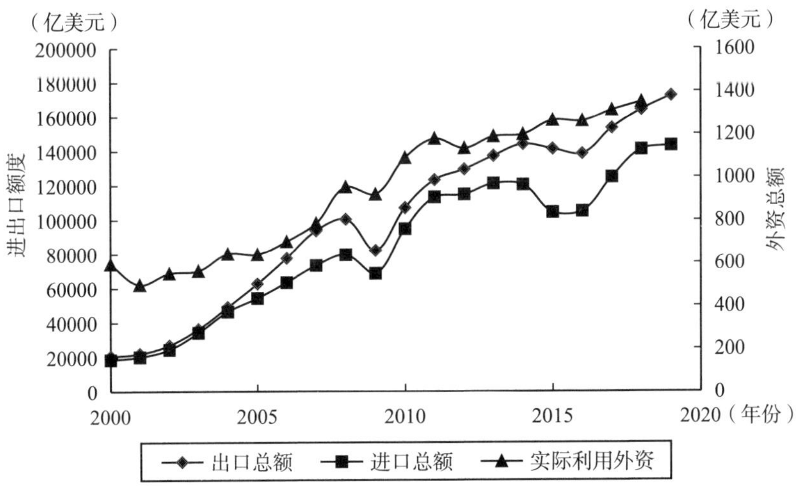

图 1-4 2000~2019 年我国对外贸易状况

资料来源：国家统计局网站。

2. 商品和服务供给能力增强，温饱问题得以解决

在不同的历史发展阶段，我国紧紧把握住发展机遇，为我国经济的可持续发展提供了坚实的保障。新中国成立初期，我国采用“重工业优先”发展战略在较短的时间内迅速建立了较为完整的工业经济体系，为我国工业化的深入发展提供了重要物质技术基础，我国也逐渐从农业大国成长为工业大国。改革开放 40 多年以来，我国三次产业在不断调整中得到了长足发展。农业作为国家经济基础的地位不断得以强化，农产品产量不断增长，为逐步解决居民温饱问题提供了坚实的物质基础，国家粮食安全问题也得以保障；工业保持持续健康发展，为其他部门提供技术装备、原材料和能源，为人民提供各种消费品，满足人民多样化消费需求；服务业迅速发展壮大，人民的生活质量得以提高。

图 1-5 给出了我国 1999~2019 年主要农产品的人均产量，我国粮食、棉花以及油料的人均产量在 20 年间保持了较为稳定的状态，并且各农产品人均产量均呈现出不同程度的增长趋势。农产品供给增加为我国大规模解决温饱问题做出了重大贡献，也为我国工业化的迅速推进提供了重要支撑。2017 年，全国粮食总产量 61791 万吨，成为继 2015 年之后的第二个高产年，2019 年，我国粮食总产量高达 66384 万吨。粮食产量的增加不仅有利于解决我国居民的温饱问题，更有利于促进农村居民增收；农村居民收入增加会提高农村居民的购买力，进而全方位解决农村居民的物质贫困问题。

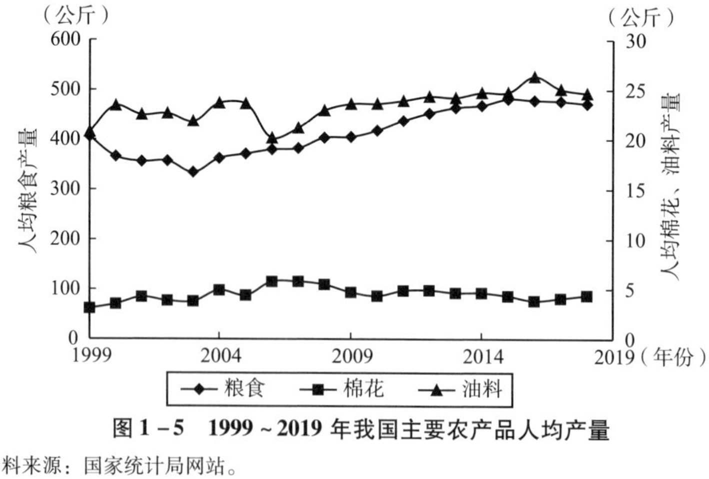

图 1-5　1999~2019 年我国主要农产品人均产量

资料来源：国家统计局网站。

随着工业现代化进程的加速，中国逐渐成长为世界制造业大国，我国工业生产能力也有了质的提高。我国的主要工业产品产量连续多年迅猛增长，在2013年前后，我国钢铁、水泥、电解铝等传统行业出现了不同程度的产能过剩，而今，化解产能过剩的任务基本完成，我国的工业生产结构问题得以重新调整。在图1－6中可以看出，2019年我国纱产量2892.10万吨，布产量572.60亿米，有效解决了我国居民的穿衣问题。在图1－7中彩色电视机18999.10万台，电冰箱7904.30万台，汽车2552.80万辆，手机170100.60万部，微型计算机34163.20万台。家用电器、移动设备的日益普及给大众带来了巨大的生活便利，提高了生活效率和质量，同时拓展了人们的视野，也不断影响着人们的思想观念和行为习惯。

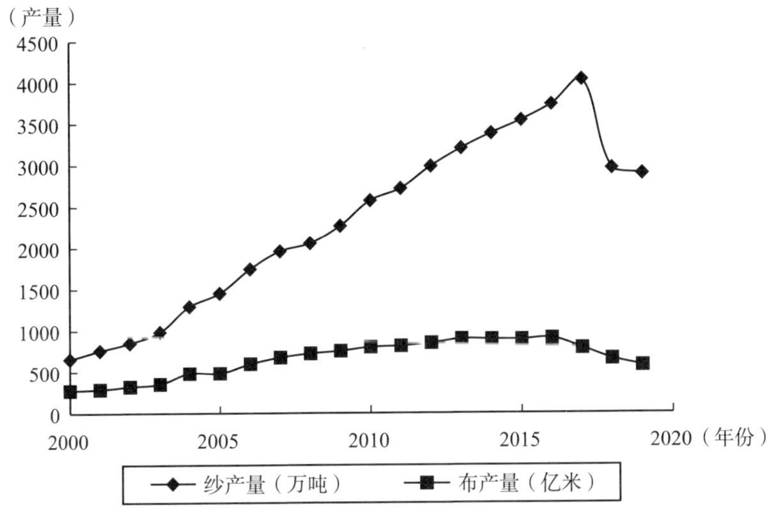

图1－6 2000～2019年我国布和纱产量

资料来源：国家统计局网站。

第三产业不断发展壮大，日渐成为我国经济发展的重要动力。2013年，我国第三产业比重达到46.1%，首次超过第二产业，成为国民经济的重要部门。2019年，我国三大产业对经济增长的贡献率分别为7.1%、39%、53.9%，服务业继续领跑我国经济增长。服务经济的增长不仅对于促进居民就业、提高居民收入具有重要作用，而且有助于改

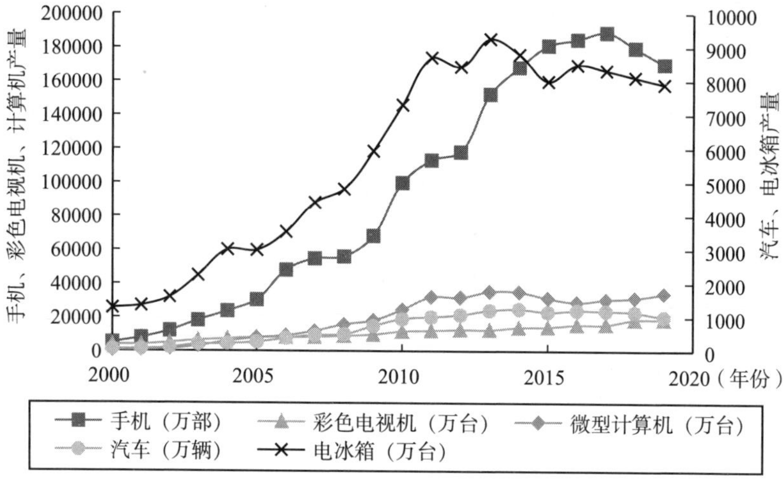

图 1－7　2000～2019 年我国部分家用电器产量

资料来源：国家统计局网站。

善居民生活质量。图 1－8 给出了我国第一、第二以及第三产业增加值的发展趋势，图 1－9 则给出了三大产业对我国 GDP 的贡献率。可以看出我国第一产业发展平稳，第二、第三产业发展迅速，其中，第三产业发展强势，其增加值增长最快，对我国 GDP 总量的贡献率也在持续上升。

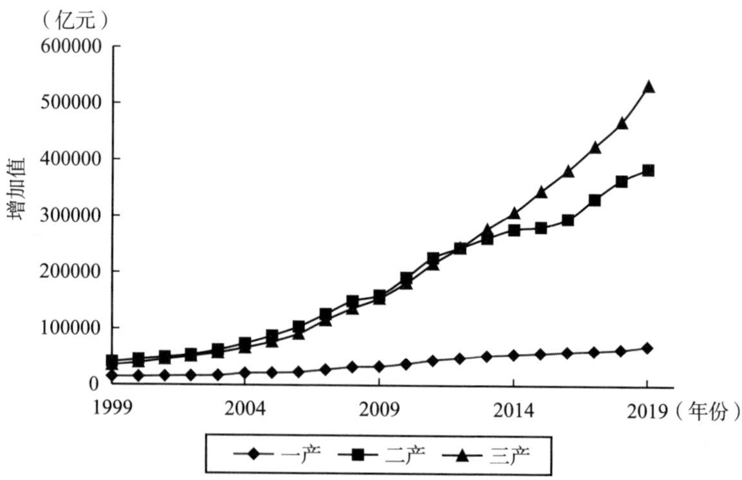

图 1－8　2000～2019 年我国三大产业增加值发展趋势

资料来源：国家统计局网站。

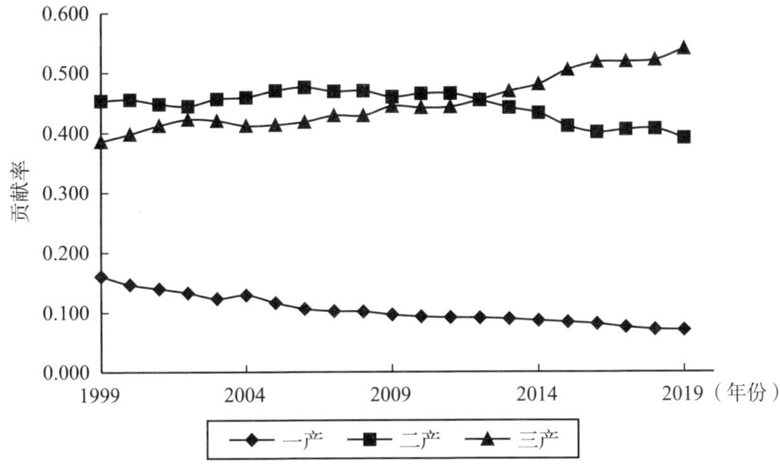

图1-9 2000~2019年我国三大产业贡献率

资料来源：国家统计局网站。

三大产业协调发展促进了我国商品和服务供给能力的显著增长，同时为解决我国居民的温饱问题做出了重要贡献。正如习近平在十九大报告中指出的“我国稳定解决了十几亿人口的温饱问题”。

3. 脱贫攻坚如期完成，巩固拓展脱贫攻坚成果的任务依然艰巨

新中国成立初期的经济恢复和经济制度变革，促进了经济增长，使全国范围的贫困问题有了明显改观。开始于1978年的改革开放和20世纪80年代开始的政府有组织、有计划的开发式扶贫有效缓解了我国的区域性贫困问题。中国特色社会主义进入新时代，以习近平同志为核心的党中央及时分析了我国农村贫困特点以及贫困治理工作的进程，提出了精准扶贫和脱贫攻坚战略思想。经过几年发展，我国的脱贫攻坚战如期完成，“十三五”期间，我国实现了“五千五百七十五万农村贫困人口实现脱贫”，2020年我国现行标准下农村贫困人口全部脱贫。图1-10刻画了我国现行标准下农村贫困人口和贫困发生率的发展趋势。由图上来看，我国农村的贫困人口和贫困发生率逐年降低，我国的贫困治理事业稳步推进。

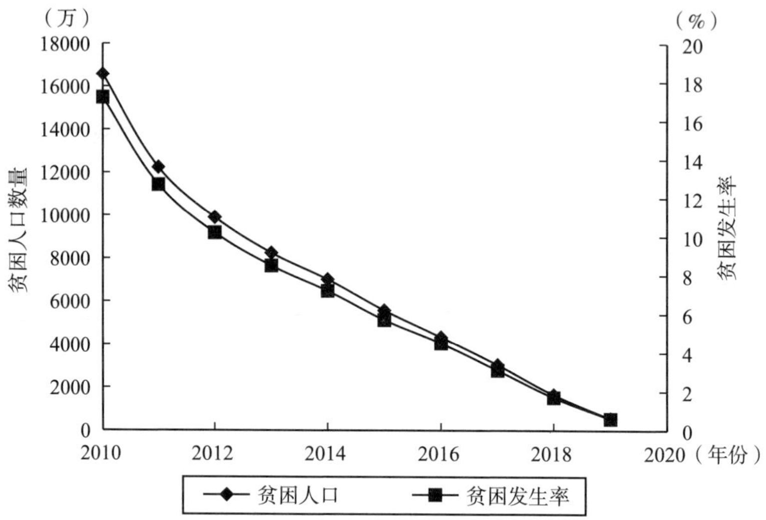

图 1-10　我国农村 2010 年标准下的贫困人口和贫困发生率

资料来源：国家统计局网站。

我国在采取多种措施缓解自身贫困问题、创造我国减贫奇迹的同时，也对世界范围内贫困问题的解决做出了巨大的贡献。首要原因是我国人口量巨大，我国大量贫困人口脱贫对于全球贫困人口的减少、贫困发生率的降低均有较大数量的贡献；其次，我国在大规模减贫的实践中积累了宝贵的经验，为大量发展中国家的反贫困事业提供了良好的借鉴；最后，我国积极发展对外贸易，坚持高质量的“引进来”与“走出去”，庞大的经济总量会产生外溢效应，助力全球经济增长，减少世界范围内的贫困人口。同时我国积极发展对外援助，助力亚非拉地区的经济发展，帮助部分落后地区缓解贫困问题。联合国《2015 年千年发展目标报告》的数据显示，我国减贫事业对全球的贡献率高达 70%。①

虽然，我国现行标准下农村贫困人口全部脱贫，创造了人类减贫史上的奇迹。但是对我国社会主义条件下的贫困和反贫困问题的研究还需进一步深入，主要原因是：

首先，巩固拓展脱贫攻坚成果的任务依然艰巨。习近平指出“我国

① 《助力减贫，中国对全球减贫贡献率超 70%》，新京报，https://baijiahao.baidu.com/s?id=1645422240969780362&wfr=spider&for=pc.

发展不平衡不充分的问题仍然突出，巩固拓展脱贫攻坚成果的任务依然艰巨。”① 一方面，要继续打好返贫阻击战，防止已脱人口返贫，边缘人口致贫；另一方面，巩固拓展脱贫攻坚成果更加注重解决相对贫困问题（任杰，2020）②。2020 年我国的绝对贫困问题得到全部解决，但我国的反贫困事业不会就此停止，我国的反贫困事业将会进入新阶段。国务院扶贫开发领导小组办公室副主任陈志刚在“2018 中国扶贫国际论坛”上指出，在 2020 年我国脱贫攻坚战完成之后，我国的扶贫工作会“从主要消除绝对贫困向缓解相对贫困转变，从主要解决收入贫困向解决多维度贫困转变”③。因此，对于贫困问题的研究也需根据我国经济社会发展的实际进一步向前推进，更加关注相对贫困问题的解决。

其次，新时代下相对贫困问题的解决应有新思路。党的十九大报告中明确指出，“中国特色社会主义进入新时代，我国社会主要矛盾已经转化为人民日益增长的美好生活需要和不平衡不充分的发展之间的矛盾”。我国已经顺利解决了十几亿人口的温饱问题，在新的发展阶段上，我国社会的主要矛盾也发生了重大变化，人民对美好生活的需要日渐广泛，不仅限于物质层面；而对于相对贫困人口而言，人们的生活还停留在较低的层面。要履行“让贫困人口和贫困地区同全国一道进入全面小康社会”的庄严承诺，就要在解决相对贫困问题时，既要满足贫困人口的“生存需要”，也要考虑其“发展需要”，让贫困人口真正脱贫的同时，也让他们拥有足够的内生发展能力。同时，党的十九大报告强调要“坚持以人民为中心的发展思想”并“促进人的全面发展”。这也为我国解决相对贫困问题提出了新要求，要促进人的全面发展就要满足人的多维需求。对相对贫困人口而言，就要考虑其致贫诱因的多样性，而不应该仅仅以收入为唯一的贫困衡量标准。

1.1.2 范畴界定和研究对象

2006 年 3 月，我国政府在“十一五”规划中首次提出关注贫困的

① 《中共中央政治局常务委员会召开会议 中共中央总书记习近平主持会议》，光明网，https：//politics. gmw. cn/2020 - 12/03/content_34428252. htm.

② 任洁. 巩固拓展脱贫攻坚成果的现实路径［N］. 经济日报，2020 - 12 - 10（011）.

③ 《2018 中国扶贫国际论坛：共享推动合作携手消除贫困》，中国发展门户网，http：//cn. chinagate. cn/webcast/2018 - 06/12/content_52051683. htm.

代际传递问题，提出要更加关注贫困家庭子女的成长问题，要通过寄宿学习、家庭寄养、社会托养、免费职业教育等多种形式来改善贫困子女的成长环境、干预贫困家庭子女的成长路径，减少原生贫困生活环境对下一代的影响，阻断贫困在代际之间的传递。在我国稳定解决了十几亿人口的温饱问题、摆脱了大规模贫困的大背景下，贫困代际传递作为一种特殊的贫困现象进入大家的研究视野。同时，习近平在 2016 年 9 月、2020 年 4 月在北京八一学校和陕西进行调研考察时也两次提到要“切断贫困代际传递”。

笔者认为，所谓贫困代际传递，即贫困状态在一代人与另一代人之间的传递，简言之，即贫困的弱势累积由父代传递给子孙代。

贫困代际传递从形式上来看，表现为贫困状态在多代人之间的持续存在。贫困代际传递是长期贫困的一种特殊表现形式，也是构成长期贫困的重要原因，更是长期贫困引发的结果，因此，贫困代际传递与长期贫困互为因果。贫困状态在代际之间的传递更加强调上代人的贫困状态对下一代的影响，即贫困的弱势累积由父代传递给子孙代，因此，贫困的代际传递不仅仅指贫困结果的代际传递，更有复杂的致贫因素在代际之间传递的问题。贫困代际传递问题的存在使得个体的致贫诱因更加复杂，会显著抑制农村的反贫困工作效果，增加反贫困工作的难度。在我国，虽然区域性整体贫困现象完全消除，绝对贫困人口全部脱贫，但是相对贫困的代际传递问题却依然存在，相对贫困发生率的下降和相对贫困代际传递现象并行不悖，表明相对贫困代际传递现象将会影响我国巩固拓展脱贫攻坚成果任务的进一步推进。因此，本书将从代际传递的视角研究相对贫困发生的历史与现实诱因，为我国阻断相对贫困代际传递现象、巩固拓展脱贫攻坚成果提出有效的政策建议。

贫困本身就是多维度的综合概念，既表现为多样化的致贫原因，也表现为贫困的多种表现形式，收入水平低下只是贫困的一个方面，因此应用多维测度法来测量贫困。相对于单一维度的收入贫困，从多个维度研究易返贫致贫人口的贫困状况更能反映我国相对易返贫致贫人口的贫困现状、顺应我国相对贫困研究的趋势，也能为我国解决相对贫困识别问题以及进一步贫困治理等实践问题提供理论指导。实际上，我国在扶贫工作中已经逐渐实现了从“收入贫困”到“多维度贫困”的转变。

例如，我国在脱贫攻坚战中坚持使用“两不愁、三保障”的标准识别脱贫人口。因此，本书在研究相对贫困代际传递问题时采用多维贫困指标。

由于现阶段巩固拓展脱贫攻坚成果的任务主要集中在我国广大农村地区，且农村地区的发展具有明显的阶段性和特殊性，因此农村地区的相对贫困问题更具特殊性。所以，本书将采用多维贫困指标代替单一的收入贫困指标，并以我国农村地区为重点，从代际传递的视角，研究多维贫困的代际传递现象。

1.1.3 研究意义

虽然我国近一亿人实现脱贫，我国的绝对贫困问题完全消除，缓解相对贫困问题的任务，也将随之启动，因此，对于我国相对贫困问题的研究不能放松。我国农村存在的多维贫困代际传递现象作为长期贫困的重要诱因和重要表现，不仅会提高相对贫困的识别难度，更会通过影响劳动力的代际再生产质量影响我国工业化、信息化、农业现代化、城镇化以及乡村振兴战略的实施。因此，对于我国农村多维贫困代际传递的研究仍然具有紧迫性，更具有重要的理论和现实意义。

1. 理论意义

首先，贫困代际传递意味着贫困跨越两代人甚至更多代人，延续时间较长，是长期贫困的主要表现，同时也是长期贫困的诱因。在我国，农村贫困代际传递有着深远的历史诱因，又深受我国不同历史发展阶段社会制度发展演变的影响。本书将立足我国不同历史发展阶段的现实，坚持和发展马克思主义贫困理论，以中国特色社会主义理论为指导，剖析我国农村贫困代际传递现象，找寻我国农村贫困代际传递的历史和现实诱因，为贫困代际传递乃至长期贫困问题的研究提供部分理论参考。

其次，学术界在研究贫困问题的过程中多采用收入贫困的概念，但收入不足或低下只是贫困在市场经济条件下的一种表现形式，只能反映易返贫致贫人口在短期内生活需要不能得到满足的状态，易返贫致贫人口的“发展能力”不足是导致收入贫困的重要原因。虽然保障易返贫致贫人口发展能力的实践已经出现在我国的贫困识别和治理工作之中，但是我国学术界对多维贫困问题的研究还需深入。特别是对于本书的研究对象“贫困的代际传递”而言，引入多维贫困的概念对于该问题的研究更具有重要意义。贫困的代际传递表象为父代的贫困状态在子代身上的复制和传递，其实质是多维度致贫因素在代际之间的传递，是父代的发展能力不足及其贫困的结果，增加了子代陷入贫困的概率。因此，本书将突破绝对贫困的研究框架，引入多维贫困概念，深入探讨多维度贫困在代际之间的传递状况。本书将从“人的全面发展”和“保障贫困人口的可行发展能力”的视角出发，对我国农村多维贫困代际传递问题进行研究，对进一步丰富我国的相对贫困治理理论具有重要的理论意义。

2. 现实意义

我国农村多维贫困代际传递问题将影响我国多项经济社会工作的顺利推进，该问题不仅影响到了我国农村的相对贫困治理，更通过影响农村劳动力素质影响了我国的工业化、信息化、农业现代化和城镇化进程以及我国乡村振兴战略的深入实施。

第一，农村多维贫困代际传递可能通过脱贫人口返贫、边缘人口致贫等方式影响我国脱贫攻坚成果的巩固和拓展。农村多维贫困代际传递首先表现为父代的经济地位在子代身上的复制和传递现象，其背后是社会流动率低下、社会不平等，而社会流动率低、社会不平等是引发社会不稳定的重要潜在因素之一；多维贫困代际传递现象的存在会提高相对贫困的识别和治理难度。因此，本书将通过对不同历史阶段的梳理，总结我国农村贫困代际传递的发展趋势以及时代特征，为正确认识我国现阶段相对贫困代际传递现象做好铺垫。同时，本书将通过深入探讨农村多维贫困及其代际传递现象的历史和现实诱因，并在此基础上提出破解我国多维贫困代际传递的路径，拟为我国减少相对贫困代际传递现象、巩固拓展脱贫攻坚成果、提高低收入人群内生发展力、实现共同富裕、全面建成小康社会做出应有的贡献。最后，在理论分析的基础上，本书利用微观数据库实证分析了我国农村多维贫困代际传递现象及其历史发展趋势，为正确认识我国农村多维贫困代际传递现状提供数据支撑。同时，本书将实证分析流动人口视角下留守儿童的多维贫困代际传递问题，为解决我国农村留守儿童的多维贫困问题提供一定的参考。

第二，农村多维贫困影响我国工业化进程。我国的工业化正处于外延型增长向内涵型增长的转型之中，而我国的工业化进程需要源源不断的高素质劳动力涌入。2018 年，我国乡村就业人口仍有 34167 万人，而进城农民工的职业多集中在服务业，对我国工业化进程的参与程度较低，其背后的主要原因在于农民工素质低下，难以与我国的工业发展需求相匹配。宋月萍、张涵爱（2015）① 的研究表明我国农村劳动力的乡城转移已经持续了 30 年，然而随着我国生产力的不断发展，农村劳动力的人力资本储量却依旧较低，与我国技术密集型、集约型发展不匹配。而农村劳动力素质低下的主要原因在于城乡教育不平等引发的教育贫困现象，而新一代农村年轻劳动力（80 后、90 后和 00 后）将是我国工业化的重要参与者，新一代劳动力的素质将直接影响我国新一轮工业化的推进。因此，研究如何缓解我国农村多维贫困及其代际传递问题、提高农村劳动力素质对于推进我国的工业化进程具有重要意义。

第三，农村多维贫困影响我国高质量城镇化的进一步推进。2019 年我国国民经济统计公报显示，我国户籍人口城镇化率为 44.38%，与发达国家相比，我国的城镇化还有很长的路要走。蔡昉（2019）② 提出新型城镇化的核心是农民工的城市化。要实现这一目标，一方面，要促进基本公共服务均等化、推动城镇基本公共服务覆盖常住人口，为农业转移人口落户提供良好的条件和保障；另一方面，要提高农民工落户的能力，主要是提高常住农民工的劳动力素质，增强其在城市劳动力市场中的就业能力。然而，我国农村还存在着较为明显的多维贫困现象，李建民（2002）③ 认为我国劳动力市场存在着多重分割，尽管我国的农村剩余劳动力已经实现了较为顺畅的城乡流动，然而农民工却无法进入正

① 宋月萍，张涵爱．应授人以何渔？——农民工职业培训与工资获得的实证分析［J］．人口与经济，2015（1）：81-90.

② 中国建设新闻网：http：//www.chinajsb.cn/html/201903/07/1821.html.

③ 李建民．中国劳动力市场多重分隔及其对劳动力供求的影响［J］．中国人口科学，2002（2）：1-7.

式劳动力市场，只能在非正式劳动力市场徘徊。因此，要继续推进我国以人为本的新型城镇化，就要采取各种措施解决我国农村的多维贫困现象，全面提高劳动力素质，尤其是新一代农村年轻劳动力的素质，增强转移农民工融入城市生活和落户的能力。另外，减少农村年轻劳动力的多维剥夺状况，增强其自身发展能力，对于减少城市的多维贫困现象也具有重要意义。

第四，农村多维贫困、乡村振兴战略和高质量发展。党的十九大报告提出了乡村振兴战略和高质量发展，“乡村振兴，目的在人，关键在人”（逄锦聚，2019）①，乡村振兴战略意在解决“三农”问题，更需要广大农村劳动力的积极参与。然而多维贫困现象的存在严重阻碍了农村劳动力素质的提高，不利于乡村振兴战略的深入实施。当然，乡村振兴战略的重要意义之一也在于增加农民收入，助力农村脱贫攻坚，减少农村贫困问题。因此，在乡村振兴的大背景下研究我国农村的多维贫困及其代际传递现象，对于助力我国的乡村振兴也具有重要意义。

综上所述，无论从理论研究还是现实意义来看，本书从代际传递的角度出发，研究我国农村地区多维贫困在代际之间的传递问题，分析其主要影响因素，探寻阻断我国农村多维贫困代际传递的主要路径，对我国降低相对贫困发生率、提高低收入人口发展能力、实现共同富裕具有重要意义，同时，该研究也将有助于全面提高劳动力素质并有效推进我国的工业化、城镇化和城乡振兴等进程。

1.2 研究思路、架构与研究方法

1.2.1 研究思路

本书在对国内外文献进行系统梳理的基础上，以马克思主义贫困理论以及中国特色社会主义反贫困理论为指导，坚持“人的全面发展”，

① 逄锦聚. 关注“三农”振兴乡村［N］. 光明日报，2019－03－07（6）.

立足于我国农村发展现状，从贫困代际传递视角入手，分析我国农村地区多维贫困代际传递现象，探寻其历史和现实诱因，并致力于构建治理我国农村多维贫困代际传递的主要路径和措施。

本书遵循“是什么——为什么——怎么做”的逻辑框架，按照“现状分析与描述——外因分析——内因分析——影响因素分析——解决办法”的研究脉络展开全文。

本书主要思路为：首先，系统梳理了新中国成立以来我国农村贫困代际传递的历史演进以及阶段特征；立足于中国健康与营养调查（CHNS）微观数据库，利用大样本数据构建多维贫困指数，用大数据实证分析我国农村多维贫困以及多维贫困代际传递现状。其次，在分析我国农村多维贫困代际传递现状的基础上，分析我国农村多维贫困代际传递的诱因，与我国农村特有的发展阶段相适应，我国农村地区多维贫困代际传递的发展趋势深受我国城乡关系的影响，在不同发展阶段上，以户籍制度、城乡二元土地制度、教育制度、就业制度和社会保障制度等为核心的制度性因素是造成我国农村多维贫困代际传递的外因，低收入家庭内部收入约束和贫困环境下的选择是导致贫困代际传递的内因；在外因和内因的共同作用下，我国农村家庭的多维贫困代际传递问题发生在家庭生命周期的不同阶段，存在较为明显的多维贫困代际传递阶段异质性。再次，在具体分析我国农村多维贫困代际传递的现状、诱因和阶段异质性的基础上，本书将根据研究结论提出阻断我国农村地区多维贫困代际传递的路径。最后，在上述分析基础上，提出治理多维贫困代际传递的思路和政策建议。

1.2.2 主要内容

按照以上思路，本书主要内容及构架安排如下：

第1章为导论。该部分立足于我国经济社会发展现状，阐述了脱贫攻坚圆满收官以及巩固拓展脱贫攻坚成果大背景下本书的写作缘起，阐明了本研究的理论意义和实际意义，论述了本书的研究思路和研究方法，提出了本书的创新点及存在的不足，本章起到总领全文的作用。

第 2 章为文献综述。本章从贫困代际传递的概念和性质、贫困代际传递现状、贫困的概念演进、贫困代际传递的路径、贫困代际传递的诱因等多个方面对国外学者和国内学者的现有研究成果进行梳理，找出既有研究的不足，构建本书的创新点，梳理本书研究的思路和主线，为下文进一步的研究提供材料支撑和理论借鉴。

第 3 章为我国农村多维贫困代际传递的理论依据。该部分梳理了马克思、恩格斯等人关于贫困问题的相关理论，也梳理了我国历任领导人的反贫困思想以及西方经济学中的贫困理论。毛泽东、邓小平、江泽民、胡锦涛、习近平等领导人坚持了辩证唯物主义和历史唯物主义的世界观和方法论，始终站在最广大人民群众的立场上，并结合不同历史条件下我国的贫困状况，提出了符合我国历史发展阶段反贫困理论。马克思主义和马克思主义中国化的理论成果是我国进一步解决相对贫困问题的重要指导思想，也是我们宝贵的理论源泉。另外，西方经济学中部分关于相对贫困治理的思想也对我国的反贫困事业提供了重要借鉴意义。

第 4 章为我国农村多维贫困代际传递的动态演进。本章首先对我国农村多维贫困及其代际传递的历史演进进行了系统分析，并在此基础上利用大数据对我国农村多维贫困及其代际传递的历史演进进行了实证分析。为更客观的分析我国农村多维贫困代际传递及其历史演进，本章在利用微观数据库大数据的基础上，构建了符合中国国情的多维贫困指数，并利用 Logit 回归、分位数回归、转移矩阵等多个计量模型分析了我国农村多维贫困代际传递的现状，为下文的分析提供现实依据。

第 5 章为农村儿童多维贫困及其代际传递测算，是第 4 章现状分析的延续，主要研究儿童多维贫困及其代际传递问题。由于儿童多维贫困与成人多维贫困在表现形式上有着诸多不同；同时，儿童的多维贫困状态一般要高于成人，儿童的贫困状态受父代贫困状态的影响程度更高。因此，本章利用 CHNS 数据库实证分析了我国农村儿童多维贫困状况以及代际传递现状。同时，本章在分析中也着重对比分析了留守儿童以及非留守儿童的多维贫困代际传递问题。

第 6 章是我国农村多维贫困代际传递的环境和制度因素分析。我国农村多维贫困代际传递问题深受我国宏观因素的影响，例如环境因素、制度体制性因素等。本章将梳理我国各项社会制度的历史变迁过程，例如户籍制度、土地制度、教育制度、就业制度和社会保障制度等，在梳理各项制度的发展变迁中，分析各类社会制度变迁对农村家庭多维贫困代际传递的影响，总结社会制度的不足之处，为进一步完善各类社会制度、促进社会制度向弱势群体倾斜，通过制度创新和完善减少我国农村多维贫困代际传递现象，为打破多维贫困代际传递的制度稳定性提供基础。

第7章为我国农村多维贫困代际传递的文化因素分析。教育贫困是引发多维度贫困的首要原因，教育贫困也是发生率较高的单维度贫困之一。本章将根据多次深入农村调研、观察结果，以多个案例为起点分析农村低收入家庭子女为何不接受教育，进而总结我国农村低收入家庭教育贫困的深层次诱因，为破解农村的教育贫困、减少因教育贫困而诱发的多维贫困提出建设性意见。

第8章为我国农村多维贫困代际传递的阶段异质性分析。在系统分析我国农村多维贫困代际传递的外因和内因的基础上，本章将从我国农村家庭的实际出发，以农村家庭代际关系的变化为界，将农村家庭的发展分为三个生命周期，以分析各生命周期阶段下我国农村多维贫困代际传递的阶段性差异，以此分析我国农村多维贫困代际传递的主要发生阶段，为下文总结阻断贫困代际传递的路径做好理论支撑。

第9章为我国农村多维贫困代际传递的治理思路和政策建议。本章是对全书研究结论的总结，对本书各章节的研究内容和研究结论进行系统梳理，以保证本书整体内容的连贯性和完整性。政策建议部分也是阻断我国农村地区多维贫困代际传递的路径分析，本章将根据全书研究结论，从多个方面提出破解我国农村多维贫困代际传递的方法和路径。

本书的研究路线图如图1-11所示。

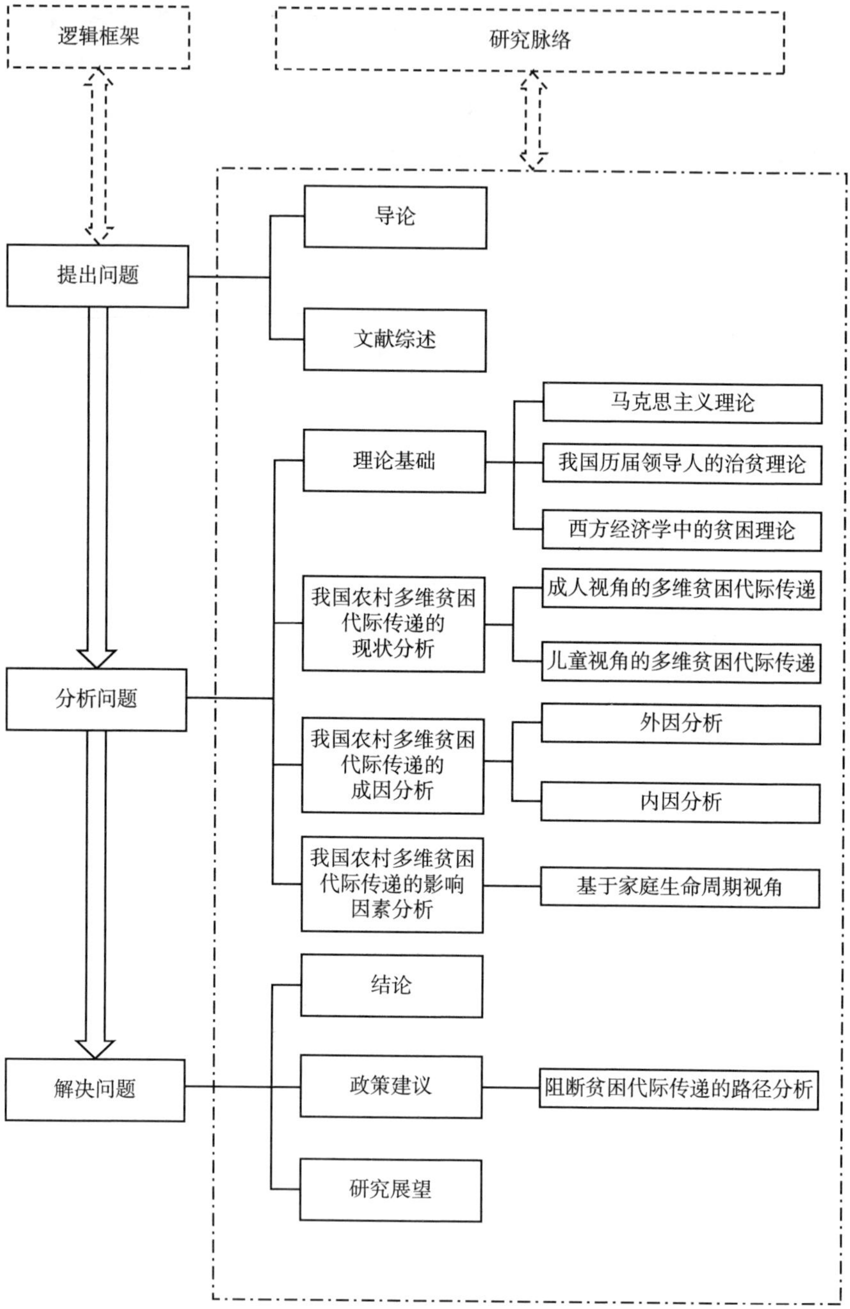
逻辑框架
研究脉络
提出问题
分析问题
解决问题
导论
文献综述
理论基础
马克思主义理论
我国历届领导人的治贫理论
西方经济学中的贫困理论
我国农村多维贫困代际传递的现状分析
成人视角的多维贫困代际传递
儿童视角的多维贫困代际传递
我国农村多维贫困代际传递的成因分析
外因分析
内因分析
我国农村多维贫困代际传递的影响因素分析
基于家庭生命周期视角
结论
政策建议
阻断贫困代际传递的路径分析
研究展望

图 1－11　本书研究路线

1.2.3 研究方法

研究方法对于研究的深度和结论具有重要意义，本书的研究方法总体上运用辩证唯物主义和历史唯物主义的方法，具体方法有：

（1）调查研究法。笔者曾跟随国家精准扶贫第三方评估调查团队以及多个校级暑期社会调研团队深入河北、山东、贵州等多个省市参与农村社会调研，走访了大量农村欠发达地区和家庭。在此过程中，笔者深入观察我国农村多维贫困代际传递现状，分析多维贫困代际传递诱因，以期总结归纳出影响多维贫困代际传递的客观和主观原因，为我国解决多维贫困代际传递问题提供理论指导。

（2）案例分析法。笔者在多次实地调研中积累了多个代表性案例。本书的第六章关于我国农村多维贫困代际传递的教育和文化因素分析中引入了多个案例，对我国农村低收入家庭子女的教育问题进行了相关描述，并以此为据分析了我国农村教育贫困的影响因素。

（3）计量分析法。本书在理论分析的基础上，为测量我国农村多维贫困代际传递现状，在第4章、第5章中引用A-F方法构建了我国农村地区多维贫困指标，同时本书在第4章、第5章、第8章中利用Logit回归、分位数回归、转移矩阵等计量方法对我国农村多维贫困代际传递问题进行了测算。

（4）历史研究法。在我国历史发展的不同阶段，伴随着我国经济的不断发展和社会制度的不断完善，贫困代际传递现象有着不同特点。本书第5章梳理了新中国成立以来我国部分社会制度的发展变迁过程，总结了各类制度变迁对我国农村多维贫困问题及多维贫困代际传递的影响，并在此基础上分析了贫困代际传递在不同历史阶段的不同特点。

1.3 研究难点、实现的创新和不足

1.3.1 研究难点

任何研究过程都需要克服一定的困难，为更好地实现预期的研究目

标，保障研究顺利进行，本书需着力解决的研究难点有以下几个：

第一，对不同历史时期资料进行收集并从当时的实际出发加以分析。本书主要研究对象为我国农村多维贫困代际传递现象，为充分认识这一问题，本书需分析新中国成立以来我国农村贫困状况的演进以及在不同的发展阶段上我国农村贫困代际传递的主要特点。而在社会发展的不同阶段，我国社会制度性因素的变化对我国农村多维贫困代际传递的影响不可分割，如何通过充分搜集资料分析我国农村多维贫困代际传递在不同阶段的特点以及社会制度变更对我国农村多维贫困代际传递的影响是本书需要解决的问题之一。

第二，典型调查研究与一般理论分析。现阶段，我国农村多维贫困代际传递现象的形成既有历史因素的作用，又有现实因素的影响，既受客观因素（如环境因素、制度体制性因素）的影响，又受主观因素的影响。因此如何深入实际，分析我国农村多维贫困代际传递现象的内因是一个复杂的工作，需要对农村欠发达地区进行广泛调研，而调查只能是典型调查，我国幅员辽阔，地区间、城乡间发展不平衡，如何从典型的解剖中揭示一般规律，进而得出符合我国实际的研究结论，这是需要特别努力解决的难点。

第三，理论分析与实证分析紧密结合。如何通过理论和实证的结合实现对问题的全面分析是需要攻克的难点。为实证分析我国农村多维贫困代际传递的演进趋势，本书在实证部分需构建个体多年的多维贫困指数，并实现相应子代与父代的配对，以此分析多维贫困在代际之间的传递状况，因此如何寻找家庭多年的追踪数据，并利用可得的多维度数据构建多维贫困指数是文章需解决的重点问题。

1.3.2　创新之处

本书实现的创新点有衡量指标、理论分析和实证分析三个层面：

第一，相对贫困衡量指标的创新。当前国内学者多利用收入贫困的概念，对相对贫困人口发展能力的关注不足，而相对贫困人口发展能力的不足是贫困产生的重要原因。本书从“促进人的全面发展”角度出发，引入多维贫困概念，从代际垂直关系的视角研究我国农村多维贫困在代际之间的传递现象，为我国巩固拓展脱贫攻坚成果、实现共同富裕提供相应的政策建议。同时，在构建多维贫困的具体指标中，本书以理论和可得的数据为基础，综合考虑了教育、健康、医疗、就业、收入等多个因素，并创造性利用熵值法对多维贫困指数权重进行赋值，以克服等权重法的部分弊端。在数据选择和运用上，由于本书需要构建个体的多维贫困指数，需要大量的个体特征数据，本书选择了 CHNS 在 1991 ~ 2015 年的调查数据，在构建个体多维贫困指数的基础上，实现父代与子代的配对工作，以期利用微观大数据库来实证检验我国农村多维贫困代际传递的现象及其时间、空间的动态演进过程。

第二，理论分析创新。本书以马克思主义贫困理论和中国特色社会主义反贫困理论为指导，并借鉴阿玛蒂亚·森的能力贫困和权利贫困理论、刘易斯的贫困文化理论，立足我国经济社会发展的历史和现实，从客观和主观两个方面出发，分析影响我国农村多维贫困代际传递的环境、制度性外因以及微观家庭内部因素，从多个角度考察我国农村多维贫困代际传递的诱因，并在此基础上找到破解我国多维贫困代际传递的思路。

第三，实证研究创新。计量方法上，在分析我国农村多维贫困代际传递动态演进的过程之中，本书利用 A－F 方法构建多维贫困指数。在回归模型中，利用 logit 回归方法分析我国农村多维贫困代际传递的现状以及不同家庭生命周期视角下的我国农村多维贫困代际传递程度。同时，为保证实证结果的科学性和稳健性，本书在第 4 章中利用了转移矩阵和分位数回归方法对本书的计量分析结果进行了稳健性检验。在第 8 章中，为科学分析我国农村多维贫困代际传递问题，本书加入了数理分析方法。

1.3.3 不足之处

我国农村多维贫困代际传递问题具有相当的复杂性，虽然本书在理论分析、实证分析等方面做了大量的工作，但仍然存在不足，需要今后进一步深入研究和改进。

第一，数据选择和运用方面。首先，由于本书的研究对象是我国农村多维贫困代际传递，这就需要首先构建个体的多维贫困指数，进而实现亲生父子之间的配对，因此在计量分析当中损失了较多的样本。同时，为保持所用数据的前后一致性，本书删除了 CHNS 在 1989 年的调研数据。其次，在构建多维贫困指标的过程中，本书虽然创造性地加入了个体就业等指标，但是由于 CHNS 数据库在家庭界定方面存在的局限性，使得父代和子代在生活环境方面具有同质性，因此本书并没有加入个体生活环境等指标。当然，这一问题也将随着微观数据库数据质量的改善而得以解决。

第二，本书虽然对影响我国农村贫困代际传递的制度性因素进行了理论分析，但由于数据可得性问题，本书没有对上述问题进行充分的实证考察。首先，本书在测算贫困代际传递问题时，利用的数据为个体数据，如何实现微观个体数据以及宏观制度因素的科学结合是需要进一步探讨的问题；其次，本书所采用的 CHNS 微观数据库在年份上并不连续，调查年份之间也存在一定的时间跨度，这对于制度性因素的实证分析提出了一定的挑战。

1.4 本章小结

本章阐述了本书的研究对象、研究意义、研究思路和方法、创新点及存在的不足等内容，起到总领全书的作用，为下文的展开奠定了基础。

第2章　文献综述

任何理论进展都需要站到前人的肩膀上，要研究我国农村多维贫困代际传递问题，首先需要从梳理学术界已有的研究成果入手，对已有研究及其结论进行综述和分析，为本书的进一步研究提供滋养和借鉴。在查阅众多国内外学者的研究成果之后，本章从贫困代际传递的内涵、路径和诱因三个方面入手，对国内外学者的研究成果进行系统总结和评述，为本书的研究提供基础和借鉴。

2.1　贫困代际传递的内涵

本节将从贫困代际传递的概念及性质、动态趋势以及贫困的概念演进三个方面对贫困代际传递的内涵作系统梳理。

2.1.1　贫困代际传递的概念及性质

学术界不同学者对贫困代际传递作了界定。部分学者认为，贫困代际传递是指贫困以及导致贫困的相关条件和因素在代际之间的传递现象，从宏观上讲，贫困代际传递可指一个地区或一个国家的普遍贫困状态持续了较长时间，跨越了几代人；从微观上讲，贫困代际传递可指贫困作为个体的一种社会生活状态在家庭内部发生的代际传递现象（刘成军，2018）[①]，表现为父代贫困导致了子代贫困或父代的贫困状态提高

① 刘成军．贫困代际传递的内生原因与破解路径［J］．马克思主义与现实，2018（01）：199－204.

了子代再次陷入贫困的概率。

早期学者对贫困问题的研究多从静态角度出发，研究短期贫困、贫困结果等问题，而随着对贫困问题研究的日渐深入，部分学者的研究视角从静态转向动态，从短期贫困逐渐过渡到长期贫困，在此过程中，贫困代际传递问题崭露头角。贫困代际传递问题之所以在学界引起诸多重视，其主要原因在于贫困代际传递现象显示了贫困也具有明显的动态性、持续性和长期性。汪艳敏、金静（2013）① 认为长期贫困的重要特征为贫困代际传递的经常发生，从这个角度讲，贫困代际传递是长期贫困的重要表现，长期贫困研究中心甚至建议将贫困代际传递作为长期贫困的最严格定义（Moore，2011）②。贫困代际传递不仅仅是长期贫困的重要表现和特征，还是引发长期贫困的重要诱因，因为短期贫困可通过代际传递的形式演变为长期贫困，对于贫困的子代来说，贫困的代际传递既是长期贫困产生的原因，也是长期贫困的结果（王卓，2017）③。因此，从该角度讲，贫困代际传递是长期贫困的一种极端表现形式，贫困代际传递问题的缓解是解决长期贫困的重要步骤。洪兴建、邓倩（2013）④ 的研究表明我国长期贫困发生率出现下降趋势，但是剩余贫困人口脱贫难度较大，因此要合理解决我国的长期贫困问题，就要从解决贫困的代际传递问题入手。

贫困代际传递问题的严重性不仅仅体现在其作为长期贫困的重要表现形式，更表现为贫困代际传递的现实性和顽固性。马文武等（2018）⑤ 的研究表明虽然我国整体贫困水平逐年下降，但是贫困代际传递还有上升趋势，农村贫困代际传递现象更为明显。贫困代际传递现象的增加与整体贫困水平的显著下降并行不悖，表明了贫困代际传递现象在我国农村地区的现实存在性和顽固性。整体性贫困

---

① 汪燕敏，金静. 长期贫困、代际转移与家庭津贴［J］. 经济问题探索，2013（03）：10-15.

② Moore K. Frameworks for Understanding the Inter-Generational Transmission of Poverty and Well-Being in Developing Countries［J］. Social Science Electronic Publishing，2011.

③ 王卓. 论暂时贫困、长期贫困与代际传递［J］. 社会科学研究，2017（02）：98-105.

④ 洪兴建，邓倩. 中国农村贫困的动态研究［J］. 统计研究，2013，30（05）：25-30.

⑤ 马文武，杨少垒，韩文龙. 中国贫困代际传递及动态趋势实证研究［J］. 中国经济问题，2018（2）：13-23.

的显著下降并不能减少我国农村地区的贫困代际传递现象，这也表明了传统的贫困治理手段并不能很好地解决贫困代际传递问题，更从侧面证明了“我国剩余贫困人口脱贫难度大”的问题。另外，贫困的代际传递现象对我国现行的农村反贫困事业也造成了一定的负面影响，例如谢婷婷、司登奎（2014）① 的研究表明收入流动性、贫困代际传递和农村反贫困之间具有长期稳定的关系，高收入流动性更有利于我国贫困问题的解决，而贫困代际传递现象会抑制农村反贫困事业的推进。

从社会流动性的角度考虑，贫困代际传递更多的表现为低收入群体社会流动性较差，而收入流动性变差会引发社会收入阶层固化，影响社会公正和分配正义的实现。王晓东（2011）② 认为市场经济优胜劣汰规则同样适用于社会生活领域，在物质和精神双重压力下，低收入群体的心理承受能力正在弱化。因此，贫困的代际传递会通过影响收入分配进而影响长期贫困人口的心理状态，进而影响社会稳定。

卢盛峰、潘星宇（2016）③ 的研究较全面地概括了贫困代际传递问题的性质以及影响。该文认为贫困代际传递表明中国贫困人口已具有一定的稳定性，贫困人口通过代际转移的形式形成相对稳定的阶层，一些贫困群体正从暂时贫困走向长期贫困和跨代贫困，长此以往，贫困将趋向于稳定化和制度化。贫困代际传递作为一种较为隐蔽的贫困生成机制，促进了短期贫困向长期贫困的转化，增加了长期贫困的发生概率，提高了相对贫困治理的难度。因此，贫困代际传递问题的深入研究对于巩固拓展我国脱贫攻坚成果、顺利解决我国相对贫困人口的贫困问题具有重要意义。

2.1.2 我国贫困代际传递的动态趋势

贫困代际传递现象特有的长期性、顽固性等特性，使得学界对我国

① 谢婷婷，司登奎．收入流动性、代际传递与农村反贫困——异质性视角下新疆30个贫困县的实证分析［J］．上海财经大学学报，2014，16（01）：62－68.

② 王晓东．贫富差距的代际传承——对“穷二代”现象的透视与反思［J］．甘肃社会科学，2011（03）：142－145.

③ 卢盛峰，潘星宇．中国居民贫困代际传递：空间分布、动态趋势与经验测度［J］．经济科学，2016（06）：5－19.

贫困代际传递的现状分析也较为集中。其中，对农村家庭收入流动性的分析能从侧面佐证贫困代际传递现象。陈杰等（2016）[①] 分析认为1989～2011年间，我国农村居民代际收入流动性整体处于较低水平。其中，人力资本投资和社会资本投资是农村居民收入代际传递的重要路径。杨穗、李实（2017）[②] 的研究则验证了2011～2013年间，我国农村家庭收入流动性呈现出明显的降低趋势。代际收入流动性偏低，就说明父代收入对子代收入的影响较大，富者子代收入依然较高，贫困者子代收入依然较少，因此，家庭收入流动性的降低是贫困代际传递的重要表现之一。经过测算，卢盛峰、潘星宇（2016a）[③] 认为中国的代际收入弹性系数在0.38～0.42之间，这就表明我国各收入阶层中父代收入对子代收入的影响概率约为40%，也就是说低收入家庭中子代会持续贫困的概率将为40%。因此，我国贫困代际传递问题依然严峻。

除了对贫困代际传递问题的整体研究以外，学界部分学者也对贫困代际传递问题进行了结构性分析。在空间分布上，卢盛峰、潘星宇（2016b）认为中国的贫困代际传递现象较为突出，而贫困代际传递的空间分布主要集中在中西部地区。林闽钢、张瑞利（2012）[④] 研究表明农村贫困家庭的贫困代际传递现象相对城市家庭更为明显。在贫困的性质转变上，张立冬（2013）[⑤] 认为我国农村相对贫困层面的代际传递较为突出，且在相对贫困层面上，脱贫子女的收入地位并没有实质性改变。在现阶段，随着我国经济发展和脱贫攻坚战的深入进行，我国绝对贫困问题得到了极大程度的缓解，而相对贫困成为我国贫困人口的主要表现形式，贫困的代际传递也主要表现为相对贫困的代际

① 陈杰，苏群，周宁．农村居民代际收入流动性及传递机制分析［J］．中国农村经济，2016（03）：36－53.

② 杨穗，李实．转型时期中国居民家庭收入流动性的演变［J］．世界经济，2017，40（11）：3－22.

③ 卢盛峰，潘星宇．中国居民贫困代际传递：空间分布、动态趋势与经验测度［J］．经济科学，2016（06）：5－19.

④ 林闽钢，张瑞利．农村贫困家庭代际传递研究——基于CHNS数据的分析［J］．农业技术经济，2012（01）：29－35.

⑤ 张立冬．中国农村贫困代际传递实证研究［J］．中国人口·资源与环境，2013，23（06）：45－50.

传递。从贫困代际传递的发展趋势上看，王博、朱玉春（2018）① 则认为我国农村贫困代际传递逐渐趋向于年轻化、强势化，且我国农村贫困代际传递的年轻化和强势化加剧了贫困代际传递的长期性和顽固性。

综上，我国农村地区存在着较为明显的相对贫困代际传递现象，而且农村的相对贫困代际传递现象已经成为解决我国农村贫困问题的重大难题之一；同时，贫困代际传递问题的结构性也加剧了相对贫困发生的区域和城乡差异，农村贫困代际传递逐渐趋向于年轻化，加剧了相对贫困代际传递的长期性和顽固性。因此，对于贫困代际传递问题的研究急需深入。

2.1.3 贫困的概念演进：从收入贫困到多维贫困

对贫困问题的分析首先要确定贫困的概念以及其衡量标准。收入贫困是学界研究和世界各国较早投入使用的贫困标准之一。收入贫困线是根据人体基本生理需要的物质以及各地的价格水平确定的收入水平，是维持人体基本生理需求最低的收入水平。而近些年来，学界对于收入贫困的诟病越来越多，取而代之的是多维贫困概念。

较早提出多维贫困概念的学者有莫里斯（Morris，1979）② 以及哈根纳斯（Hagenaars，1987）③ 等，但是真正引起学界高度关注的是森（Sen，1985，1999）④⑤ 的研究，森认为贫困的根源在于人们的能力贫困。在森等人关于能力贫困理论研究的基础上，1990 年联合国开发计划署（1997）⑥ 分别建立了人类发展指数和人类贫困指数。其中，人类发展指数是基于人类发展的健康水平、受教育水平以及生活水平三个层

① 王博，朱玉春．改革开放40年中国农村反贫困经验总结——兼论精准扶贫的历史必然性和长期性［J］. 西北农林科技大学学报（社会科学版），2018，18（06）：11-17.

② Morris M D，Council O D. Measuring the condition of the world's poor：the physical quality of life index［M］. Published for the Overseas Development Council［by］Pergamon Press，1979.

③ Hagenaars A. A Class of Poverty Indices［J］. International Economic Review，2001，28（3）：583-607.

④ Sen，Amartya：Commodities and Capabilities，Amsterdam：North-Hoolland，1985.

⑤ Sen，Amartya：Development as Freedom，Oxford University Press，1999.

⑥ UNDP：Human Development Report 1997，http：//hdr. undp. org，1997.

面来建立，人类贫困指数则包含了生存指标、文盲率以及是否能够享受体面生活等方面。从此，多维贫困指标在学界以及实践中慢慢得以运用。多维贫困替代收入贫困，成为学界研究的重点，其主要原因在于多维贫困相对收入贫困，在理论分析和现实应用方面都具有明显的优势。

首先，从理论分析角度来看，邹薇（2004）① 认为我国农村贫困的根源不在于收入或者消费的匮乏，而在于发展能力的贫困，发展能力的贫困是多维贫困的根源（高帅，2015）②。因此，从某些角度讲，收入贫困只是贫困的表现形式之一，收入贫困线以家庭年人均收入为衡量标准，忽视了个体的发展问题，也忽视了贫困人口的长期发展问题。阿尔基尔（Alkire，2010）③ 认为贫困本身就是多维度的概念，既表现在致贫原因的多样性，也表现为贫困具有众多的表现形式，收入低下只是贫困表现的一个方面，因此应从多维度测度法来测量贫困。冯贺霞等（2015）④ 的数据分析表明收入贫困和多维贫困的重合度仅为 30.62%，收入贫困遗漏了 69.38% 的多维贫困户。因此，以多维贫困来代替收入贫困，对于深入分析贫困诱因，从人的长期、可持续发展角度解决贫困问题具有重要意义。

其次，从实践层面来看，多维贫困概念的引进更有利于精准识别贫困人口。在我国的贫困治理实践中，将“两不愁、三保障”纳入对脱贫人口的识别中，既考虑了贫困人口的长期发展问题，也减少了因为收入核算偏差带来的贫困人口识别误差。郭建宇、吴国宝（2012）⑤ 结合区域多维度贫困的实际情况建立了多维贫困指数，并利用该指数识别了多维贫困户，结果表明多维度贫困户可以覆盖 76.8% 的收入贫困户。

---

① 邹薇．传统农业经济转型的路径选择：对中国农村的能力贫困和转型路径多样性的研究［J］．世界经济，2005（02）：34－47＋80.

② 高帅．社会地位、收入与多维贫困的动态演变——基于能力剥夺视角的分析［J］．上海财经大学学报，2015，17（03）：32－40＋49.

③ Alkire S，Foster J. Counting and multidimensional poverty measurement［J］. Journal of Public Economics，2010，95（7－8）：476－487.

④ 冯贺霞，王小林，夏庆杰．收入贫困与多维贫困关系分析［J］．劳动经济研究，2015，3（06）：38－58.

⑤ 郭建宇，吴国宝．基于不同指标及权重选择的多维贫困测量——以山西省贫困县为例［J］．中国农村经济，2012（02）：12－20.

而贺立龙等（2016）[①] 从多维贫困的视角研究了贵州省50个国家级贫困县的贫困状况，研究表明已有的贫困县测度标准并不能很好地测量贫困县真实的贫困程度。多维贫困可以从宏观、微观两个视角瞄准致贫原因，可以减少对贫困县、贫困人口的判定失误问题。因此，多维贫困指标在实践中也具有较高的适用度。

鉴于多维贫困的理论基础深厚，并且在实践中具有较高的适用度，学界学者围绕多维贫困进行了多方面的研究。

首先，学者对部分特殊人群的多维贫困状况进行了分析。例如，王春超、叶琴（2014）[②] 研究了农民工的多维贫困问题，研究表明市场化改革的不断推进是农民工多维贫困改善的重要原因，但是农民工的多维贫困状态不甚乐观，其多维贫困程度远高于全国平均水平和城市劳动者，其中，教育维度的贫困更为严重。而解垩（2015）[③] 则分析了老年人的多维贫困状况，研究表明我国城乡老年人的多维贫困状况均呈现出下降状态，但仍然不能忽视。

其次，多维贫困发生率的城乡差异问题。虽然我国城市的贫困发生率已经到达较低水平，国家对贫困问题的关注也多集中在我国农村地区。然而，就我国的多维贫困状况来看，城市的多维贫困也并不鲜见，但农村家庭长期多维贫困发生率更高（郭熙保、周强，2016a）[④]。邹薇、方迎风（2011）[⑤] 认为相对于单一维度的收入贫困，多维贫困的发生率更高，农村的多维度贫困比城市更高，占全国多维贫困发生率的80%。王素霞、王小林（2013a）[⑥] 测算的我国多维贫困指数为0.034，其中，城市的贡献率为22.8%，农村的贡献率为77.2%。郭熙保、周强（2016b）则认为虽然我国农村家庭的多维贫困发生率更高，但随着

---

① 贺立龙，左泽，罗樱浦．以多维度贫困测度法落实精准扶贫识别与施策——对贵州省50个贫困县的考察［J］．经济纵横，2016（07）：47－52.

② 王春超，叶琴．中国农民工多维贫困的演进——基于收入与教育维度的考察［J］．经济研究，2014，49（12）：159－174.

③ 解垩．公共转移支付与老年人的多维贫困［J］．中国工业经济，2015（11）：32－46.

④ 郭熙保，周强．长期多维贫困、不平等与致贫因素［J］．经济研究，2016，51（06）：143－156.

⑤ 邹薇，方迎风．关于中国贫困的动态多维度研究［J］．中国人口科学，2011（06）：49－59＋111.

⑥ 王素霞，王小林．中国多维贫困测量［J］．中国农业大学学报（社会科学版），2013，30（02）：129－136.

贫困持续时间的延长，城市贫困家庭的平均被剥夺深度相对于农村家庭更为严重。其中，户籍制度是影响城乡家庭长期多维贫困发生率的重要因素，可以解释城乡家庭长期多维贫困发生率差异的43%。从以上分析来看，农村的多维贫困发生率较高，仍然是精准扶贫工作的重点；城市的多维贫困发生率虽然相对较低，但是其贫困深度问题需要学界的进一步分析和研究。

最后，多维贫困的单维贡献问题。多维贫困指数是由多个单维度指标共同构建而成，因此，对多维贫困指数进行拆分并分析单维度指标对多维贫困指数的贡献率，对于分析多维贫困人口的贫困状况具有重要意义。王素霞、王小林（2013b）的研究表明对多维贫困贡献率最高的单维因素为卫生设施，卫生基础设施的落后是导致农村多维贫困发生率远远大于城市的重要原因之一。而张全红、周强（2014）[①]认为自1989年以来我国多维贫困发生率的下降幅度超过了收入贫困，贫困发生率的城乡差别主要在于非收入因素，贫困的主要诱因也从卫生设施和收入因素转变为卫生设施和教育因素。张立冬（2017）[②]，郭熙保、周强（2016d）等人的研究则表明我国农村地区教育维度的剥夺最为严重。侯亚景（2017）[③]的研究表明西部地区的长期多维贫困状况最差，其中，生活条件因素对长期多维度贫困指数的贡献最大。郭熙保、周强（2017c）的研究也进一步验证了生活环境因素对个体贫困的深远影响，其研究表明父代贫困会削弱子代发展能力，加之贫困环境的负面影响，贫困家庭的子代只能接受不平等的发展机会。家庭长期多维贫困不仅受微观因素影响，更受宏观变量的影响。张全红等（2017）[④]分别构建了长期多维贫困指数和暂时多维贫困指数，研究表明我国长期多维贫困发生比例要高于暂时多维贫困发生率，而教育、医疗和健康三个维度对贫困的贡献率都较高，这也

① 张全红，周强．中国多维贫困的测度及分解：1989～2009年［J］．数量经济技术经济研究，2014，31（06）：88－101.

② 张立冬．中国农村多维贫困与精准扶贫［J］．华南农业大学学报（社会科学版），2017，16（04）：65－74.

③ 侯亚景．中国农村长期多维贫困的测量、分解与影响因素分析［J］．统计研究，2017，34（11）：86－97.

④ 张全红，李博，周强．中国多维贫困的动态测算、结构分解与精准扶贫［J］．财经研究（04）：33－42＋83.

表明，对于贫困人口而言，贫困不仅表现为收入水平低下，也表现为贫困人口在多个维度处于弱势。而贫困人口的受剥夺状况又具有明显的地区差异和个体差异，因此，贫困的多维性质加剧了贫困治理的难度。

总之，多维贫困作为一种新型贫困衡量标准，既考虑了贫困的多元特征，又考虑了易返贫致贫人口的长期发展问题，在理论上更具合理性；从实践角度看，多维贫困代替收入贫困也具有一定的适用性，主要表现在多维贫困这一衡量标准减少了，因为收入不透明而产生的统计差问题，也更利于在实践中分析易返贫致贫人口的贫困根源，进而实现对症下药，全面解决易返贫致贫人口的脱贫和发展问题。因此，本书在分析中将以多维贫困指标代替收入贫困，考察多维贫困在代际之间的传递现象。

2.2 贫困代际传递路径的相关研究

鉴于贫困代际传递是收入代际传递的重要表现之一，国内外学者对贫困代际传递问题的研究也多参考收入代际传递问题。而在收入代际传递问题的研究中，收入代际传递的路径分析十分重要，同理，贫困代际传递的路径分析也必不可少。贫困代际传递路径是导致贫困在代际间传递的重要载体，对贫困代际传递路径的分析更有利于深入剖析、认识贫困代际传递问题，为贫困代际传递问题的解决提供更详细的方案。

国内外众多学者对贫困代际传递的路径进行了分析，本书在综合前人研究基础上，将贫困代际传递的路径绘制成图，如图 2 –1 所示，从多维贫困的表现形式上看，多维贫困人口多表现为健康、教育、就业、收入等多个维度处于弱势状态，因此多维贫困代际传递也多表现为健康、教育、就业、收入等多维度的弱势状态在代际之间的传递。

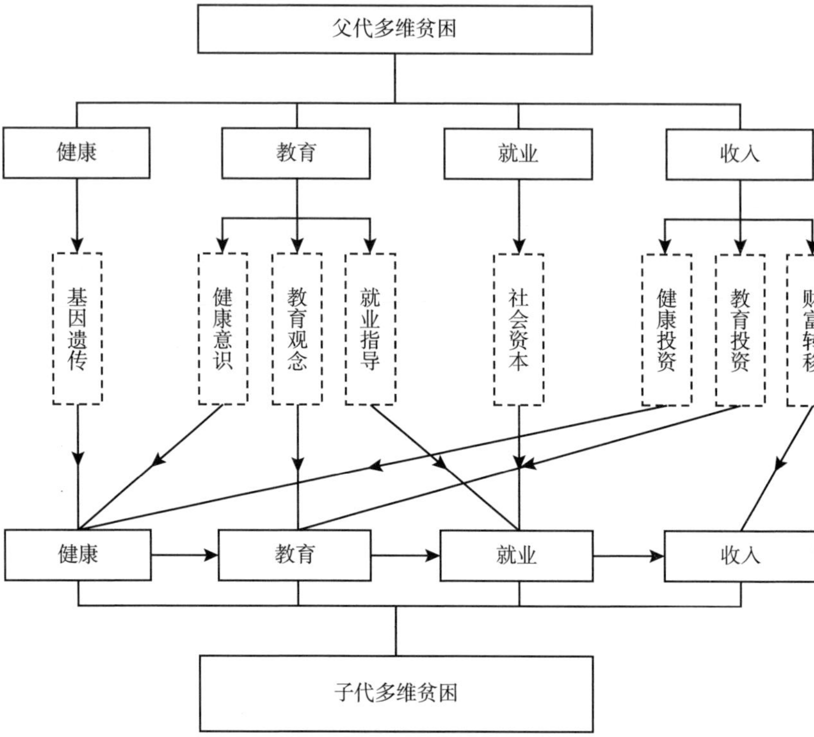

图 2－1　多维贫困代际传递路径

2.2.1　健康维度的代际传递路径

健康维度的贫困代际传递主要通过生理遗传来实现。众所周知，部分疾病可通过基因遗传实现病症的代际传递，而现代医学还不能够通过技术实现完全的基因甄别，例如部分家族遗传病的存在会显著增加子代患遗传疾病的概率。部分因病致贫的父代也会通过病症遗传提高子代陷入贫困的概率。除传统的疾病与健康概念外，个体的性格、智力等都会通过遗传来实现代际影响。梭伦（Solon，1999）①、阿祖姆德（Mazum-

① Solon G. Intergenerational Mobility in the Labor Market，in Ashenfelter，O. and Card，D.(eds)：Handbook of Labor Economics，Vol. 3A，Amsterman：North－Holland，1999.

de，2008）[①]、比约克勒德和查德威克（Bjorklund & Chadwick，2002）[②]分别利用社区、同胞兄弟姐妹、双胞胎以及收养子女家庭等数据验证了基因遗传在收入代际流动中的消极作用，基因遗传能显著提高收入代际传递的概率。

2.2.2 教育维度的代际传递路径

低收入家庭父代教育维度受剥夺是引致家庭贫困的重要因素，从其自身而言，父代受教育程度低下会影响自身的就业进而影响家庭收入，家庭收入会通过家庭的教育投资、健康投资以及财富转移等多种途径间接影响子代。从相对直接的影响路径上看，父代的受教育程度往往决定了其健康意识、教育观念以及就业观念，而父代的健康意识、教育观念和就业观念又会影响对子代的健康投资、家庭教育、教育投资以及就业指导，进而影响到子代的身体健康、教育获得和就业。例如克里斯蒂安森和奥尔德曼（Christiaensen & Alderman，2004）[③] 的研究表明父母的受教育状况将会影响儿童的营养摄入，特别是母亲对于儿童营养知识的了解程度直接影响了子代的营养获取，因此父代的健康意识会通过影响子代的营养摄入进而影响子代的身体健康状况。王爱君（2009）[④] 的研究进一步细化了上述研究结论，其研究表明贫困家庭中的成年女性往往缺乏足够的教育、营养健康和医疗保障等方面的知识，该问题的存在将大大弱化贫困家庭女性对子代的营养健康投入和教育能力，在较长时间内将限制子女成年后的自我发展和社会竞争力。所以，父代受教育水平对子代的影响不仅仅停留在幼儿阶段，更影响到子代的终生发展。

父母的受教育程度与子代的受教育程度呈现高度的正相关，原因在于受教育程度影响了父代对教育重要性的理解进而影响父代对子代的教

① Mazumder B. Sibling Similarities and Economic Inequality in the US [J]. Journal of Population Economics, 2008, 21 (3): 685-701.

② Bjorklund A, Chadwick R. Intergenerational Income Mobility in Permanent and Separated Families [J]. Economics Letters, 2003, 80 (2): 239-246.

③ Christiaensen L, Alderman H. Child Malnutrition in Ethiopia: Can Maternal Knowledge Augment the Role of Income? [J]. Economic Development & Cultural Change, 2004, 52 (2): 287-312.

④ 王爱君. 女性贫困、代际传递与和谐增长 [J]. 财经科学, 2009 (06): 47-54.

育支持。王爱君、肖晓荣（2009）① 认为受过教育的父母能够理解教育的潜在收益，可能更希望子代接受教育，并给予子代更多的学业支持；相反，教育贫困家庭的教育文化氛围会使得父辈认为“读书无用”，导致子代意志消沉，对学业失去信心，而父代教育贫困也会通过教育基因影响子代的教育表现（向延平，2018）②。落后的教育观念可能会影响贫困家庭子代的教育获得，增加子代陷入教育贫困的概率。除此之外，贫困家庭在家庭收入低下、入不敷出时，可能更倾向于减少子代的教育投资强迫他们提早工作（Blackman & Litchfield，2009）③。因此，在贫困家庭面临资金约束且家庭教育观念淡薄时，贫困家庭父辈的人力资本存量弱势更容易传递给子代，形成弱势人力资本存量的再生产（阙祥才、舒黎，2017）④。高书国（2018）⑤ 将教育缺失引发的知识短缺称为智力贫困，而智力贫困可通过“低教育水平—低财富资本—低社会资本—下一代教育缺失”实现代际传递，意即教育贫困的代际传递也会引发智力贫困的代际传递。

除了较为显性的影响路径以外，父代受教育程度对子代的影响还具有诸多隐性路径。例如，家庭文化环境对子代的影响相对隐性，且难以量化，但家庭教育是终身教育，家庭教育对个体的影响较为持久。父母和家庭文化环境会影响子代的认知和非认知能力的形成，父母的能力和参与程度会影响子代的认知和非认知能力的培养（Carneiro，Cunha & Heckman，2003；Cunha et al，2006）⑥⑦，而认知和非认知能力是个体

① 王爱君，肖晓荣．家庭贫困与增长：基于代际传递的视角［J］．中南财经政法大学学报，2009（04）：24－29.

② 向延平．教育贫困代际传递与阻断：教育精准扶贫路径选择［J］．当代教育论坛，2018（03）：32－37.

③ Blackman H.，Litchfield T. Supporting children in their working lives：obstacles and opportunities within the international policy environment［J］. Journal of International Development，2009，12（12）：531－548.

④ 阙祥才，舒黎．人力资本视域下的农村家庭贫困代际传递研究——基于武汉市J乡的调查［J］．华中农业大学学报（社会科学版），2017（06）：27－34＋149.

⑤ 高书国．智力贫困代际传递的成因分析与阻遏策略［J］．中国教育学刊，2018（01）：21－25.

⑥ Carneiro，P.，Cunha F.，Heckman J. Interpreting the evidence of family influence on child development［J］. Journal of Human Resources，2003（1），1－89.

⑦ Cunha，F. et al. Interpreting the evidence on life cycle skill formation［J］. Handbook of Economics of Education 2006（1）：697－812.

人力资本的重要内容之一，也是影响子代学业和职业表现的基本因素；父母的知识水平、文化修养、生活品位以及兴趣爱好等会通过潜移默化的形式持续影响子代（仇立平、肖日葵，2011）[①]，甚至父代的风险偏好也会通过父代的言行潜移默化地影响子代行为（王琳、伍麟，2018）[②]。因此，家庭文化环境作为相对隐性的因素影响子代的行为和观念。

父代的受教育状况除了影响健康意识和教育观念以外，还会通过就业观念影响子代的就业选择。赫勒斯坦和莫里尔（Hellerstein & Morrill，2011）[③] 认为父代对子代的人力资本投资会具有一定程度的职业导向性，即父代会通过自身认知对子代进行有职业偏向的引导。农村贫困家庭的子女更容易较早放弃学业，提早工作，而年幼子女的就职方向往往受父代决策的影响；而父代受教育程度低下会影响父代对不同行业的认知，贫困家庭的父代对行业的认知多集中在自身工作或者亲属工作的领域，因此，子女的职业往往与父代所从事的职业较为相似。父代就业观念的落后会提高子代滞留在传统行业的机会，也会加剧职业的代际传递，贫困家庭的职业代际传递会在一定程度上提高贫困代际传递的概率。

2.2.3 收入维度的代际传递路径

父代通过教育实现了文化资本的代际传递，通过就业实现了社会资本的代际传递，也将通过收入实现经济资本的代际传递。父代收入的代际传递主要有三个路径：健康投资、教育投资和财富转移。首先，父代的健康投资除了受到父代健康意识的影响，也受到父代收入的影响。父代收入会通过影响家庭的食品消费结构进而影响子代的营养摄入，另外，父代收入对健康投资的约束作用还表现在父代收入会影响子代的就

---

① 仇立平，肖日葵．文化资本与社会地位获得——基于上海市的实证研究［J］．中国社会科学，2011（06）：121－135＋223.

② 王琳，伍麟．风险偏好可以代际传递吗？——来自多学科的证据与元理论思考［J］．心理科学，2018，41（03）：694－699.

③ Hellerstein，Judith and Morrill Melinda Sandler. Dads and Daughters：The Changing Impact of Fathers on Women's Occupational Choices［J］. Journal of Human Resources，2011，46（2）：333－372.

业质量。其次，贝克尔和托姆斯（Becker & Tomes，1979）[①] 的“人力资本投资模型”表明，父代的收入会影响家庭教育投资决策。宋旭光、何宗樾（2018）[②] 也认为从理论上讲，低收入阶层在进行人力资本投资时会面临信贷约束，因此会考虑教育回报率的问题，所以对教育的投资通常低于最高水平。家庭教育投资的匮乏会严重影响子代的教育机会和受教育质量，李洁、欧蒙（2018）[③] 的研究表明家庭收入对学生的智育、体育和德育成绩都具有一定程度地影响。最后，父代收入还会通过财富转移的形式影响子代的收入。鉴于我国特殊的文化背景和社会习俗，父代对子代的“利他”动机更为明显，因此财产的代际转移可能在未来长时间内仍有持续增加的趋势（禹奎，2010）[④]。在我国农村地区，现有的财富转移的形式有遗产赠与、购置婚房等（刘金东、杨晨，2016）[⑤]，而在部分贫困家庭中，财富的转移方式可能为债务的代际转移。父代收入的低下减少了父代的健康投资、教育投资和财富的代际转移，影响了子代的人力资本积累，增加了子代陷入贫困的概率，更提高了贫困代际传递的概率。

袁磊（2016）[⑥] 在研究中提出了“环境惯性”一词，该研究认为环境惯性的存在加剧了收入的代际传递现象。环境惯性意指“家庭所处的社区、阶层和圈子，所拥有和掌握的人脉和社会资源”，环境惯性在涵盖了家庭的文化资本、社会资本等因素以外，也强调了家庭所在社区环境对子代的影响。父代的收入状况往往决定了家庭所居住的社区环境，而家庭所在社区的环境因素对子代的收入状态也具有较大的影响。崛井

① Becker G S，Tomes N. An Equilibrium Theory of the Distribution of Income and Intergenerational Mobility［J］. China Labor Economics，1979，87（6）：1153－1189.

② 宋旭光，何宗樾．义务教育财政支出对代际收入流动性的影响［J］．财政研究，2018（02）：64－76.

③ 李洁，欧蒙．贫困的代际传递：贫困程度与学业成绩［J］．财经科学，2018（09）：107－119.

④ 禹奎．遗产、赠与和贫富差距——美国学者的研究概述［J］．首都经济贸易大学学报，2010（01）：57－59.

⑤ 刘金东，杨晨．父母赠与如何影响子女首套房购置行为——基于年轻子女微观调研数据［J］．经济与管理评论，2016，32（05）：29－36.

⑥ 袁磊．我国居民代际收入流动的实现路径——兼文献综述［J］．经济问题探索，2016（11）：173－181.

和佐佐木（Horii & Sasaki，2012）[①] 的研究表明生活环境对子代的受教育具有显著影响，例如周围同学的辍学率高会增加子代辍学的可能性。而刘易斯（Lewis，1975）[②] 对墨西哥贫民窟的研究则表明长期贫困会通过固定的文化来进行传递、固化，形成稳定的“贫困文化”。按此逻辑，若贫困家庭长期生活在贫困社区中，则贫困家庭的子代会耳濡目染，深受贫困文化的影响，进而更容易陷入贫困之中。

综上，诱发贫困的因素通过多种复杂的途径实现了由父代到子代的传递，引发了贫困的代际传递问题，加剧了贫困代际传递的复杂性和顽固性。

2.2.4 就业维度的代际传递路径

由于中国社会根深蒂固的家族文化与人情社会观念，社会网络资源在劳动者的职业获得中扮演着重要的角色（李仲达和王美今，2014a）[③]。由于我国农村地区缺乏规范的就业市场，农村地区的职业获得对“关系”有着严重依赖，通过“关系”获得就业信息和就业机会是我国农村较为普遍的现象。张和李（Zhang & Li，2003）[④] 认为在缺乏正式就业渠道的情况下，社会网络促进了非农就业信息的传递，也提高了农民非农就业的概率。上述部分研究表明，贫困家庭的子代往往会较早辍学，踏上求职之路。而对于子代的初职获得方式来讲，由于子代年幼还未完成自身的社会资本积累，因此，子代的职业获得将依赖父代的社会资本积累。而父代社会资本的集中性也会加剧职业的代际传递。尹秀（2016）[⑤] 的研究表明我国存在较为严重的职业代际传递现象，且农民的代际继承度最高，这也从侧面表明了我国农村地区的代际职业继

① Horii R，Sasaki M. Dual Poverty Trap：Intra - and Intergenerational Linkages in Frictional Labor Markets［J］. Journal of Public Economic Theory，2012，14（1）：131 - 160.

② Lewis O. Five Families：Mexican Case Studies in the Culture of Poverty［M］. Basic Books，1975.

③ 李仲达，王美今．职业获得的不平等研究——基于社会网络与户籍制度的“双重门槛”效应［J］．中山大学学报（社会科学版），2014，54（04）：189 - 198.

④ Xiaobo Zhang，Guo Li. Does guanxi matter to nonfarm employment?［J］. Journal of Comparative Economics，2003，31（2）：315 - 331.

⑤ 尹秀．代际收入流动的职业传递效应分析［D］．山东财经大学，2016.

承度更高，而职业的代际传承会减少收入的代际流动，增加了收入的代际传递性（周兴，张鹏，2015）①。但是，李仲达、王美今（2014b）的研究也表明社会网络对农业户口劳动者的作用仅局限于低级别职业。对于农村贫困家庭而言，父代职业的低收入性和低社会化程度将减小父代的社会资本积累，同时，贫困家庭父代社会资本存量小且“质量差”也会影响子代的就业质量。

2.3 我国农村贫困代际传递诱因的相关研究

由于贫困问题由来已久，学界对于贫困成因的研究颇多。贫困是个历史的、动态的多维度概念（叶普万，2005）②，人们对贫困问题的认识也会随着世界范围内贫困问题的不断演进而动态变化，学者对贫困成因的分析也有着明显的历史烙印和时代特征。诸多西方学者对于贫困成因进行了论述，例如马克思的贫困结构论、甘斯的贫困功能论、刘易斯的贫困文化论、马尔萨斯的土地报酬递减论、纳克斯的恶性循环理论等。虽然研究贫困问题的经典理论很多，但大多理论都是从静态视角出发研究贫困的成因，很少有理论从动态角度研究贫困问题；除此之外，部分西方经典理论在解释贫困问题时也具有一定的历史局限性，例如马尔萨斯的土地报酬递减论由于忽视了技术进步因素，不能很好地解释现代贫困成因。

2.3.1 贫困成因分析

贫困代际传递是贫困的成因之一，也是贫困的重要表现，因此贫困的其他成因对贫困代际传递也存在较为明显的影响。贫困最早表现为人类整体生产力水平低下所引致的普遍饥饿问题，于是经济增长、生产力发展成为缓解普遍贫困的最有力手段，这也与我国新中国成立初期的情况相似。新中国成立初期，百废待兴，民生凋敝，社会整体生产力水平

① 周兴，张鹏．代际间的职业流动与收入流动——来自中国城乡家庭的经验研究［J］．经济学（季刊），2015，14（01）：351－372.

② 叶普万．贫困经济学研究：一个文献综述［J］．世界经济，2005（09）：70－79.

低下是导致我国整体贫困的重要因素。而基础设施和服务技术（Gustafsson & Li，1998）[①] 的落后、自然因素（Gustafsson，2002）[②] 难以克服则是导致社会生产能力较低的重要因素。陈建勋（1988）[③] 认为我国长期贫困的诱因在于不完善的经济体制和与之相匹配的大批低素质的劳动者。生产力发展水平低下引发的普遍贫困是贫困代际传递的重要原因，正如亓寿伟（2016）[④] 的研究表明，1949～1990年我国存在明显的收入代际传递现象，低收入阶层的代际传递则表现为贫困的代际传递。

而今，我国农村地区的贫困问题是多方面作用的结果。在部分欠发达地区，环境恶劣、资源禀赋较差、基础设施落后是贫困的主要根源，而对于相对分散的低收入家庭而言，贫困问题具有更复杂的诱因。

第一，收入来源的单一化。陈全功、程蹊（2007）[⑤] 认为收入方式与农村家庭贫困发生率有关，以农业经营为主要收入来源的家庭陷入贫困的概率更高。在我国现有土地制度下，我国农村长期实行农户小规模分散经营模式，农业劳动生产率以及技术利用率较低，农产品产量较低；同时，我国的农产品价格长期偏低，而农药、化肥等生产资料的价格却有不断上升的趋势，农民的农业经营性收入偏低；农业生产也更容易受到自然灾害的影响，因此仅仅依赖农业经营性收入的家庭更容易陷入贫困。陆学艺（2002）[⑥] 的研究表明，我国农业劳动者的代际继承最为稳定，即父代务农的家庭中子代继续务农的概率较高。因此，农业经营性收入的持续低下会加剧贫困的代际传递。

第二，教育发展不足。陈全功、程蹊（2006）[⑦] 认为农村地区长期

① Bjorn Gustafsson，魏众，吴桂英．为什么中国农村人口贫富不同？［J］．世界经济文汇，2002（03）：3－13.

② Gustafsson B，Shi L I. The structure of Chinese poverty［J］. Developing Economies，2010，36（4）：387－406.

③ 陈建勋．从纳克斯的“贫困恶性循环论”所想到的［J］．上海经济研究，1988（02）：56－59.

④ 亓寿伟．中国代际收入传递趋势及教育在传递中的作用［J］．统计研究，2016，33（05）：77－86.

⑤ 陈全功，程蹊．子女教育与家庭贫困的代际变动［J］．西北人口，2007（05）：36－38.

⑥ 陆学艺．当代中国社会阶层研究报告［M］．北京：社会科学文献出版社，2002.

⑦ 陈全功，程蹊．长期贫困为什么难以消除？——来自扶贫重点县教育发展的证据［J］．西北人口，2006（03）：39－42＋46－47.

的教育发展滞后、教育投资不足以及教育不公是引发农村长期贫困的重要原因。教育发展的长期滞后也是农村地区文化贫困的重要诱因之一。张瑞（2018）[①] 的研究则表明贫困家庭子女接受高等教育的比例较低，其主要原因是贫困家庭观念落后，没有长远投资教育的眼光，对于子女教育问题不够重视；生活贫困导致对子女的资金和精力投入较少。

第三，政策排斥。政策性排斥加剧了贫困的恶性循环：“排斥性政策—能力剥夺—贫困人口发展脆弱性—进一步排斥性政策—进一步能力剥夺—进一步脆弱性”，该恶性循环机制会引发长期贫困，甚至引发贫困的代际传递。

第四，城乡关系发展不平衡。我国农村贫困问题的产生有一定的历史诱因，城乡的不平衡发展是导致我国农村贫困的主要原因之一。陆汉文、岂晓宇（2006）[②] 认为我国农村贫困问题的深层次根源是“以再分配体制下形成的城乡不平等关系为起点，国家从农村的退出和市场化向农村的渗透非但没有为农村开发出发展的新空间，反而将农民抛入了一个更深入的不平等机制之中”。

2.3.2 贫困代际传递诱因分析

贫困诱因的复杂性也导致了贫困代际传递诱因的多样性，学者们对贫困代际传递成因的复杂性都呈现出较为一致的意见。贫困代际传递作为一种较为特殊的长期贫困现象，其传递路径纷繁错杂，导致贫困代际传递的原因也自然是多方面的。韩春（2010）[③] 指出我国农村贫困代际传递有着深刻的环境性、制度性、文化性、贫困家庭与贫困个人等方面的原因。徐慧（2016）[④] 则认为农村贫困代际转移的演化与我国体制转型推进带来的社会变迁具有关联性和同步性。因此，我国的贫困代际传

① 张瑞．教育扶贫：阻断贫困代际传递的根本之策［J］．人民论坛，2018（04）：74－75.

② 陆汉文，岂晓宇．当代中国农村的贫困问题与反贫困工作——基于城乡关系与制度变迁过程的分析［J］．江汉论坛，2006（10）：108－112.

③ 韩春．中国农村贫困代际传递问题根源探究［J］．经济研究导刊，2010（16）：46－48.

④ 徐慧．转型期农村贫困代际转移、影响因素及对策研究［J］．经济体制改革，2016（03）：101－106.

递有着深刻的历史烙印，其表现及诱因也具有鲜明的时代特征。亓寿伟（2016）[①] 的研究则进一步论证了上述观点，20 世纪 60 年代初期，制度因素切断了家庭环境和子女教育获得之间的关系，农村的代际收入传递在短暂的下降后迅速上升，而 80 年代初期，市场化改革背景下中国工业化进程迅速推进，国家义务教育和高等教育的选拔制度变革，又使得我国的收入代际传递出现了一个低谷。王瑾（2008）[②] 则认为中国代际贫困不仅有历史的原因，也有现实的原因，既有主观原因，也有客观原因。因此，我国农村贫困代际传递的诱因既要从历史发展的角度结合我国农村特殊的发展历程来考量，也要从现实的客观制度性和主观文化性来分析。

对我国农村贫困代际传递的诱因分析主要有以下几个方面：

第一，社会排斥。刘成军（2018）[③]，孟翔飞、高婷婷（2017）[④] 认为贫困代际传递的表象为收入低下与物质资源匮乏在代际之间的传递，而其深层次的原因是贫困家庭的子代更容易受到社会排斥进而导致子代缺少公平选择的机会进而导致能力低下。而贫困人口所经受的社会排斥主要有两类：结构机制（客观体制性排斥）和文化机制（主观能力排斥）。结构机制作为贫困代际传递的现实依托，文化机制作为贫困代际传递的内在力量，两者相互作用、相互转化，共同引发贫困的代际传递。张赛群、汤兆云（2016a）[⑤] 则认为在现代信息网络快速发展的大背景下，人们日常交流的形式发生了重要改变，以业缘和信息网络为节点建立起来的社会网络关系在日常生活中发挥着重要作用；然而，贫困家庭和贫困人口的社会关系和社会网络基本上局限于以血缘、亲缘和地缘关系为纽带联系起来的较为狭隘的圈子。社会网络资本的严重匮乏将使得贫困人口被动排斥在各类信息、资源之外，另外社会相关制度和政

---

① 亓寿伟．中国代际收入传递趋势及教育在传递中的作用［J］．统计研究，2016，33（05）：77－86．

② 王瑾．破解中国贫困代际传递的路径探析［J］．社会主义研究，2008（01）：119－122．

③ 刘成军．贫困代际传递的内生原因与破解路径［J］．马克思主义与现实，2018（01）：199－204．

④ 孟翔飞，高婷婷．影响农民工贫困代际传递的理论研究与政策选择［J］．理论界，2017（07）：64－72．

⑤ 张赛群．阻止贫困现象代际传递功在当代利在千秋［N］．光明日报，2016－08－24（013）．

策设计的失衡也使得贫困人口出现边缘化倾向，由此引发的社会排斥加剧了贫困代际传递问题。

第二，各类资本匮乏。张赛群、汤兆云（2016b）指出贫困家庭以血缘、亲缘和地缘关系为纽带联系起来的狭隘生活圈是其社会资本缺乏的主要原因。王志章、刘天元（2016）[①]，刘冠秋等（2017）[②] 等认为人力资本、经济资本、社会资本和心理资本都是影响农村贫困代际传递的重要因素，其中，家庭收入总量、家庭对子女的教育投入和家庭结构等因素对贫困代际传递的影响最为显著。刘成军（2018）[③] 认为各类资本缺乏不仅仅是贫困代际传递的影响因素，更是贫困代际传递的内生原因。刑成举（2017）[④] 认为贫困人口在社会资本、经济资本、政治资本和人力资本等多个方面存在结构性贫困，这些结构性贫困要素是导致贫困家庭陷入贫困陷阱的主要因素。各类资本的匮乏既是贫困的表现，也是导致贫困代际传递的原因。父代的贫困表现为各类资本的缺乏，父代资本的缺乏通过对子代的“投资”路径间接传递给子代，造成子代的弱势累积，与其说各类资本的匮乏是导致贫困代际传递的诱因，不如说是贫困代际传递的表现形式。其中，人力资本的匮乏是学界较为关注的问题之一，因为低收入阶层在进行人力资本投资时会面临信贷约束，会考虑教育回报率的问题，因此对教育的投资通常低于最优水平（宋旭光和何宗樾，2018）[⑤]，而低人力资本也会造成其他资本的缺失，“低教育水平—低财富资本—低社会资本—下一代教育缺失”（高书国，2018）[⑥]，从而造成了各类资本短缺状态在代际之间的传递状态。

① 王志章，刘天元．连片特困地区农村贫困代际传递的内生原因与破解路径［J］．农村经济，2016（05）：74－79.

② 刘冠秋，李岚彬，黄艺丹，潘丹琳，齐熙，吴小影，祁新华．山区贫困县贫困代际传递的特征与机制研究［J］．福建师范大学学报（自然科学版），2017，33（03）：95－101.

③ 刘成军．贫困代际传递的内生原因与破解路径［J］．马克思主义与现实，2018（01）：199－204.

④ 邢成举．结构性贫困对贫困代际传递的影响及其破解——基于豫西元村的研究［J］．中州学刊，2017（02）：42－47.

⑤ 宋旭光，何宗樾．义务教育财政支出对代际收入流动性的影响［J］．财政研究，2018（02）：64－76.

⑥ 高书国．智力贫困代际传递的成因分析与阻遏策略［J］．中国教育学刊，2018（01）：21－25.

第三，贫困文化的作用。刘易斯（1995）[①] 认为贫困代际传递现象实质是长期的贫困生活使穷人形成了独特的行为规范、价值观念和文化体系，这是一种脱离社会主流文化的贫困亚文化，并通过“圈内”交往等方式被强化和制度化，会对后代贫困产生影响，是贫困问题难以解决、最顽固的“劣根”所在。因此，贫困文化会作为较为稳定的因素在代际之间传递，造成贫困的代际传递现象。李晓明（2006）[②] 的研究进一步论证了上述观点，其研究认为家庭成员之间会产生强烈的相互依赖和信任的关系，子代会自然学习父代的价值观、态度和习俗。因此，在贫困家庭中，父代的部分行为、生活工作观念会直接影响子代的表现，增加子代陷入贫困的概率。然而，贫困文化的作用不仅表现在微观家庭内部，更表现为贫困社区居住环境的影响。袁天立等（2018）[③] 提到了“邻里劣势”概念，指贫困家庭户之间由于缺乏一种相互促进、相互脱贫的正反馈机制。贫困家庭的行为、生活观念也会受到其所在社区的影响。例如李晨、曾月（2013）[④] 研究了贫困农民工的贫困文化代际传递问题，贫困家庭普遍存在家庭结构分散、家庭关系紧张等问题，家庭成员对未来期待值不高、安于现状，在社会交往中比较封闭，社会参与程度较低，同时，社区居住环境简陋以及周围人文环境的复杂性也使得贫困人口更容易被消极思想影响。李静（2018）[⑤] 则认为贫困文化导致了贫困人口内生动力不足，族群文化、发展信心缺乏、“等靠要”思想严重、福利依赖感严重等都导致了贫困的代际传递问题。

第四，多种因素的共同作用导致了贫困的代际传递。贫困代际传递的成因错综复杂，与贫困代际传递的多维路径互相作用，共同造成了贫困代际传递这一复杂的现象。王奕、陈寅瑛（2013）[⑥] 认为贫困家庭的

---

① Lewis Oscar, Five Families: Mexican Case Studies in the Culture of Poverty, Basic Book, 1995: 168.

② 李晓明. 贫困代际传递理论述评［J］. 广西青年干部学院学报，2006（02）：75－78＋84.

③ 袁天立，陶思学，郭珊. 浅析当前贫困代际传递问题及解决方案［J］. 中国集体经济，2018（06）：163－164.

④ 李晨，曾月. 贫困文化在农民工及其子女群体中的代际传递及影响［J］. 经济论坛，2013（07）：165－169.

⑤ 李静. 增强内生动力　打破贫困代际传递［N］. 鄂州日报，2018－02－28（006）.

⑥ 王奕，陈寅瑛. 农村贫困代际传递链的形成机制研究［J］. 北方经济，2013（12）：10－12.

要素短缺、贫困文化以及健康状况不佳等内部致贫因素都会通过代际传递影响子代，而社会排斥和社会制度等外部因素提高了农村贫困家庭子代贫困的概率，所以贫困代际传递是微观家庭内部原因和制度化外部原因共同导致的结果。年龄、少数民族身份、身体状况、教育费用都会增加农村青少年失学概率（杜鑫，2008）①，家庭环境导致的子女教育机会不平等是影响代际收入传递趋势变化的最主要原因，而弱势群体工作的获取更加依赖于家庭的社会关系（亓寿伟，2016）②，导致了贫困家庭父辈和子辈在婚姻状况、受教育水平、收入水平、就业机会等方面具有明显的相似性和相关性，也使得贫困家庭的子女收入对父母收入的依赖性更大（林闽刚、张瑞利，2012）③。

综上，贫困是历史的、动态的、多维度的概念，贫困的生成有着历史的诱因，也受现实因素的影响。贫困问题的动态性和多维性决定了贫困诱因的复杂性，而贫困代际传递从宏观上看是长期贫困的重要表现，相同的贫困诱因很可能在代际之间传承，导致贫困状态的代际传递。因此，任何致贫因素都有可能导致贫困代际传递；从微观上看贫困代际传递是家庭内部个体社会地位代际继承的问题，贫困的状态在家庭内部又有着特殊的传递路径，传递路径的复杂性也导致了贫困代际传递诱因的复杂性。因此，在考察贫困代际传递的诱因时，既应该考虑外部因素，也要从微观家庭内部因素出发考察影响贫困代际传递的诱因。

2.4 文献述评

已有文献对贫困代际传递的路径、诱因等多方面的问题做了诸多研究，在理论上做出了较大创新，对我国贫困代际传递问题的解决做出了应有的贡献，但仍然存在以下问题：

第一，已有文献在研究贫困代际传递问题时，多利用收入贫困的概

① 杜鑫．中国农村青少年失学的影响因素分析［J］．中国农村经济，2008（03）：50-56+64.

② 亓寿伟．中国代际收入传递趋势及教育在传递中的作用［J］．统计研究，2016，33（05）：77-86.

③ 林闽钢，张瑞利．农村贫困家庭代际传递研究——基于 CHNS 数据的分析［J］．农业技术经济，2012（01）：29-35.

念，贫困标准也多沿用我国在2010年时确定的家庭年人均收入2300元的标准。一方面，2020年，现行标准下我国易返贫致贫人口已然全部脱贫；另一方面，我国相对贫困人口可能面临多个维度受剥夺的状况，多维贫困更可能使得低收入人口失去长期的发展能力，多维度贫困也会导致部分脱贫人口随时面临返贫风险，破坏我国脱贫攻坚成果。因此，仅仅以收入标准来衡量相对贫困不够全面。除此以外，我国在2020年全面消除绝对贫困问题以后，下一步的工作将更加关注相对贫困以及相对贫困人口的发展问题，而多维贫困考察了相对贫困人口教育、医疗、健康、就业等多个方面的问题，因此，本书认为以多维贫困代替收入贫困来考察我国农村贫困的代际传递问题更符合我国下一步的贫困治理工作方向。

第二，已有研究对我国农村贫困代际传递路径的分析较为完善，但是诸多研究多集中在家庭成长期，父代的收入、受教育程度、社会资本等都会对子代产生重要的影响，贫困代际传递的路径分析也大多集中于此。然而，在我国农村地区，家庭代际关系的变化深受家庭生命周期阶段的影响，在不同的家庭生命周期阶段，父代与子代的关系变化又深受家庭环境和外部制度环境的影响。因此，从家庭生命周期视角下分析不同阶段内农村家庭代际关系变化，对于更加完善的分析多维贫困代际传递路径、理解不同家庭生命周期阶段下多维贫困代际传递的诱因具有重要意义。

第三，我国农村多维贫困代际传递问题诱因的复杂性得到了学界学者们的一致认可，但是在实际分析中往往众说纷纭，厚此薄彼，不够完善。首先，我国农村多维贫困代际传递问题与我国农村地区特有的历史发展轨迹有关，有其历史诱因；其次，我国农村多维贫困代际传递问题又与我国的体制转型带来的社会制度变迁息息相关；最后，多维贫困代际传递问题植根于微观家庭内部，又深受我国农村特有的家庭代际关系演变所影响。因此，本书将从城乡关系演变、社会制度变迁等角度考察影响我国农村多维贫困代际传递的外部因素，又要从低收入家庭内部出发，考察低收入家庭内部导致多维贫困代际传递的外因。

本书将从以上三个方面对我国农村多维贫困代际传递的相关研究进行研究、补充，以期对贫困代际传递的相关理论进行创新，对减少乃至解决我国农村相对贫困问题、巩固脱贫攻坚成果提出可供参考的建议。

第3章　我国农村多维贫困代际传递研究的理论依据

要对我国农村多维贫困代际传递问题进行系统分析，就要对现有研究成果进行系统考察，寻找阻断贫困代际传递的理论支撑。从根本上说，认识和处理我国农村的相对贫困问题，要以马克思主义理论、马克思主义中国化的反贫困理论成果作为指导，同时借鉴西方经济学中的能力贫困理论、贫困文化理论等有益成分。本章将对此进行阐释，为全书的研究提供理论基础。

3.1　马克思、恩格斯的贫困理论

马克思和恩格斯最早从制度层面分析了资本主义制度下无产阶级的贫困问题。恩格斯的《英国工人阶级状况》和马克思的《1844 年经济学哲学手稿》是他们贫困思想的起点，两书均深刻揭示了在资产阶级的残酷剥削和压榨之下，工人阶级的深度贫困状况。《英国工人阶级状况》以大量的统计数据和实际案例，从衣、食、住等多个方面描述了工人阶级的物质贫困状况；而在《1844 年经济学哲学手稿》一书中，马克思不仅仅提到了工人阶级的物质贫困，更开始关注工人阶级的精神贫困问题。

3.1.1　马克思、恩格斯对贫困的描述：贫困的多维性

1. 无产阶级的物质贫困

1842 年 11 月至 1844 年 8 月，恩格斯居住在英国，并对英国社会工

人阶级的生活现状进行了直接观察，辅之以各种官方及非官方文件的材料，于 1844 年 9 月至 1845 年 3 月著成《英国工人阶级状况》一书。《英国工人阶级状况》首先描述了英国稳定的工人阶级的产生过程，并强调了其弱势的社会地位和贫困的经济地位，即“一小撮强者即资本家握有一切，而大批弱者即穷人却只能勉强活命”[①]。

恩格斯利用大量的统计数据和现实案例，从衣、食、住、工作的不稳定性和有害性等多个维度分析了工人阶级的贫困问题。

从工人阶级的住宅来看，大城市的贫民窟是穷人聚居的地方。排列的乱七八糟的砖房，没有铺过的、坑坑洼洼的、到处充满垃圾和恶臭的、形同死水沟的街道，拥挤稠密的人群是大城市贫民窟的普遍特征。而穷人中最穷的人甚至这样的住所都得不到，工人中工资最低的人只能住在大杂院和小胡同里面。这些住房的窗子几乎没有玻璃，墙体几乎倒塌，门框和窗框也被损坏，住房俨然只是一个藏身之所。而比之还不幸的是，“伦敦有 5 万人每天早晨醒来不知道下一夜将在什么地方度过”[②]。恶劣的生活环境严重危害工人的身体健康状况，影响着工人的劳动能力。

从工人阶级的衣食来看。工人阶级的衣服大多为不合适的用料，粗棉制品厚重，不能御寒和防湿，很少能适应气候，而很多穷人的衣服就是一块破布，许多妇女和儿童“赤脚走路”在工厂和城市里也是一种常态。由于工人阶级收入微薄，因此只能购买有产阶级认为质量太差且被挑选剩余的肉和菜。所以，工人阶级购买到的菜和肉总是质量最差的，甚至常常是病畜和死畜的肉。除此之外，工人阶级利用少得可怜的工资购买生活必需品以养活全家就必须从小商贩那里购买廉价的生活用品，而小商贩手中的商品多掺假，面粉中甚至掺杂了石膏粉。劣质的食品和衣物只能保证工人阶级及其子女在生存线上徘徊。“常挨饿引起一系列难以医治的疾病，因而增加了牺牲者的数目；饥饿使身体虚弱，结果在另一种条件下完全可以平平安安地过去的事情，现在不可避免地要

① 马克思，恩格斯．马克思恩格斯文集（第 1 卷）［M］．北京：人民出版社，2009：304.

② 马克思，恩格斯．马克思恩格斯文集（第 1 卷）［M］．北京：人民出版社，2009：311.

引起严重的疾病和死亡。"① "饥饿致死" 成为工人阶级的一种常态，温饱问题和物质贫困成为影响工人阶级生存的最大难题。

当然，工人的饮食是随着工资变化的，但工资是工人生活中最不稳定的因素。"因为这个社会战争中的武器是资本，即生活资料和生产资料的直接或间接的占有"②，工人阶级因为缺乏生产和生活资料，只能靠出卖自身的劳动力，即在资产阶级那里工作，才能获得 "勉强够维持灵魂不离开躯体的工资"。因此，工人的生活取决于自身是否被雇佣，然而每个部门工人的状况都是极不稳定的。一旦失业，或者家庭的主要劳动力病倒，吃穿的问题就变得严峻起来，最坏的情况是工人及其家庭会陷入极端的贫困，直到无家可归和饿死的地步。工资的不稳定性加剧了工人生存的不稳定性。

恩格斯从英国工业发展和经济事实出发，全面描述了英国工人阶级贫困的生活状态，阐明了无产阶级和资产阶级的对立和斗争，也雄辩地证明了 "无产阶级不只是一个受苦的阶级"，而且由于 "它所处的那种低贱的经济地位，无可遏止地推动它前进，迫使它去争取本身的最终解放"③。同时指出："工人阶级的政治运动必然会使人认识到，除了社会主义，他们没有别的出路。"④

2. 无产阶级的精神贫困

马克思在《1844 年经济学哲学手稿》（下面简称《手稿》）中深刻分析了资本主义生产资料私有制所引发的工人阶级受剥夺的状况，并提出了异化劳动理论。马克思通过对工人异化劳动的描述，将对工人阶级生活贫困的剖析深入到了精神贫困、文化贫困等多个方面。

《手稿》在一开始就提出了工人阶级一切贫困的根源即 "资本、地租和劳动的分离对工人来说是致命的"⑤。在资本主义私有制条件下，工资取决于资本家和工人的斗争，而工人在该斗争中处于绝对的劣势。工人的生存状况取决于其是否能够通过出卖劳动力换取工资，而工人是

---

① 马克思，恩格斯．马克思恩格斯文集（第 1 卷）［M］．北京：人民出版社，2009：317.

② 马克思，恩格斯．马克思恩格斯文集（第 1 卷）［M］．北京：人民出版社，2009：305.

③④ 列宁．列宁选集（第 1 卷）［M］．北京：人民出版社，2012：89.

⑤ 马克思．1844 年经济学哲学手稿［M］．北京：人民出版社：2014：6.

否被雇用取决于资本家的兴致。工人唯一必要也是最低的工资是“工人在劳动期间的生活费用，再加上使工人能够养家糊口并使工人种族不致死绝的费用”①。因此，在资本主义雇用劳动制下，工人只能得到作为工人维持生活所必须、繁衍工人这个奴隶阶级的那部分生活资料，而不是作为人生存的生活资料。

即便在不同的社会状态下，工人的贫困状态也会持续不变。在社会财富日益增长的社会状态下，工人工资的提高会使得工人过度劳动而寿命缩短。同时，资本的积累扩大分工，工人越来越依赖于劳动，仅靠劳动为生的劳动者越来越多，工人之间的竞争加剧。另外，随着资本积聚的增强，部分小资本家破产沦为工人，增加了工人阶级的数量，工人阶级的内部竞争也日渐激烈。因此，即便是在社会财富不断上涨的情况下，工人阶级的结局也是沦为生产机器，工人阶级内部的不断竞争使得总有一部分工人饿死或者行乞。

马克思从经济事实出发，提出了异化劳动理论。劳动者与自己的劳动产品、劳动过程、类本质以及其他劳动相异化。劳动产品的异化使得工人的物质资料越来越少，工人阶级的物质贫困问题突出。而劳动过程的异化以及劳动者与人类本质的异化则加剧了工人的精神贫困。在私有制条件下，工人是在代别人劳动，是被迫的强制劳动，因此，工人在劳动过程中是痛苦和极端厌恶的。工人在劳动中不是肯定自己，而是否定自己，工人的肉体和精神不断遭受着折磨和摧残。随着分工和机器使用的不断扩大，工人的劳动范围也日渐缩小，工作也日渐枯燥单调，工人实际上成为了机器的一部分，工人失去了自觉自主劳动的权利，是一种人性的丧失。因此，在资本主义私有制条件下，工人阶级处于严重的物质、精神贫困之中。

《手稿》揭示了生产资料私有制条件下资本与劳动不可调和的对立，私有财产必然带来异化劳动，而异化劳动则是工人阶级及整个人类世界的苦难。《手稿》同时也为工人阶级解放自身以及全人类指明了方向，即只有通过工人解放这种政治形式，即通过现实的共产主义运动扬弃私有制才能彻底消除异化劳动，彻底解决贫困问题。

① 马克思.1844年经济学哲学手稿［M］.北京：人民出版社：2014：9.

3.1.2 马克思、恩格斯对贫困的描述：贫困的两种样态

继恩格斯的《英国工人阶级状况》和马克思的《1844 年经济学哲学手稿》之后，马克思和恩格斯又完成了诸多著作，例如《神圣家族》《哲学的贫困》《德意志意识形态》《雇佣劳动与资本》等，通过上述著作，马克思和恩格斯迅速确立了其历史唯物主义的基本观点，为科学分析资本主义私有制条件下的工人阶级贫困问题提供了基本立场和根本方法。《资本论》则是马克思主义经典著作集大成，使马克思关于贫困的思想达到了历史的新高度。

《资本论》一书中有 140 多次提到了工人阶级的贫困问题（仇荀，2016a）[①]。在《资本论》中，马克思对工人阶级的贫困问题进行了深刻的分析。在资本主义私有制条件下，劳动资料归资本家所有，造成了劳动力与劳动资料的分离和对立。失去劳动资料的劳动者便失去了劳动的现实性。劳动力只有与生产资料相结合才能实现现实的劳动，工人阶级没有生产资料，因而无法通过与生产资料结合来获取生活资料，因而工人阶级除自身的劳动力以外“一无所有”，必须向资本家出售自身的劳动力。工人阶级只有出卖自身的劳动力，才能与生产资料相结合、参与劳动过程，生产自身需要的生活资料。因此，资本主义私有制是工人阶级贫困化的社会根源。

马克思区分并定义了工人阶级的“绝对贫困”和“相对贫困”问题。“劳动能力表现为绝对的贫困，因为整个物质世界以及物质财富的一般形式即交换价值，都作为别人的商品和别人的货币与它相对立，而劳动能力本身只是工人活的机体中存在的和包含的从事劳动的可能性，但是这种可能性与实现它的一切对象条件，即同它本身的现实性完全分离了，失去了这些条件，与这些条件相独立地存在着。”[②] 从上述表述看，工人阶级的绝对贫困就是工人的劳动能力与劳动条件相分离而处于一种绝对空虚状态，工人阶级的绝对贫困不仅仅是缺乏生活资料，也缺乏通过掌握生产资料来劳动获取生活资料的主动性、持久性和必然性

---

① 仇荀．马克思主义贫困理论及当代中国贫困治理实践研究［D］．吉林大学，2016.

② 马克思，恩格斯．马克思恩格斯选集（第 32 卷）［M］．北京：人民出版社，1998：44.

（王峰明，2016）[①]。仇荀（2016b）则认为，马克思和恩格斯的“绝对贫困”从表现形式上来说有两层含义，一是工人平均实际工资水平低于劳动力价值，二是工人劳动收入在社会资产总额中的比例不断下降。但不管表现形式如何，工人阶级绝对贫困的起点就是劳动力与生产资料分离，工人出卖劳动力商品。

马克思对工人阶级“相对贫困”的描述：“他的相对工资以及他的相对社会地位，即他与资本家相比较的地位都会下降”[②]。工人阶级的相对贫困首先表现为工人阶级的劳动收入，即工资在国民收入中所占比重下降；其次是在市场经济条件下，与资本家相比，工人阶级凭借收入购买到的生活资料相对匮乏，工人所获得的生活资料只能满足其劳动力自我维持和繁衍的要求；最后，随着生产力不断发展，一定量的剩余劳动所需要的必要劳动必然减少，工人阶级的被剥削和压迫的社会地位随着社会生产力的发展越来越突出。

3.1.3　马克思的劳动力再生产理论：贫困的代际传递性

“资本主义时代的特点是，对工人本身来说，劳动力是归他所有的一种商品的形式，他的劳动因而具有雇佣劳动的形式。另一方面，正是从这时起，劳动产品的商品形式才普遍化”[③]。“劳动力商品”是理解马克思贫困理论的关键一环，劳动力再生产理论也是理解工人阶级贫困问题的重要组成部分。

马克思认为，劳动力为“人的身体即活的人体中存在的、每当人生产某种使用价值时就运用的体力和智力的总和”[④]。劳动力的再生产，就是劳动者作为生产要素时，其体力和智力的再生产。劳动力的使用即劳动过程中，劳动者总会消耗一定量的体力和智力，同时，总有劳动力因损耗和死亡而退出劳动市场，因此劳动力的消耗需要得到补偿。

从劳动力的价值组成来看，劳动力价值由维持劳动力所有者必要的

① 王峰明．悖论性贫困：无产阶级贫困的实质与根源［J］．马克思主义研究，2016（06）：71－79＋160.

② 马克思，恩格斯．马克思恩格斯文集（第3卷）［M］．北京：人民出版社，2009：587.

③ 资本论（第1卷）［M］．郭大力、王亚南译．南京：译林出版社，2014：195.

④ 资本论（第1卷）［M］．郭大力、王亚南译．南京：译林出版社，2014：285.

生活资料的价值、延续劳动力所必需的劳动力家属的生活资料的价值以及劳动力必要的教育训练费用三部分组成。劳动力再生产是实现价值补偿和实物补偿的统一体。《德意志意识形态》关于劳动力再生产主要内容的论述主要有三个：第一，劳动力体力和智力的恢复；第二，新一代劳动力的再生产；第三，熟练劳动力和复杂劳动力的再生产。因此，劳动力再生产既包括劳动者自身的体力和智力再生产，也包括劳动者子女的再生产，既有数量的概念，也有质量的内涵。在《资本论》一书中，马克思详尽地分析了资本主义社会再生产的两种模式：简单再生产和扩大再生产。相对应地，劳动力的再生产也具有简单再生产和扩大再生产两种模式。劳动力的简单再生产是在原有数量和质量上的再生产，而扩大再生产则具有数量扩大以及质量提高的双重含义。

在资本主义社会中，劳动力的再生产主要是指工人阶级的再生产，而工人阶级的再生产是资本再生产的一个因素。因此，尽管马克思在《资本论》第一卷第七篇和第二卷第三篇中均以大量篇幅介绍了资本主义条件下的资本再生产，揭示了资本主义资本的运动和其对剩余价值的占有规律，但是《资本论》并未设立专门章节分析劳动力的再生产。在资本主义条件下，劳动者是附属于资本运动的，劳动的再生产规律服从于资本的再生产，资本生产和再生产的主要目的则是最大化的获取劳动力的剩余价值。因此，资本主义生产条件下劳动力的再生产是在资本压榨下的再生产，是处于低级水平的、低质量的再生产。对无产阶级来说，劳动力的再生产就是贫困的再生产，是贫困的不断积累。所以，在马克思的笔下，工人阶级的再生产就是贫困的再生产，劳动力代际再生产中也必然包含着贫困的代际传递性。

“和其他商品不同，劳动力的价值规定包含着一个历史的和道德的要素”①，在马克思生活的时代，劳动力的再生产以简单再生产为主。原因为：首先，劳动力价值所覆盖的费用都是极低的，特别是教育训练的费用；其次，随着生产力的发展，资本有机构成不断提高，出现了机器排挤工人的现象，扩大再生产不仅不会促进工人增收，反而会导致相对过剩人口的出现。因此，提高劳动生产率、扩大再生产只会导致商品价格的降低，工人将变得更加廉价，工人阶级在社会扩大再生产的条件

① 资本论（第1卷）[M]. 郭大力、王亚南译. 南京：译林出版社，2014：199.

下只能实现贫困的不断积累以及贫困基础上的简单再生产。

3.2　马克思主义中国化理论成果中关于贫困治理的思想

毛泽东、邓小平、江泽民、胡锦涛和习近平等坚持把马克思主义基本原理与中国实际相结合，始终站在最广大人民群众的立场上，从不同时期我国的贫困状况出发，提出了符合我国实际的贫困和反贫困理论。

3.2.1　以大力发展生产力为核心的贫困治理思想

1949年，在党的带领下，中国最广大的人民群众在半殖民地、半封建社会的废墟上建立起了新中国，而新中国的最大特点在于“一穷二白”。面对百废待兴的实际状况，毛泽东以马克思主义为指导，积极总结国内外社会主义实践的经验教训，提出了建设适合我国国情的社会主义，变“一穷二白”为“国强民富”。而实现的途径就在于大力发展社会生产力和科学文化，实现物质和精神的共同富裕，让人民过上美好生活。

毛泽东认为，要改变我国积贫积弱的局面，就要把我国从传统农业国家变成现代化的工业国家，其途径在于建设“四个现代化”，即把我国建成工业现代化、农业现代化、科学技术现代化和国防现代化的社会主义国家。为了实现我国的“四个现代化”，毛泽东提出了“两步走”的战略部署：第一步，建立比较完整的工业体系和国民经济体系；第二步，全面实现农业、工业、科学技术和国防的现代化。事实证明，新中国前30年我国初步建立起了独立的比较完整的工业体系和国民经济体系，为我国经济的高速发展提供了物质基础。国防现代化的推进也为我国发展生产提供了相对稳定的国际环境。

要实现我国的“国强民富”，工业现代化、国防现代化的建设固然重要，而要解决全体人民的温饱问题，就要大力发展农业。为此，毛泽东曾经勾画过“三农”现代化的理想蓝图，积极推进农村改革。1956年初，毛泽东主持制定《一九五六年到一九六七年全国农业发展纲要草案》，该文件集中体现了毛泽东对传统农业的全面改造思想，对新中国的农村发展起到了重要的指导作用。毛泽东的农村全面改造思想来源于他早年的“新村”设想和延安时期“组织起来”的区域农村治理实践。新中国成立后，毛泽东的农村全面改造思想反映到了“一五”计划之中，通过全面规划的形式将农业生产初步纳入整个国家经济计划之中。1955年7月，毛泽东发表《关于农业合作化问题》一文，该文强调了农业生产“全面规划，加强领导”的方针，提出要以农业合作社为组织载体，以农业合作化为中心，通过全面规划实现农业、农村和农民的全面改造。与此同时，毛泽东还主持编写了《中国农村的社会主义高潮》一书，该书意在推介农村基层合作社发展经验，提高农村基层党组织的领导计划性和领导质量，进而提高农民的生产积极性和合作化热情，并从总体上明确农业合作化和农村的发展方向，以实现对传统农业的全面改造。毛泽东勾勒了一个改造传统农业、农村以及现代化的全面规划，反映出了毛泽东关于农村全面治理的思想。

3.2.2 以共同富裕为核心的贫困治理思想

新中国成立以后，经过二十多年的社会主义建设，我国的经济社会发展取得了巨大成就，人民生活有了很大改善。但由于人口多、底子薄，农民的贫困问题依然存在。1978年，党的十一届三中全会开启了改革开放新时期。邓小平总结了新中国成立以来我国社会主义革命和建设的历史经验和教训，提出“要把工作重心转移到社会主义现代化建设上来”，要坚持“以经济建设为中心”，以经济的全面发展来解决我国的贫困问题。

邓小平的贫困治理思想建立在对我国经济发展阶段的正确认识和定位上。他提出“我国处在社会主义的初级阶段，就是不发达的阶段”①，这个基本国情理应成为制定规划的依据。在对我国经济发展阶段正确认识的基础上，邓小平对“什么是社会主义，怎样建设社会主义”提出了创新的阐释。1992年，邓小平在南方谈话时提出：“社会主义的本质，是解放生产力，发展生产力，消灭剥削，消除两极分化，最终达到

---

① 邓小平文选（第3卷）[M]. 北京：人民出版社，1993：328.

共同富裕。”社会主义的根本任务是解放和发展生产力，根本目标是带领全体人民实现共同富裕。

实现全体人民的共同富裕不能一蹴而就，贫困的复杂性也决定了我国的贫困治理工作需要有一定的过程。邓小平辩证地论证了“先富”和“后富”的关系。他认为，党和国家需要鼓励一部分人和地区先富裕起来，以“先富”带“后富”的形式实现全体人民的共同富裕。在我国生产力还不够发达、我国还处于社会主义初级阶段的大背景下，要短期内实现全体人民的共同富裕在理论和实践上都具有一定的困难，因此，“先富”带“后富”的思想符合当时我国的发展实际。同时，邓小平也关注贫富差距的问题，贫富差距过大，富者越富，穷者越穷，则会激发社会矛盾。

贫困治理就要通过生产力发展和经济增长来实现。随着农村生产力和生产关系的变革，单一的计划经济体制束缚了生产力的发展，人民公社化运动、“大跃进”等也影响了人民群众的生产积极性。为此，邓小平在总结我国以及苏联社会主义建设经验和教训的基础上提出了“社会主义市场经济论”。邓小平认为，社会主义的经济体制也需要在实践中不断完善和发展，“计划经济不等于社会主义……社会主义也有市场”①。计划和市场作为发展经济的手段，只要能促进我国的经济发展，都可以为我所用。社会主义市场经济的提出，为我国社会主义的发展注入了新的活力，释放了我国巨大的生产力潜能，经济发展促进人民增收。社会主义市场经济的建立突破了人民思想上的禁锢，搞活了要素市场，为低收入人群的自我发展提供了机会。

3.2.3 扶贫开发思想

随着改革开放的不断推进，社会主义市场经济的不断发展完善，我国的经济发展有了新气象，我国农村贫困问题有所缓解。但是，改革开放过程中的地区性差异使得区域间发展不平衡问题显现，城乡二元体制的存在也使得城乡收入差距趋于扩大。贫困的地区性、结构性特征突出使得完全依靠整体性制度变革和经济增长拉动的治贫效果不断下降。在

① 邓小平文选（第3卷）[M]. 北京：人民出版社，1993：373.

此大背景下，江泽民提出了扶贫开发思想。

江泽民在2000年提出，我们党要坚持代表中国先进生产力的发展要求，代表中国先进文化的前进方向，代表中国最广大人民的根本利益，始终做到“三个代表”是我们党的立党之本、执政之基、力量之源。他在庆祝中国共产党成立80周年大会上特别强调指出：“不断发展先进生产力和先进文化，归根到底都是为了满足人民群众日益增长的物质文化生活需要，不断实现最广大人民的根本利益。”① 在坚持“三个代表”重要思想的基础上，江泽民提出了西部大开发战略和科教兴国战略。西部大开发意在通过完善西部地区的基础设施、改善西部地区的生态环境、发展西部地区的产业，促进西部地区的经济发展，提高西部地区的人民生活水平，努力推进教育、卫生等基本公共服务均等化。西部大开发的实施对于促进西部地区的整体经济发展、减少西部地区贫困问题具有重要意义。科教兴国战略确立科技和教育是兴国的手段和基础的方针，提高了全民对教育问题的重视程度，同时，在科教兴国战略中，国家政策优先发展教育，集中力量办学，大力普及九年义务教育，积极发展职业教育、成人教育和高等教育，开展多种形式的岗位和技术培训，让更多低收入人口有了受教育机会，提高了低收入人口的自我发展能力，为我国切实解决贫困问题奠定了一定基础。

江泽民十分重视我国的贫困问题。他认为，贫困不仅是一个事关国家经济发展的经济问题，更是一个关乎国家安定团结的政治问题。党的宗旨是全心全意为人民服务，首要问题是解决群众的吃饭问题。“我们党和国家开展扶贫开发，努力解决贫困人口的生产生活问题，是我国社会主义制度优越性的一个重要表现。”② 以江泽民为核心的中央领导集体结合我国历史发展阶段以及贫困的新特点，围绕教育、医疗、社会保障等多个方面提出了一系列贫困治理政策，集中体现了我国社会主义制度集中力量办大事的优越性。

江泽民坚持以经济建设为中心，主张通过深化改革来促进社会主义制度的不断完善和发展。他积极推动建立社会主义市场经济体制的基本框架，全面推进我国的经济社会发展，为我国贫困治理工作的推进提供了良好的宏观环境。

---

① 江泽民文选（第3卷）[M]. 北京：人民出版社，2006：281.

② 江泽民文选（第3卷）[M]. 北京：人民出版社，2006：248.

我国农村贫困人口占比较大，江泽民对“三农”问题高度重视。他强调“要千方百计地开拓城乡市场特别是农村市场，努力增加农民收入”。[①] 要增加农民收入，就要通过国家强有力的宏观调控建立公平竞争、开放有序和城乡统一的市场体制，并建立农业生产的保护支持体系，以保护农业生产和农产品销售。他还主张走农业产业发展道路，逐步形成“以工补农”“以工建农”“以工带农”机制，适时引导农民走集约化发展道路。在国家政策的宏观调控下，通过保护和发展农业以开发式扶贫模式增强贫困地区和贫困户的自我发展能力。

江泽民高度重视特殊贫困人口，例如下岗职工的生活和再就业工作问题，他提出要通过发展经济、扩大就业来改善低收入居民的生活问题。同时，他提出，社会保障体系建设要重点关注失业、养老和医疗等方面的问题。

3.2.4　以人为本的贫困治理思想

胡锦涛根据我国经济发展的最新实践，肯定了我国贫困治理的最新成果，总结了我国贫困治理工作中急需解决的问题，站在新的理论高度，为我国的脱贫工作提出了新要求，指明了继续前进的道路。胡锦涛在党的十七大报告中指出：“人民生活总体上达到小康水平，同时收入分配差距拉大趋势还未根本扭转，城乡贫困人口和低收入人口还有相当数量。”我国的贫困治理工作还有很长的路要走。为全面建设小康社会，胡锦涛提出要深入贯彻落实科学发展观，建设社会主义和谐社会。这不仅科学回答了新形势下我国实现什么样的发展、怎样发展等重大问题，也为我国贫困治理工作提供了科学的指导思想。

首先，科学发展观的第一要义是发展。只有不断解放和发展生产力，破解我国在经济发展过程中的难题，提高经济发展质量，才能增强我国综合国力，促进我国走向繁荣富强。经济发展的又好又快也是促进我国大范围减贫的物质基础。其次，“以人为本”体现了我国的经济发展是为了造福人民，是为了全体人民的共同富裕和人的全面发展，即“发展为了人民、发展依靠人民、发展成果由人民共享”。将人的全面

① 江泽民．论社会主义市场经济［M］．北京：中央文献出版社，2006：416.

发展列为经济发展目标，实际上强调了我国贫困治理工作的原则也应是促进贫困人口的全面发展。最后，必须坚持全面协调可持续发展和统筹兼顾，要求实现经济发展和政治、文化、社会、环境等方面的协调，处理好结构性问题，在增加社会物质财富的同时，也要促进社会和谐共生，保障社会公平正义。经济发展为人的发展提供物质财富，能解决人的温饱问题，但人的全面发展也需要良好的自然和文化环境。因此，科学发展观为我国的贫困治理工作提供了新的视角。

胡锦涛重视民生问题，力争通过合理的社会建设和社会管理，努力实现“学有所教、劳有所得、病有所医、老有所养、住有所居”。通过减少人民群众的致贫诱因来减少贫困。

首先，教育是打破贫困的重要途径之一，教育资源的均衡配置也是促进社会公平的重要因素。胡锦涛特别重视贫困地区和民族地区的教育发展问题，他主张健全学生资助制度，提高对贫困家庭子女的资助水平，保障进城务工人员子女平等接受教育的权利。2007 年，我国全面免除农村义务教育阶段学生学杂费，减小了农村贫困家庭的负担。其次，重视农村和弱势群体的打工就业问题。重视农村富裕劳动力的就业培训，促进城乡劳动者平等就业，做好困难群众的就业援助工作，重点关注零就业家庭的就业问题，依法维护农民工权益。通过解决贫困家庭的就业问题，提高贫困家庭的自我发展能力。再次，通过建立和完善基本医疗卫生、最低生活保障、失业、工伤、生育保险等制度，提高人民群众应对重大疾病、灾害的能力，减少因病致贫的概率，关注特殊人群的生活问题。基本公共卫生服务均等化和免费医疗既满足了群众的基本医疗需求，也减少了贫困家庭的医疗支出。最后，广播电视村村通工程、文化信息资源共享工程、农家书屋工程、乡镇综合文化站建设工程等一大批基层文化惠民工程，为农村居民带来了丰富的精神食粮。

3.2.5 精准扶贫思想

精准扶贫和扶贫攻坚战略思想是习近平新时代中国特色社会主义思想的重要组成部分，是马克思主义中国化的最新理论成果。

习近平曾在陕北农村经历了七年知青岁月，七年中，习近平真切感受到了贫困地区的生活状态，并与贫困群众一起同贫困展开了艰苦卓绝的斗争。正是这段贫困生活的真实经历引发了习近平对我国农村贫困问题的高度关注。他多次提到“小康不小康，关键看老乡”“我最牵挂的，还是困难群众”[①]。贫困问题是2020年我国全面建成小康社会的重要阻碍，也是习近平最为关心的问题。习近平在党的十九大报告中指出，要“永远把人民对美好生活的向往作为奋斗目标”，而民生领域短板依旧存在，脱贫任务还需继续推进。为此，习近平提出“坚决打赢脱贫攻坚战”的要求。

如果脱贫攻坚是全面建成小康的重大战略部署，那么，精准扶贫、精准脱贫则是脱贫攻坚最重要的战术。在我国整体性制度变革、经济增长的“涓滴效应”减弱以及大范围贫困人口减少的大背景下，精准扶贫变“大水漫灌”为“精准滴灌”，旨在提高扶贫效率。精准扶贫要求精准确定贫困对象、贫困程度，判断致贫诱因，精准施策。通过建档立卡实现对贫困对象的精准识别，并通过合理安排项目和资金使用、措施到户等方式实现对症下药。精准脱贫则强调对脱贫户判断标准的多元化，以考察脱贫户是否具有可持续发展能力为原则。“两不愁（不愁吃，不愁穿），三保障（保障其义务教育、基本医疗、住房安全）”是衡量脱贫与否的重要标准。“两不愁”保障了脱贫人口长期温饱问题的稳定解决，“三保障”则是减少致贫诱因，提高脱贫家庭不返贫的可持续性。

脱贫攻坚战的胜利离不开良好的“兵力布局”。精准扶贫在精准确定贫困人口以及贫困诱因的基础上，还要确定谁来扶贫的问题。“进一步完善中央统筹、省（自治区、直辖市）负总责、市（地）县抓落实的扶贫开发工作机制”,[②] 同时，健全定点扶贫机制，做到任务到人，通过有针对性的帮扶措施解决长期贫困人口的贫困问题。中央的统筹，各级领导干部的规划以及定点帮扶责任人的帮助都只是助力脱贫的外力，而贫困群众真正脱贫还是要靠自身的辛勤劳动。因此，习近平指出要“引导群众树立‘宁愿苦干、不愿苦熬’的观念，自力更生、艰苦

① 中共中央宣传部．习近平总书记系列重要讲话读本（2014年版）［M］．北京：学习出版社；人民出版社，2014：230.

② 中共中央宣传部．习近平总书记系列重要讲话读本（2016年版）［M］．北京：学习出版社；人民出版社，2016：220.

奋斗，用自己的辛勤劳动实现脱贫致富”①。这也真正体现了发展依靠人民的思想。

在如何扶贫的问题上，习近平坚持具体问题具体分析，针对不同致贫诱因下的贫困人口提出了不同的扶贫方式。实施“五个一批工程”，即“发展生产脱贫一批、易地扶贫搬迁脱贫一批、生态补偿脱贫一批、发展教育脱贫一批、社会保障兜底一批”。② 坚持发展生产就是鼓励贫困人口勤劳致富，异地扶贫搬迁则针对身处恶劣的自然环境、基础设施完善较为困难的贫困人口；生态补偿脱贫则是增加对贫困人口的生态功能区转移支付，发展教育脱贫就是推动国家财政对贫困地区基础教育、职业教育的支持力度，关注贫困地区的儿童受教育问题；社会保障兜底则是针对丧失劳动能力的贫困人口。

习近平特别关注贫困人口的受教育问题，他提出：“把贫困地区义务教育搞好，防止贫困现象代际传递。”③ 习近平强调了教育在阻断贫困代际传递中的作用，从根源上提出了解决长期贫困的思路，就是提高贫困人口的受教育水平，增强贫困个体的自身发展能力和可持续脱贫能力。长期以来，贫困人口始终被认为是在社会边缘徘徊的弱势群体。提高贫困人口的受教育水平，也是将贫困人口纳入社会主义建设的重要举措。同时，习近平提出“扶贫同扶志、扶智相结合”，即不仅要提高贫困人口的受教育水平，更要引导贫困人口树立勤劳致富的观念。“扶志”首先要打破贫困文化对贫困人口的发展束缚，阻断部分贫困群众“等、靠、要”思想，引导群众树立“勤劳一定能脱贫”的信念。

习近平坚持以人民为中心的发展思想，以促进人的全面发展和全体人民共同富裕为目标提出了精准扶贫思想，为我国2020年实现现行标准下的贫困人口全部脱贫以及我国全面建成小康社会提供了有力的指导。

---

① 中共中央宣传部．习近平总书记系列重要讲话读本（2016年版）［M］．北京：学习出版社；人民出版社，2016：220.

② 中共中央宣传部．习近平总书记系列重要讲话读本（2016年版）［M］．北京：学习出版社；人民出版社，2016：221.

③ 中共中央宣传部．习近平总书记系列重要讲话读本（2016年版）［M］．北京：学习出版社；人民出版社，2016：216.

3.3 西方经济学中的贫困理论

西方经济学中，部分经济学家对贫困问题有着深入思考并形成了可供借鉴的理论。其中，影响较大的有阿玛蒂亚·森的贫困理论和奥斯卡·刘易斯的贫困文化理论。阿玛蒂亚·森的贫困理论是多维贫困的重要理论基础，贫困文化理论则是解释长期贫困的重要理论之一。有选择地借鉴这些理论，对我国贫困治理有益。

3.3.1 阿玛蒂亚·森的贫困理论

阿玛蒂亚·森在总结亚里士多德、亚当·斯密以及马克思等人的研究基础上提出了“能力贫困理论”和“权利贫困理论”。

1. 能力贫困

阿玛蒂亚·森在《以自由看待发展》[①] 一书中提出了“能力贫困”理论，在森看来，贫困的诱因不仅仅在于收入低下，其实质是“可行能力”缺乏。他主张按照人们能够实际享有的生活和他们实实在在拥有的自由来理解贫困人口的贫困和剥夺问题。

森认为可行能力是“实现各种可能的功能性活动组合的实质自由”，是“一个人选择有理由珍视的生活的实质自由”。在日常生活中，人们所珍视的功能、欲实现的目标是多种多样的，包括良好的营养、体面地参与社会生活以及培养有利于实现事业抱负的技能等，因此仅仅以收入来衡量贫困与否则有失偏颇。可行能力分析方法不仅关注生活手段，更关注人们的实际生活机会，不仅着眼最终的选择和后果，还着眼于人们选择不同类型生活的实际能力。总而言之，可行能力方法将关注点由生存手段转向人所具有的实际机会，由人的生存转向人的发展。

森在《正义的理念》一书中对由可行能力被剥夺引发的贫困进行了具体阐述。森认为，“不同的人将收入和其他基本品转化为优质的生

① ［印］阿玛蒂亚·森．以自由看待发展［M］．王磊，李航译．北京：中国人民大学出版社，2012：68.

活和有价值的自由机会是不同的，因此，资源和贫困之间的关系并不是一成不变，它很大程度上取决于具体的人和所处的环境——自然和社会环境”[①]。由于自然环境、社会环境、相对社会关系以及个体差异的存在，即便在资源充足的地方，不同个体将收入和生活基本品转化为生活质量的机会也会存在明显差别。另外，造成剥夺的不同致贫因素之间的耦合关系也会影响人们对于贫困的判断，因此，“基于可行能力贫困被剥夺引发的贫困要比收入数据上推断严重的多”，而“实际收入只是人们有理由珍视的福利和生活质量的重要组成部分的很差的指标”[②]。

相比实际收入，从可行能力视角来理解贫困问题有多种理论优势[③]：首先，可行能力视角更注意贫困人口自身固有的重要剥夺，即更关注贫困的深度诱因，而收入贫困只具有工具性的意义；其次，除了收入贫困，还有其他因素也可以影响可行能力，因此可行能力视角能更全面的理解贫困；最后，低收入和低可行能力之间的工具性联系是可变的：从收入贫困到可行能力被剥夺，通过把注意力从手段转向目的，并相应地转向可以使这些目的得以实现的自由，加强了我们对贫困和剥夺性质的理解，相反，提高享受生活的可行能力一般也会提高收入，收入贫困与可行能力被剥夺存在着双向联系。

2. 权利贫困

森不仅对贫困的衡量问题提出了自己的见解，以可行能力剥夺视角深入考察贫困，还将贫困问题看作政治问题，突破了前人只在经济领域考察贫困问题的局限，从权利剥夺角度来考察贫困的成因。

森在《贫困与饥荒》一书中引入了“权利体系”分析方法，在具体分析孟加拉国大饥荒、埃塞俄比亚饥荒以及萨赫勒地区饥荒等现实案例的基础上，考察了一般贫困和权利体系的联系。在森看来，粮食短缺并不能很好地解释饥荒的形成，交换权利失败才是导致饥荒乃至一般贫困的根本原因。森认为，对食物的所有权是最基本的权利之一，权利方

---

① ［印］阿玛蒂亚·森．正义的理念［M］．王磊，李航译．北京：中国人民大学出版社，2012：238－239.

② ［印］阿玛蒂亚·森．以自由看待发展［M］．王磊，李航译．北京：中国人民大学出版社，2012：68.

③ ［印］阿玛蒂亚·森．以自由看待发展［M］．王磊，李航译．北京：中国人民大学出版社，2012：86－88.

法关注的是通过社会现有的合法手段支配食物的能力，这些手段包括生产机会、交易机会以及国家赋予权利等，而不同个体之间权利的不平等是导致饥荒产生的根本原因。

更进一步，权利方法重视每个人控制食物在内的商品组合的权利，而控制商品组合的权利是人们生活的重要保障。对于贫困人口而言，贫困的主要诱因在于社会底层的生存权利受到了剥夺，其背后是个体之间关系的不平等。因此，贫困可以理解为社会经济分配不公引发的一种现象，要想消除贫困问题就要解决权利不平等问题，保障贫困人口享有平等的生存权和发展权。

根据森的理论体系，贫困表现为可行能力被剥夺，贫困的根本原因在于贫困人口的权利受到了剥夺，不能享有平等的生存权和发展权。因此，通过保障权利平等来增加贫困人口的可行能力是解决贫困问题的根本路径。在市场经济中，权利关系包括通过生产获得权利、通过交换获得权利以及自己劳动获得权利等，因此平等的就业、社会保障、交换以及生产权利都是解决贫困问题的重要路径。

3.3.2　奥斯卡·刘易斯的贫困文化理论

1959年，奥斯卡·刘易斯出版了《五个家庭：墨西哥贫穷文化案例研究》一书，该书是以墨西哥部分贫困社区和贫困家庭为案例研究贫困成因，并在此基础上提出了著名的贫困文化理论。贫困文化理论是从社会文化的角度考察贫困人口的长期贫困问题。刘易斯在其经典著作《桑切斯的孩子们》一书的序言部分对贫困文化的内涵进行了系统阐述。

刘易斯提到的贫困文化仅适用于从社会经济尺度上衡量的社会底层群体，例如贫困的工人、农民等贫困人口。刘易斯认为贫困人口因为居住条件的限制，多存在人口聚居的情况，大量贫困人口的聚居使得穷人间形成了较为特殊的集体互动。贫困人口独特的生活方式以及特殊的集体互动形式造就了相对稳定、与其他人群相对隔离的生活环境，在相对隔离的社会环境中，贫困人口中产生了脱离社会主流文化的贫困文化。“贫困文化”更强调了贫困人口的一种较为稳定的生活方式。刘易斯认为，处于贫困文化之中的贫困人口有着独特的生活观念和生活方式，这种贫困文化会通过贫困人口之间的集体互动得以强化，也会通过耳濡目染的方式影响下一代，使得贫困文化在自然、自觉中发生代际传递。然而，不管是横向的贫困文化固化还是纵向的跨代际传递，贫困文化都在不断塑造着在贫困环境中成长的人，使得贫困人口难以走出贫困状态，形成贫困的固化；而贫困群体的持续贫困也在不断生产着贫困文化。贫困与贫困文化相互促进，造成二者的双重固化。

贫困文化的经济特征包括贫困人口在温饱线上徘徊、就业不充分、劳动报酬低下、职业技术含量低、儿童辍学打工、家庭无存款、家中无食品储存、大量借贷等；贫困文化的社会学和心理学特征有社会生活环境拥挤不堪、没有隐私、酗酒、暴力、家庭不和谐、以母亲为核心的家庭模式、专断等。同时，贫困文化也包含了不愿推迟享受喜悦和谋划未来，基于艰难生活环境的顺天应命、相信男权等思想。

贫困文化的产生既是贫困人口基于自身经济社会条件所形成的一种自我保护机制，也是贫困人口在面对现有制度或潜在问题时的应对之道。刘易斯认为贫困文化具有一定的共性，在某种程度上可以超越城乡、国家的界限，因此在世界范围内也有一定的适用性。

3.4　本章小结

马克思和恩格斯最早从制度层面分析了资本主义制度下劳动者的贫困问题，其著作不仅仅描绘了资本主义制度下工人阶级的深度贫困状况，更指出了资本主义私有制条件下工人阶级长期深度贫困的重要诱因，为工人阶级的解放指明了方向。

在我国社会主义制度条件下，生产资料公有制解除了劳动人民的被剥削状态，为我国全面解决贫困问题提供了最有力的制度保障。然而，受我国历史发展阶段、经济发展水平等各方面问题的影响，我国农村地区在较长的历史时期仍然存在部分贫困现象，毛泽东、邓小平、江泽民、胡锦涛和习近平等坚持把马克思主义基本原理与中国实际相结合，始终站在最广大人民群众的立场上，并结合不同时期我国的贫困状况，提出了符合我国历史发展阶段的反贫困理论，为我国贫困治理提供了根本的理论指导。

西方经济学中的部分贫困理论也为我国进一步认识和解决相对贫困问题提供了有益的借鉴。阿玛蒂亚·森的贫困理论为本书所用的多维贫困指标的构建提供了理论基础。奥斯卡·刘易斯的贫困文化理论也为进一步分析多维贫困代际传递的深层次诱因提供了良好的视角。

第4章　我国农村多维贫困代际传递的动态演进

研究我国农村地区多维贫困代际传递问题，首先要对我国农村多维贫困代际传递的历史演进以及发展现状有清醒的认知。为客观分析我国农村多维贫困代际传递的发展演变趋势，本章将按照历史发展脉络梳理新中国成立以来我国农村多维贫困代际传递的时期特征，利用 CHNS 微观大数据对我国农村多维贫困发生率进行定量分析，并在此基础上实证分析我国农村多维贫困代际传递现象，为下文深入剖析我国农村多维贫困代际传递现象的原因奠定基础。

4.1　我国农村贫困代际传递问题的历史演进及时期特征

本节将梳理新中国成立以来我国制度演进背景下农村贫困代际传递问题的历史演进，力图揭示其时期特征和演变规律。

4.1.1　第一阶段：教育平等化减少贫困代际传递

第一阶段指的是 1949～1977 年。经历了长期的动乱和战争之后，我国在一片废墟上建立起了新中国。新中国成立初期，我国社会矛盾尖锐，生产力发展水平落后，人民处于普遍贫困之中，农村贫困的普遍性也造就了我国农村贫困代际传递的普遍性。在这样的状况下，国家首先需要解决的是人民的温饱问题。1950 年我国农村的土地改革使得广大的农民有了土地，农业得以发展，农村经济得以初步恢复。1953 年，我国开始进行大范围的社会主义改造，1956 年社会主义改造完成，我国实现了生产资料所有制的变革，建立起了社会主义公有制，确立了社会主义基本制度。土地改革和社会主义改造极大地调动了农民的生产积极性，促进了农村经济的发展，农民的温饱问题有了基本的制度保障。

社会主义制度建立以后，我国随之开始大规模的经济建设工作。“一五”“二五”计划期间，为了快速建立起我国完备的工业体系，促进我国重工业的快速崛起，我国从 20 世纪 50 年代开始实行重工业优先发展战略，采取统购统销和压低农产品价格的方式从农业和农村征税来支持工业和城市的发展（汪三贵，2013）[①]。这样的举措对建立完整的工业体系发挥了重要作用，但在一定程度上影响了我国农村的发展以及减贫进程。但是，总体而言，经过“一五”和“二五”计划，我国建立起了比较完备的国民经济体系。三大产业的共同发展为我国解决温饱问题、缓解贫困代际传递现象奠定了良好的基础。

新中国成立初期，我国在大力发展基本生产活动的同时，也注重科教文卫事业的恢复和发展。1952 年，我国开始致力于发展社会主义教育事业，积极发展基础教育、高等教育等多种形式的教育模式。政府在农村广泛开办公立学校，教育部首次明确规定高等学校采取全国统一考试的形式。至 1956 年，多数农村的私塾学校也被整改为相对规范的公办或民办小学，到 20 世纪 60 年代初期，我国已经初步形成了较为完整的教育体制。1949 至 1953 年，全民识字运动对于扫除农村的文盲具有重大意义。除此之外，我国政府也通过扩大教育系统、实施成人教育等多种方式促进教育的平等化；同时，我国政府也力争向工农子弟提供更多受教育的机会。教育平等化促进了工农背景的人在大学生中的占比逐年提高，1953 年的占比为 28%，1958 年的占比为 55%，1965 年的占比为 71%（Deng & Treiman，1977）[②]。为满足改革开放之初国家对人才的需求，我国高等院校根据国家指令招生，对招生计划内的学生实行包培养费和包分配的“两包”政策，即毕业的学生由国家计划分配到

---

① 汪三贵．在发展中战胜贫困——对中国 30 年大规模减贫经验的总结与评价［J］．管理世界，2008（11）：78－88.

② Zhong D，Treiman D J. The Impact of the Cultural Revolution on Trends in Educational Attainment in the People's Republic of China［J］. American Journal of Sociology，1997，103（2）：391－428.

合适的单位。教育事业的发展在一定程度上提高了农村劳动力的素质，为农村人口的自我发展以及农村家庭减贫提供了一定的基础；“两包”政策也为农村贫困人口脱离贫困状态、进入正式的工作岗位提供了保障，在此期间，有部分农村贫困家庭的子女进入正式工作岗位。“文革”期间，我国教育发展各项工作趋于停滞，农村基础教育受到了严重阻碍，学校的教学秩序受到严重干扰，教师队伍的质量也有所下降，高考制度也被迫取消了十年，接受教育的农村贫困人口也大大减少。

新中国成立初期，为了快速恢复国民经济，我国允许城乡私营经济发展，城乡劳动力可以自由流动，农民可以进入城镇从事商业活动，也可通过城镇招工进入城镇企业。农村具有的居住、迁徙自由权削弱了农民对土地的依赖，赋予了部分素质较高的农民更多的发展机会。但是，进城农民数量的增加也给原本薄弱的城市经济和社会带来了更多的负荷，为了保障城市正常的经济和社会秩序，我国于 50 年代开始对农村流动人口进行管制，农村劳动力的流动在 60、70 年代几乎处于停滞状态。

在该时期，我国建立了社会主义基本制度，在较短的时间内恢复并发展了我国的农业、工业以及科教文卫事业，为我国经济的进一步发展以及缓解贫困问题提供了良好的基础。农民在相对稳定的经济政治前提下获得了土地，解决了部分人口的温饱问题；相对平等的教育分配机会也使得农村贫困人口能够摆脱贫困家庭背景的束缚（李春玲，1999）①，为农村贫困人口提供了更多的发展机会，在一定程度上减少了贫困的代际传递；农民居住、迁徙的自由也为部分农民提供了发展机遇，完成了从农民到市民的身份转变。因此，整体而言，新中国成立初期，我国农村地区虽然还处于贫困状态，但是农村生产力的发展、教育制度有偏向的变革以及农村人口流动的自由都给部分农村贫困人口带来了发展机会，缓解了农村的贫困问题，特别是教育平等化的推进，对缓解我国农村的贫困代际传递奠定了良好的基础。

---

① 李春玲. 社会政治变迁与教育机会不平等——家庭背景及制度因素对教育获得的影响（1940—2001）[J]. 中国社会科学，2003（03）：86 -98 +207.

4.1.2　第二阶段：以制度变革缓解贫困代际传递

第二阶段为1978～1991年。1978年，以党的十一届三中全会为标志，我国开始了改革开放的伟大征程。我国的改革率先从农村开始，农村家庭联产承包责任制的实行使得农民有了自主使用和管理土地的权利，农民的生产积极性得以提高，农业劳动生产率也渐趋提高。我国也积极推进农村市场化制度改革，在农产品交易上逐渐建立起以市场化为导向的资源配置机制。与之同时进行的是农产品价格制度的改革，农产品的收购价格得以大幅提高，长期存在的工农产品价格“剪刀差”制度有效改善，农业劳动生产率以及农产品价格的提高增加了农业收入，又进一步缓解了我国农村的贫困问题。同时，20世纪80年代中期乡镇企业的发展也为我国农村的贫困缓解起到了重要作用。但是，一方面，1986年后，我国农业产量开始减产，农产品的购销体制也面临挑战；另一方面，随着城市改革开始推进，工业品和消费品价格出现了部分上涨，农民农业收入的快速增长也受到了工业化和城市化的冲击，城市改革的全面推进也使得农村发展失去了始发优势。

在我国农村经济普遍发展的同时，农村贫困地区的发展也迎来了部分政策福利。随着我国经济的发展，我国对贫困地区的发展问题也日渐得到重视。1980年，中央财政设立“支援经济不发达地区发展资金”；1982年，将全国最为贫困的甘肃定西、河西和宁夏海固的集中连片地区作为“三西”专项建设列入国家计划；1984年，国务院出台《关于帮助贫困地区尽快改变面貌的通知》，实现了从救济式扶贫到发展式扶贫的观念转变。从此，我国政府开始有组织、有计划的开发式扶贫。1986年5月16日，我国成立国务院贫困地区经济开发领导小组，扶贫开发领导小组是中国首个以减贫为职责的政府专设机构，同年，中央政府首次确定国定贫困县标准，将331个贫困县列入国家重点扶持范围。从此，以县为单位使用扶贫资源、开展具体扶贫工作成为扶贫开发政策的主要特点（申秋，2017）①。1987年，中央发布《国务院关于加强贫困地区经济开发工作的通知》，提出经济开发是最终解决贫困地区农民温

① 申秋．中国农村扶贫政策的历史演变和扶贫实践研究反思［J］．江西财经大学学报，2017（01）：91－100.

饱问题的主要路径。由于当时我国农村贫困呈现出鲜明的区域集中分布特点，因此该阶段，我国主要通过区域经济发展来实现区域大规模减贫。

人民公社制度的废除解放了部分农村劳动力，同时，城镇经济的发展也吸引着众多的农村剩余劳动力进城，在进城拉力和推力的双重作用下，我国在该阶段逐渐放开了对流动人口的管制，国家政策也积极鼓励农村劳动力进城务工、经商，以提高农民的收入水平。1984 年，中共中央发布《关于1984 年农村工作的通知》，通知规定农民在自理口粮的情况下可以进城务工；1985 年的《关于进一步活跃农村经济的十项政策》中提出要“进一步扩大城乡交往”，农民可进城兴办服务业；1986～1988 年，国务院先后发布《关于国营企业招用工人暂行规定》以及《关于加强贫困地区劳动力资源开发工作的通知》等文件，打破了国营企业的用工惯例，为农民进入体制内工作提供了机会。其中，《关于加强贫困地区劳动力资源开发工作的通知》则明确提出要加强贫困地区的劳动力资源开发，积极组织贫困地区劳动力的跨地区流动，鼓励沿海经济发达地区、大中城市的劳动部门要有计划地从贫困地区吸收劳动力，要动员和组织国营企业招用一部分贫困地区的劳动力；鼓励和支持大中型企业与贫困地区共同创办劳务基地，发展长期劳务合作，以促进贫困地区的脱贫致富。各种政策支持下的城镇劳务市场向农民开放并为他们提供了较多的非农就业机会，许多农村贫困人口抓住了改革开放初期的重要发展机遇，通过自身奋斗实现了经济状况的改善，摆脱了原生贫困家庭的束缚，甚至顺利实现了由农民到市民的身份转换，农村的贫困代际传递问题得以缓解。

1978 年以后，我国教育体制的恢复也为农村贫困人口提供了较为平等的受教育机会。1977 年，我国正式恢复高考制度和中小学的考试制度，同年 12 月，全国 570 万考生走进了考场，高考制度的恢复为众多农村贫困家庭子女带来了希望。1978～1985 年为我国教育制度拨乱反正、恢复发展期。1985 年发布的《中共中央关于教育体制改革的决定》中确定了要改革高等学校的招生计划和毕业生分配制度，扩大高等学校办学自主权，改变高等学校全部按计划统一招生，采用国家计划招生、用人单位委托招生和在国家计划外招收少量自费生等多种形式的招生制度。虽然该时期市场化开始引入大学生就业制度，但是计划与市场相结合仍是该时期毕业生就业制度的主要特点。该时期，由于我国正处于改革开放的初期，国家仍缺少大量人才，大批来自农村贫困家庭的学生完成学业，投身国家的经济社会建设，从此实现了自身经济地位的跃升。同时，我国改革了助学金制度，国家对师范类学生以及毕业后工作环境特别艰苦的学生供给膳宿并免收学杂费，给予学习成绩较好的学生以奖学金，对家庭经济困难的学生给予补助。奖、助学金制的实行为农村贫困家庭子女完成教育提供了相对便利的条件。该时期，国家在改革高等教育、增加高素质人才供给以外也更加注重学前教育和基础教育的发展。1978 年，教育部设立幼教特教处，使得学前教育在"文革"后有了专门的行政领导机构；1986 年，中央颁布《义务教育法》，规定我国实行九年义务教育制度，义务教育阶段不收学费和杂费，从此适龄儿童的受教育权利有了法律的保护。《义务教育法》的颁布显著提高了农村，特别是贫困地区儿童的入学率。

党的十一届三中全会后，我国的改革开放不断推进。家庭联产责任制的实行、农产品价格制度的改革、乡村工业化的推进均促进了农民增收，极大的缓解了农村的贫困问题；政策引导下的城镇非农就业机会的增加也为农村贫困人口的增收提供了一定的机会；同时，高等教育的恢复和改革以及奖、助学金制度的改革也从客观上保障了农村贫困家庭子女的受教育权利，贫困家庭子女受教育水平的提高在一定程度上阻断了我国农村的贫困代际传递问题。

4.1.3　第三阶段：以社会主义市场经济为目标的改革缓解贫困代际传递

第三阶段为 1992 ~ 2000 年。1992 年，中共十四大提出我国经济体制改革的目标是建立社会主义市场经济体制，由此，我国拉开社会主义市场经济改革的序幕。

第一，粮食购销的改革。在粮食购销价格倒挂给我国的财政补贴带来较大压力的情况下，1993 年 2 月，国务院发布《关于加快粮食流通体制改革的通知》，要求在未来的两三年内放开粮食价格。此后，我国的粮食流通进入国家宏观调控下的市场自由购销阶段，初步实现了粮食供求的市场化调节（马晓河等，2018）①。1998 年，国务院下发《关于

① 马晓河，刘振中，钟钰．农村改革 40 年：影响中国经济社会发展的五大事件［J］．中国人民大学学报，2018，32（03）：2 - 15.

进一步深化粮食流通价格体制改革的决定》对国有粮食企业进行改革。

第二，教育改革。1993 年 2 月 13 日，中央颁布《中国教育改革和发展纲要》，文件明确指出“逐步实行学生缴费上学，大多数毕业生自主择业的制度”，“除享受国家和单位专项或定向奖学金的学生按合同就业外，其余学生在国家政策指导下进入劳动力市场自主择业”。到 1997 年，我国高校招生并轨完成，实现了从“包培养费、包分配”到“自行缴费、自主择业的转变”（樊路放，2007）①。高等教育“自行缴费”的实行加重了农村贫困家庭子女接受高等教育的教育支出负担，对于贫困家庭的农村学生来说，自行缴费甚至会在一定程度上减少贫困家庭子女入学的概率。为解决此类问题，国家同时出台了一些解决贫困生入学的措施。

国家在关注高等教育发展的同时也在关注我国基础教育的发展，1993 年的《中国教育改革和发展纲要》明确提出，到 2000 年实现基本普及九年义务教育；1995 年，《中华人民共和国教育法》的颁布标志着国家正式以法律的形式规定国家保障教育事业优先发展。1999 年，《关于深化教育改革全面推进素质教育的决定》将“普及九年义务教育和基本扫除青壮年文盲”作为工作的重中之重，并提出国家要在 2000 年以后继续实施“国家贫困地区义务教育工程”，继续加强发达地区对少数民族贫困地区的教育对口支援工作，切实解决农村初中辍学率偏高的问题。农村贫困地区的基础教育问题也逐渐引起中央的高度重视。

第三，城乡劳动力市场体系的培育和初步发展。中共十四大进一步明确了我国经济体制改革的目标，在建立和发展社会主义市场经济目标的指引下，我国的国有企业、乡镇企业以及中外合资企业、外商独资企业等非公有制经济迅速发展。为满足我国各类企业发展的用工需求以及农民增收的需要，我国逐渐开始实行农村劳动力城乡流动管理制度，推动农村流动人口实现“宏观调控下的有序流动”。1993 年，《中共中央关于建立社会主义市场经济体制若干问题的决定》指出“要改革劳动制度，逐步形成劳动力市场”，同时指出要“鼓励和引导农村剩余劳动力逐步向非农产业转移和地区间的有序流动”。为全面推进劳动体制改

---

① 樊路放．大学生就业问题及对策研究［D］．苏州大学，2007.

革，同年 12 月劳动部发布《关于建立社会主义市场经济体制时期劳动体制改革总体设想》，提出要发挥市场机制在劳动力资源配置中的基础性作用，建立现代化劳动力市场，同时也提出要“加强城乡劳动力统筹，以建立农村就业服务网络为突破口，合理调节城乡劳动力流动，逐步实现城乡劳动力流动有序化”。1994 年，劳动部下发《关于促进劳动力市场发展、完善就业服务体系建设的实施计划》，要求完善就业服务体系，改善进城农民工的就业环境；1997～1998 年，我国公安部先后下发《关于小城镇户籍管理制度改革的试点方案》《关于当前户籍管理中几个突出问题的意见》等文件，放松了小城镇以及大城市的户籍制度，允许符合条件的流动人口落户小城镇和大城市。市场经济改革提高了我国的经济活力，增加了对劳动力的需求，对流动人口管制的放松以及户籍制度的松动为农村剩余劳动力的流动提供了制度基础。农村劳动力的乡城流动以及非农就业机会的增加促进了贫困人口的增收，减少了收入的贫困代际传递现象。但是，进城农民工在住房、教育、医疗等方面难以获得与城市市民平等的权益，同时，进城农民工由于生存状况的不稳定性往往面临着与子女分隔两地的状况，即农民工的工作、生活在城市，而其子女却在农村，这种“拆分型劳动力再生产模式”（姚俊、赵俊，2015）① 引发了较为严重的社会现象——“留守儿童”，留守儿童问题的出现则为农村贫困代际传递问题的解决提出了新的挑战。

第四，扶贫开发的重点聚焦中西部地区。1994 年，我国政策提出了《国家八七扶贫攻坚计划》，标志着我国的扶贫开发进入了攻坚阶段，其主要内容是通过 1994～2000 年长达七年的努力，提高农村贫困地区的基础设施建设水平，促进贫困地区科教文卫事业发展，通过多种方式基本解决农村 8000 万贫困人口的温饱问题，提高农村贫困人口的发展能力。《国家八七扶贫攻坚计划》的扶贫重点为 592 个贫困县，扶贫目标也主要转向中西部地区，同时，中央明确增加扶贫投入。1996 年 9 月，国务院下发《关于尽快解决农村贫困人口温饱问题的决定》，文件明确要求把解决贫困人口温饱问题作为首要任务；1997 年，国家开始实行贫困县农户抽样调查，对扶贫政策实施效果以及贫困县减贫任

① 姚俊，赵俊．农村人口流动的健康不平等结果——基于劳动力再生产的视角［J］．江苏社会科学，2015（4）：58－64.

务进行动态监测；1998 年的《残疾人扶贫攻坚计划》将特殊贫困人口正式纳入扶贫计划；1999 年，我国实施西部大开发战略；2000 年 1 月，国务院成立了西部地区开发领导小组。从此，对西部地区的扶贫开发工作有了正式的领导部门，国务院西部开发办于 2000 年 3 月正式开始运作。

1992 年，十四大以后，我国的市场化改革深入进行。教育体制市场化改革初期，高等教育自行缴费增加了农村贫困家庭的教育支出，在一定程度上降低了贫困家庭子女接受高等教育的可能性；农村流动人口管制的放松在增加非农就业机会、促进农民增收的同时，也催生了“留守儿童”“流动儿童”等社会现象，“留守儿童”在教育、健康等多方面的弱势会加剧多维贫困的代际传递现象。我国扶贫政策聚焦中西部地区，对于缓解中西部地区的贫困问题、减少中西部地区的贫困代际传递现象具有重要意义。

4.1.4 第四阶段：以农村的全面发展减少贫困代际传递

第四阶段为 2001 ~ 2012 年。2000 年底，我国“八七”扶贫攻坚目标基本实现，我国解决了大部分贫困人口的温饱问题，大面积的贫困已经得到解决。但是，随着我国城乡贫富差距的拉大，部分地区的贫困程度有所加深，贫困问题也从单纯的收入维度转向多维度贫困。同时，随着我国经济社会的发展，我国也更加注重“三农”问题，出台了一系列政策促进农业、农村以及农民的发展。自 2001 年起，农民收入构成中各种转移性收入的比重在逐年增加，社会保障计划向农村的延伸也成为了该阶段中国农村减贫的重要动力。

第一，构建农村社会保障体系。首先是新型农村合作医疗制度得以不断发展完善。2002 年 10 月，《中共中央、国务院关于进一步加强农村卫生工作的决定》中指出要“逐步建立以大病统筹为主的新型农村合作医疗制度”，次年，新型农村合作医疗制度在全国部分地区进行试点，并在试点成功的基础上逐渐得以推广；2010 年，经过七年的发展完善，新型农村合作医疗制度覆盖全体农村居民的目标基本得以实现。自新型农村合作医疗开始推行，我国政府对新型农村合作医疗不断进行补助，并且补助标准不断提高。新型农村合作医疗制度的推行，在一定程度上减少了农村的“因病致贫”问题，进而缓解了我国农村地区的贫困代际传递问题。2007 年 7 月，国务院发布了《关于在全国建立农村最低生活保障制度的通知》，致力于解决“因病残、年老体弱、丧失劳动能力以及生存条件恶劣等原因造成生活常年困难的农村居民”的温饱问题。同时，国务院分别在 2009 年和 2014 年发布《关于开展新型农村社会养老保险试点的指导意见》和《国务院关于建立统一的城乡居民基本养老保险制度的意见》，通过上述两个文件，我国建立起了城乡居民养老保险制度。

第二，免征农业税，对农业进行补贴，促进农民增收。自 2004 年开始，我国的农业补贴种类趋于增多，强度增大，农民真正从农业补贴中获得了益处。2005 年，中共十六届五中全会通过《十一五规划纲要建议》，提出要加强农村的经济、政治、文化和社会建设，推进社会主义新农村建设。2005 年 12 月，全国人大常委会通过关于废止《中华人民共和国农业税条例》的决议，农业税于 2006 年 1 月 1 日起全面取消。农业税的取消有利于降低农村家庭农业生产经营成本，极大地减轻了农民的负担，提高了农民的收入。

第三，切实保障农村的义务教育。2005 年，《国务院关于深化农村义务教育经费保障机制改革的通知》要求“从 2006 年开始，全部免除西部地区农村义务教育阶段学生学杂费，2007 年扩大到中部和东部地区；对贫困家庭学生免费提供教科书并补助寄宿生生活费”，切实保障农村贫困学生接受义务教育的权利。2008 年，我国再一次提高了贫困寄宿学生的生活费补助标准。2010 年，《国家中长期教育改革和发展规划纲要（2010—2020 年）》提出“要提高农村学生尤其是贫困地区和家庭经济困难学生的健康水平”，2011 年秋季学期，我国开始启动农村义务教育学生营养改善计划。

第四，扶贫工作的深入进行。在扶贫计划方面，我国出台《中国农村扶贫开发纲要（2001—2010）》，扶贫开发的对象为“尚未解决温饱问题的贫困人口”，扶贫开发的主要任务为解决贫困人口的温饱问题。2000 年以后，随着我国经济发展程度的不断提高、经济发展普惠性的不断增强以及我国扶贫开发工作的深入进行，我国贫困治理工作硕果累累。

2000 年以后，我国政府非常关注“三农”问题，先后出台诸多政策保障三农问题的解决，政策推动下的农业、农村发展也促进了农村贫困问题的缓解。以新型农村合作医疗制度、农村最低生活保障制度以及农村居民养老保险制度等为主体的农村社会保障体系的构建为农村部分弱势群体提供了生活保障，减少了农村因病致贫、因残致贫、因老致贫的现象，同时也减少了脱贫人口返贫的概率，个体贫困问题的缓解也减少了贫困在代际之间的传递现象。农村免费义务教育以及农村义务教育学生营养改善计划切实保障了农村贫困学生接受义务教育的权利，减少了贫困家庭子代的文化贫困和健康贫困现象，在一定程度上减少了父代贫困状态对子代的影响，有效阻断了贫困的代际传递。

4.1.5 第五阶段：以精准扶贫和乡村振兴战略减少贫困代际传递

第五阶段为 2013 ~ 2020 年。该阶段，在扶贫计划方面，我国出台了《中国农村扶贫开发纲要（2011 ~ 2020）》，扶贫开发的对象由“尚未解决温饱问题的贫困人口”转向“扶贫标准以下具备劳动能力的农村人口”，扶贫开发的主要任务从“解决温饱”转入“巩固温饱成果”。但随着大范围贫困问题的解决，贫困人口逐渐减少，依靠扶贫资金“大水漫灌”和扶贫项目的大规模推进来促进区域经济发展，进而促进地区减贫的效果有所下降，同时，贫困人口越来越集中在生活和生产条件恶劣的边缘化地区，扶贫开发政策的瞄准性也有所下降。因此，认为扶贫政策更要关注个体差异，细分贫困群体，重点关注边缘化人口（都阳、蔡昉，2005）。在此大背景下，2013 年 11 月，习近平到湖南湘西考察时首次提出“精准扶贫”。此后，习近平在多个场合多次提到“精准扶贫”。2016 年，“精准扶贫、精准脱贫”被写入《中华人民共和国国民经济和社会发展第十三个五年规划纲要》。2017 年，习近平在党的十九大报告中提出“坚持精准扶贫、精准脱贫”，真正将精准扶贫纳入国家扶贫大政方针。精准扶贫要求“精准识别、精准帮扶、精准管理”，真正做到精准识别贫困人口，解决政策瞄准问题；充分考虑家庭、个体贫困异质性，根据贫困诱因，精准帮扶有需要的贫困人口，确保帮扶措施和效果落实到户、到人；动态管理贫困家庭以及个人信息，追踪其贫困状态，构建完善的资金、事权管理制度，提高扶贫政策的瞄准性，提高脱贫政策的实施效率，真正保证贫困人口脱贫。为保证精准扶贫政策的实施，2015~2018年，我国先后出台了《十三五时期异地扶贫搬迁工作方案》《关于加大脱贫攻坚力度支持革命老区开发建设的指导意见》《省级党委和政府扶贫开发工作成效考核办法》《关于建立贫困退出机制的意见》《中共中央、国务院关于打赢脱贫攻坚战的决定》等文件，以保证2020年脱贫攻坚战的顺利完成。

为进一步促进农业、农村以及农民的全面发展，2017年，习近平在十九大报告中正式提出乡村振兴战略，2018年1月，国务院公布中央一号文件《中共中央国务院关于实施乡村振兴战略的意见》，文件要求努力提高农业发展质量，保护农村自然环境，繁荣农村文化，加强乡村治理，保障农村民生。乡村振兴战略的实施为农村的全面发展以及农村贫困问题的解决提供了契机。

精准扶贫政策的实施有效解决了我国农村的绝对贫困问题。2020年，我国的绝对人口全部脱贫，贫困县全部摘帽，区域性整体贫困问题得以完全消除。持续推进脱贫地区乡村振兴，也将进一步巩固拓展脱贫攻坚成果；乡村振兴战略意在进一步促进农村的全面发展，其核心在于人的发展，乡村振兴战略下农村以及农民的全面发展一定会减少农村的多维贫困代际传递现象。

4.2 我国农村多维贫困代际传递测算

学界对贫困代际传递的研究起源于收入流动，社会收入垂直流动性的降低会引发收入的代际传递，导致收入阶层固化，影响社会的和谐与安定。国内学者对收入代际传递的研究颇多，方鸣、应瑞瑶（2010）①及汪燕敏、金静（2013）②等人的研究表明我国存在着较为明显的收入代际传递现象。其中，农村低收入家庭的贫困代际传递现象更为显著

① 方鸣，应瑞瑶．中国城乡居民的代际收入流动及分解［J］．中国人口·资源与环境，2010，20（5）：123-128.

② 汪燕敏，金静．中国劳动力市场代际收入流动研究［J］．经济经纬，2013（3）：96-100.

（胡洪曙、亓寿伟，2014）[①]，且我国农村贫困的代际传递存在不断上升的趋势（马文武等，2018）[②]。既有文献从人的“生存”需求出发，将收入作为识别相对贫困人口的唯一指标，忽略了贫困的多维性。贫困反映的是家庭或者个体的生活状态，长期来看具有多维性（Hulme et al.，2001），既表现在致贫原因的多样性，也表现为贫困表现形式的多样性（Alkire，2010），收入水平低下只是贫困的表现形式之一。在我国的贫困治理实践中，相对贫困人口比例上升增加了以低收入为标准的贫困识别问题（刑成举、赵晓峰，2016；赵红霞、高培培，2017）[③④]，对我国精准扶贫工作提出了挑战。21 世纪我国政府扶贫工作的目标为“两不愁，三保障”，其目标是解决游离于绝对贫困和相对贫困中的人口。因此，以多维贫困指标代替收入贫困来分析我国的贫困代际传递问题具有重要意义。郭熙宝、周强（2017）虽然也考察了多维贫困的代际传递，但是其在多维贫困的指标构建中采用了等权重法，本书认为主观的等权重赋值忽略了各指标的差异性。

本部分拟在以下方面作出努力：第一，采用熵权赋值法构建多维贫困指标，相较于层次分析法和专家经验评估等方法，熵值法具有有效反映指标信息熵值效用价值的优势（欧向军等，2008）[⑤]，其赋权方式的客观性决定了评价结果的客观性，能有效弥补主观评价的不足。第二，在多维贫困指标变量选择中，既有的研究大多沿用教育、医疗、营养健康、收入等维度，本书认为就业是贫困的重要影响因素之一，因此，本书将衡量就业质量的单维度指标纳入多维贫困指标的构建之中，以全面分析农村多维贫困代际传递现象。

---

① 胡洪曙，亓寿伟．中国居民家庭收入分配的收入代际流动性［J］．中南财经政法大学学报，2014（2）：20－29.

② 马文武，杨少垒，韩文龙．中国贫困代际传递及动态趋势实证研究［J］．中国经济问题，2018（2）：13－23.

③ 赵红霞，高培培．子代教育对中国农村贫困代际传递的影响——基于 CHIP2013 的实证分析［J］．教育学术月刊，2017（12）：26－32.

④ 邢成举，赵晓峰．论中国农村贫困的转型及其对精准扶贫的挑战［J］．学习与实践，2016（7）：116－123.

⑤ 欧向军，甄峰，秦永东，朱灵子，吴泓．区域城市化水平综合测度及其理想动力分析——以江苏省为例［J］．地理研究，2008（5）：993－1002.

4.2.1　多维贫困测度指标构建

1. 测算方法

（1）A－F 多维贫困测度

第一步，要建立多维贫困指标，首先要建立单维贫困指标构成的矩阵。假设存在 m 个单维贫困指标 X_1，X_2，…，X_m 构成的矩阵 $X=(x_{ij})_{n\times m}$，其中 i＝1，2，…，n；j＝1，2，…，m。

第二步，在每个维度 j 上确定一个或者多个剥夺临界值，本书默认一个临界值 d_j。则可定义剥夺行向量为 $d=(d_1, d_2, \cdots, d_m)$，若样本 x_{ij} 超过临界值 d_j，则样本 X_i 则被认为是在维度 j 上受到剥夺，默认取值为 1，反之，则为 0。由此建立取值为 0－1 的全新矩阵 $Y=(y_{ij})_{n\times m}$。

第三步，对 m 个单维贫困指标赋予权重，计算样本的多维贫困指数。本书利用熵权法对不同贫困维度进行赋权，设 j 维贫困指标的权重为 W_j（j＝1，2，…，m），则样本 i 的多维贫困指标为：

$$MP_i = \sum_{j=1}^{m} y_{ij} W_j \tag{4.1}$$

第四步，MP_i 为样本 i 在 m 个维度上的受剥夺情况，为进一步识别深度贫困人口，需在计算个体多维贫困综合指数的基础上，通过设立多维贫困综合指数的门阀值来确定深度贫困人口。设门阀值为 p，若 $MP_i > p$，则可将该个体视为多维贫困人口，反之，则视为非贫困人口。

第五步，计算多维贫困发生率 H 和贫困深度 D。设满足 $MP_i > p$ 的样本量为 $k(k \leqslant n)$，则多维贫困发生率 H 和贫困深度 D 的计算公式如下：

$$H = k/n \tag{4.2}$$

$$D = \sum_{j=1}^{k} MPI_j / k \tag{4.3}$$

（2）熵权法

熵权法最初用于信息论中对不确定信息进行赋权，其基本原理是根据指标变异性的大小来确定各指标的权重，该方法适用于多个对象、涉及多个评价指标的综合评价，其主要计算步骤如下：

首先，对每个指标 X_j 进行标准化处理为：

$$Z_{ij} = \frac{X_{ij} - \min(X_j)}{\max(X_j) - \min(X_j)} (i=1, 2, \cdots, n; j=1, 2, \cdots, m) \quad (4.4)$$

其次，针对信息论中对信息熵（Entropy of information）的定义，单维度贫困指标 X_j 的信息熵 E_j 可以写为：

$$E_j = -\ln(n)^{-1}\sum_{i=1}^{n} p_{ij}\ln(p_{ij}) \ (i=1, 2, \cdots, n; j=1, 2, \cdots, m) \quad (4.5)$$

其中，$p_{ij} = Z_{ij} \Big/ \sum_{i=1}^{n} Z_{ij}$。

单维度贫困指标 X_j 的权重为：

$$W_j = (1 - E_j) \Big/ \sum_{j=1}^{m} (1 - E_j) \quad (4.6)$$

2. 数据来源

本书利用 CHNS（中国健康与营养调查）数据进行分析。选用 CHNS 数据的主要原因有：第一，CHNS 的样本中有大量的农村调研数据，且涵盖辽宁、江苏、山东、河南、河北、湖南、广西、广州等多个省份（后续又加入了黑龙江省，北京，上海，重庆等直辖市），数据比较有代表性。第二，CHNS 在多个年份经过了多次调查，分别是 1989 年、1991 年、1993 年、1997 年、2000 年、2004 年、2006 年、2009 年、2011 年和 2015 年；多年追踪调查数据，可以有效进行纵向比较，分析我国农村多维贫困代际传递的动态演进趋势；第三，CHNS 中有丰富的个体调研数据，内容包含教育、医疗、卫生等多个方面，且 CHNS 调研以家庭为单位，更利于本书中父代与子代的配对。鉴于所用数据的可得性，本书将采用 CHNS 在 1991～2015 年的调查数据。

3. 具体指标说明

国际上通用的 MPI 指数（multimensional poverty index）是由 UNDP 与英国牛津贫困与人类发展中心联合开发，其内容涵盖了教育、健康与生活水平 3 个维度，应用广泛。考虑到本书考察的主要内容以及我国的具体国情，本书将在国际 MPI 指数的基础上做部分改进。首先，国际

MPI 指数对贫困的考察以家庭为单位，在具体指标的选择上偏重对家庭贫困的衡量。例如在健康维度上选择家庭营养水平和儿童死亡率，教育水平的考察上也加入了适龄儿童就读率，生活水平维度上注重对家庭基础设施的考察。本书考察的主要对象是多维贫困在代际之间的传递现象，更注重个体发展能力。其次，本书在 MPI 指数中加入了医疗保障维度。虽然个体身体健康状况对人的发展能力具有决定性作用，因病致贫和因病返贫依然是巩固拓展脱贫攻坚成果需关注的重点问题，但是我国在 2002 年就提出建立新型农村合作医疗制度，保障农民的身体健康，同时中央在考察贫困户是否脱贫时，以“两不愁，三保障”为标准，其中“三保障”之一就是要求贫困户基本医疗有保障，因此本书将医疗保障纳入多维贫困指标中。最后，本书在 MPI 指数中加入了就业维度。就业是个体获得收入的重要途径，就业的稳定性和质量也是保障个体稳定脱贫的重要影响因素。2021 年中央 1 号文件提出“对有劳动能力的农村低收入人口，坚持开发式帮扶，帮助其提高内生发展能力，发展产业、参与就业，依靠双手勤劳致富。”① 因此，本书在 MPI 指数中加入了就业质量指标，以从多个维度考察个体的贫困状况。

表 4－1 为本书测算多维贫困指数所用具体指标及其赋值。第一列为测算多维贫困指数所用维度，第二列为具体指标，第三列是熵权法赋值结果。从具体指标的剥夺临界值上看，个体受教育年限低于 9 年视为贫困，赋值为 1，否则为 0；身体质量指数按照国际标准，在［18.5，23.9］区间内为身体健康，赋值为 0，否则视为个体身体健康程度较差，赋值为 1；近期如有生病，则视为贫困，赋值为 1，否则为 0；个体没有医疗保险视为贫困；生病就医场所若为村诊所或乡、县、及以上正规医院视为非贫困，赋值为 0，生病不就医、去小诊所等状况视为贫困，赋值为 1；有工作能力而没有工作视为贫困，长期工、合同工以及个体经营者视为非贫困人口，临时工、无报酬家庭帮工等为贫困人口；个体收入按照 2010 年的 CPI 进行调整，年收入低于 2300 元视为贫困。

① 《中共中央国务院关于全面推进乡村振兴加快农业农村现代化的意见》，中华人民共和国商务部，http：//www.mofcom.gov.cn/article/zwgk/zcfb/202102/20210203040412.shtml.

表 4-1　　　　多维贫困维度及其赋值

维度	指标	赋值
教育	受教育年限	0.185
健康	身体质量指数	0.203
	近期是否生病	
医疗保障	是否有医疗保险	0.241
	就医场所是否正规	
就业质量	是否失业	0.228
	工作职位	
收入	个体收入	0.143

注：赋值结果根据 CHNS 样本数据由熵值法计算所得。

4.2.2　基于数据分析视角的我国农村多维贫困动态演进

1. 多维贫困发生率分析

表 4-2 为单维度贫困的发生率。从表中可以看出，在 CHNS 调查区间内，2004 年前后的单维贫困发生率出现了很大的变动，主要的原因是 2004 年之前，CHNS 的样本量较小，在剔除无效数据之后，剩余的农村样本量在 1500 个左右。2004 年之后，CHNS 调查增加了样本量，在剔除了新增加的辽宁、北京、上海和重庆等省市的数据后，最后剩余的样本量仍在 3500～4500 之间，样本量发生较大变化，因此本部分分两个阶段来分析单维度贫困发生率的动态变化。

表 4-2　　　　单维度贫困发生率　　　　单位：%

维度	1991 年	1993 年	1997 年	2000 年	2004 年	2006 年	2009 年	2011 年	2015 年
教育	72.42	71.26	63.37	54.65	79.52	77.05	80.69	78.71	71.26
健康	32.89	30.10	54.02	41.61	44.31	44.41	47.80	50.02	—
医疗	47.44	58.47	62.05	73.43	72.98	43.33	5.51	1.94	1.48
就业	20.79	19.89	30.09	43.13	79.81	79.37	78.80	75.33	71.52
收入	14.81	15.94	5.72	2.98	21.28	15.43	7.91	6.56	9.79

注：单维度贫困发生率是根据 CHNS 样本数据计算所得。

从表4－2来看，2004年之前，教育、收入维度的贫困发生率较高，但呈现出明显的下降趋势；健康、医疗、就业维度的贫困发生率有上升的趋势，特别是医疗维度。2004年及之后，由于样本选择以及样本量增大等问题，单维贫困的发生率出现了较大的波动，例如教育维度的贫困发生率比2004年之前出现了明显的上升，但是整体来看下降趋势明显；健康维度的贫困发生率出现轻微上升，而医疗保障维度则随着我国农村合作医疗的广泛推广下降明显；就业质量维度的贫困发生率则有了明显的上升，表现为就业的不稳定，个体收入贫困整体呈现出波动下降趋势。总体而言，我国的教育、健康、就业质量等维度的贫困发生率相对较高，是解决我国农村多维贫困的重中之重。

表4－3为总体样本多维贫困发生率的动态演进。如表4－3所示，随着临界值的不断加大，多维贫困的发生率出现了明显下降，这也符合社会生活的实际，真正在全维度处于弱势的贫困人口较少，贫困人口多表现为某个或某几个维度处于弱势。纵向来看，与上述单维度贫困的发生率类似，由于所用样本差距，2004年前后我国农村的多维贫困发生率变化较大。2004年之前，在不同的临界值下，多维贫困的发生率随着年份的不断推移呈略微上升的趋势。2004年之后，在不同的临界值下，我国农村多维贫困的发生率有了明显的下降趋势。而从整体来看，相较于1991年，2015年我国农村地区多维贫困发生率在大多数临界值上发生了明显下降。

表4－3　　　　总体样本的多维贫困发生率　　　　单位：%

临界值	1991年	1993年	1997年	2000年	2004年	2006年	2009年	2011年	2015年
10%	89.90	91.45	93.53	92.65	96.73	96.07	95.36	94.73	86.12
30%	60.73	66.02	71.46	70.60	89.22	84.49	81.01	78.21	62.45
50%	29.30	32.54	39.75	42.23	70.73	56.59	38.97	36.05	14.96
70%	8.90	9.48	12.94	11.03	34.22	20.71	5.22	3.57	1.76
90%	1.46	2.44	2.83	0.97	7.15	3.28	0.16	0.02	0.09

注：多维贫困发生率是根据CHNS样本数据计算所得。

表4－4为完成父代与子代配对后父代多维贫困发生率。在10%、

30%、50%和70%临界值上，父代多维贫困发生率出现了先上升后下降的演变趋势，具体表现为，1991～2004年多维贫困发生率上升趋势明显，2014年达到最高值，2004～2015年，多维贫困发生率出现了明显的下降。总体而言，随着经济社会的发展，父代的多维贫困发生率在所有维度上都出现了明显下降，这也证明了随着我国经济的不断发展以及扶贫事业的不断推进，我国的贫困问题得到了有效缓解。

表4-4　父代多维贫困发生率　单位：%

临界值	1991年	1993年	1997年	2000年	2004年	2006年	2009年	2011年	2015年
10%	93.67	94.96	95.94	97.44	98.96	98.33	93.97	99.00	92.13
30%	68.35	68.91	77.66	83.76	95.60	89.30	83.67	83.72	67.87
50%	24.05	29.41	36.55	56.41	78.50	59.20	38.69	36.54	16.72
70%	6.96	13.45	9.14	13.68	47.41	26.42	4.52	2.99	1.97
90%	2.53	2.52	0.51	0.85	9.33	5.69	1.01	0.00	0.00

注：多维贫困发生率是根据CHNS样本数据计算所得。

表4-5则是子代的多维贫困发生率。子代的多维贫困发生率与父代的多维贫困发生率变动趋势基本一致，呈现出先上升后下降的趋势。1991～2014年多维贫困发生率在多个维度上出现不同幅度的上升，而在2004年之后出现明显的下降，在2015年达到最低。其中，在50%的临界值上，子代的多维贫困发生率已经下降到10%以下，而在70%的临界值上，子代的多维贫困发生率已经下降到0。相比父代的多维贫困发生率，子代的多维贫困发生率在不同临界值、不同年份上都呈现出更低的趋势，子代多维贫困发生率的下降幅度随时间下降的趋势也更为明显。这表明：一方面，年龄对多维贫困的影响较大，中老年人更容易陷入多维贫困的陷阱，而年轻人则因为拥有更多的条件改善自身生活，多维贫困的发生率更低，也更容易走出多维贫困状态；另一方面，相较年轻人，老年人在教育、身体健康等多个维度等方面更容易处于弱势。

表 4－5　　　　子代多维贫困发生率　　　　单位：%

临界值	1991 年	1993 年	1997 年	2000 年	2004 年	2006 年	2009 年	2011 年	2015 年
10%	88.61	89.08	89.85	94.02	95.08	92.98	88.94	87.71	66.23
30%	58.86	63.87	67.51	77.78	87.05	73.91	63.07	61.79	38.69
50%	26.58	34.45	40.61	48.72	70.98	47.83	26.63	28.24	8.52
70%	5.06	13.45	13.71	10.26	37.56	15.72	4.02	4.32	0.00
90%	1.27	1.68	3.55	1.71	11.40	3.34	0.25	0.30	0.00

注：多维贫困发生率是根据 CHNS 样本数据计算所得。

为更为直观地比较我国农村父代与子代多维贫困发生率及其动态演变趋势的差异，图 4－1、图 4－2 分别绘制了 30% 和 70% 临界值下父代与子代多维贫困发生率的差异。

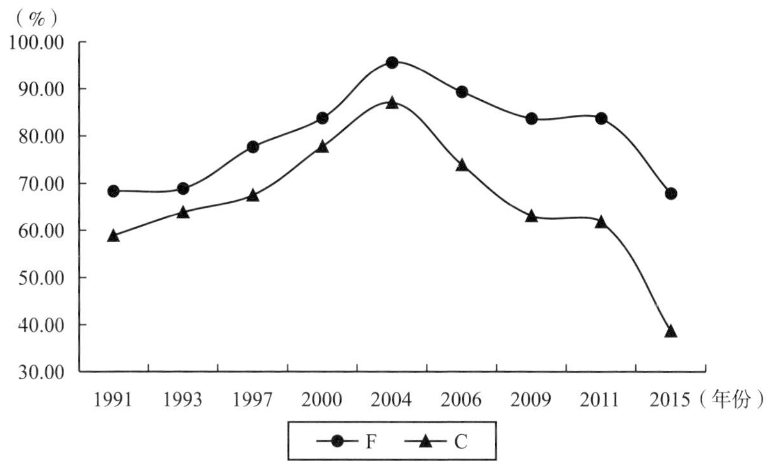

图 4－1　1991～2015 年 30%临界值下父代与子代多维贫困发生率比较

注：由作者利用 Excel 绘制。

如图 4－1 所示，在 30% 临界值上，考察期内我国农村地区父代与子代的多维贫困发生率变动趋势基本一致。1991～2004 年，子代与父代的多维贫困发生率出现了明显的上升，而在 2004 年之后下降趋势明显。父代的多维贫困发生率在各年份都明显大于子代，2004 年之前两者的差距较为稳定，而在 2004 年之后，子代的多维贫困发生率下降速度明显快于父代，多维贫困发生率的代际差距拉大。

如图4－2所示，在70%的临界值上，父代与子代的多维贫困发生率出现了明显的山峰状，2004年多维贫困发生率上升速度较快，而2004年之后出现了多维贫困发生率断崖式下跌，2009年以后，父代与子代的多维贫困发生率降低到5%以下，2015年趋近于0。父代与子代的多维贫困发生率在各年份的差异并不稳定，个别年份出现了子代多维贫困发生率高于父代的现象，但是总体而言，子代多维贫困发生率低于父代。

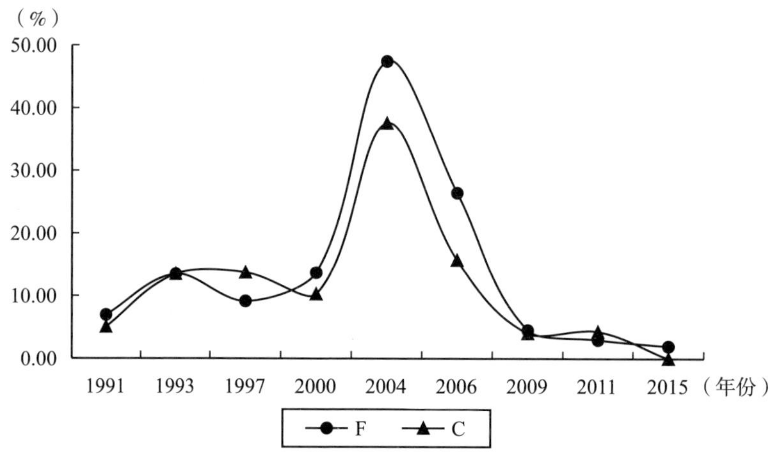

图4－2　1991～2015年70%临界值下父代与子代多维贫困发生率比较

注：由作者利用Excel绘制。

2. 多维贫困深度分析

表4－6给出了30%临界值下我国农村多维贫困的贫困深度。从表中可以看出，我国农村地区多维贫困的贫困深度出现明显的下降趋势，这也证明了我国农村地区的经济社会发展卓有成效。随着我国经济社会的发展，我国政府对农村地区教育、医疗、就业等问题的关注程度越来越高，不断增加对农村地区的政策和资金支持，为缓解我国农村地区的多维贫困问题奠定了基础。同时我们也要看到，根据数据测算，2014年我国农村地区的多维贫困深度仍高达0.46，这也为我国缓解农村多维贫困问题提出了新的要求。

表4-6　　我国农村地区贫困深度的动态演进

样本	1991年	1993年	1997年	2000年	2004年	2006年	2009年	2011年	2015年
总体	54.00	53.66	57.51	59.87	68.34	61.48	52.00	51.07	46.06
父代	50.70	54.11	54.36	61.03	71.59	62.68	51.71	51.32	46.01
子代	50.74	53.99	58.58	59.51	70.47	60.95	50.46	50.24	44.57

注：多维贫困发生率由CHNS样本数据计算所得。

从父代与子代的贫困深度对比来看，子代的多维贫困深度小于父代。父代由于受教育机会、健康状况、就业机会等远少于子代，因此多维贫困深度高于子代，但从数据上看，父代与子代多维贫困深度的差值较小。

4.2.3　我国农村多维贫困代际传递测算结果分析

1. 测算方法

分析我国农村地区多维贫困的代际传递现象，就是要测算子代多维贫困在多大程度上受其父代影响，在个体贫困的测度上，本部分继续采用上部分介绍的A-F多维贫困测度方法。由于个体多维贫困的最终值为0-1变量，本部分采用logit模型进行考察，模型设定如下：

$$P(poverty_c = 1 \mid X) = \Lambda(\beta_0 + \beta X) = \frac{\exp(\beta_0 + \beta X)}{1 + \exp(\beta_0 + \beta X)} \tag{4.7}$$

其中，p为子代陷入多维贫困的概率，$poverty_c = 1$表明子代陷入多维贫困，β为系数，X为被解释变量的集合。

2. 数据处理与变量说明

从上部分数据分析可知，CHNS调研数据的样本量、指标等在2004年都有较大变化。为了保障控制变量的前后一致性，本书采用CHNS在2004年、2006年、2009年、2011年和2015年的数据构成混合数据，对多维贫困的代际传递现象进行分析。在完成父代和子代的数据配对后，1991年、1993年、1997年以及2000年的样本剩余量较少，本书认为删除后对回归结果影响较小。同时，为保证数据的合理性，本部分删除了子代年龄在16岁以下、父代年龄在65岁以上的样本，原因是：首先，本书第5章将对年龄低于16周岁的儿童进行单独考察；其次，鉴于农村发展实际，65岁老人的多维贫困指标将会显著提高，影响到实证结果。

在对个体多维贫困的衡量上，本书采用A－F测算方法，在临界值上采用50%。表4－7为计量分析所用变量的统计性描述。

表4－7 回归变量的统计性描述

变量	缩写	均值	方差	样本个数
子代贫困	$poverty_c$	0.437	0.496	1155
父代贫困	$poverty_f$	0.496	0.500	1155
子代年龄	age_c	26.336	5.867	1155
父代年龄	age_f	53.656	6.471	1155
父代教育程度	$education_f$	18.448	7.348	1155
子代生活观念	$open_c$	0.494	0.909	1125
子代婚姻状况	$marriage_c$	0.586	0.753	1111
家庭结构	live	0.988	0.109	1155
子代民族	$nationality_c$	0.855	0.352	1155

控制变量中，本部分引入了子代年龄、父代年龄、父代受教育程度、子代对新事物的接受度、子代婚姻状况、是否与父母同住以及子代是否为少数民族等指标。

个体的年龄与身体状况、受教育程度、收入等息息相关。对成年人而言，年龄越小，身体健康状况越好，学习能力越强，通过自身努力走出多维贫困的概率越高。因此，在控制变量中引入了子代年龄，以分析子代年龄结构对多维贫困的影响。而父代的年龄对子代的贫困状况也有较为显著的影响，父代年龄较大，子代则有赡养老人的义务，会增加子代发生多维贫困的概率；若父代年龄较小，则可给予子代更多经济帮助，减少子代陷入多维贫困的概率。父代受教育程度越高，一方面可能收入越高，另一方面，父代受教育程度的高低在一定程度上代表了父代生活、工作观念的先进程度，父代受教育程度越高，对子代的正向影响越大，子代多维贫困的发生率可能更低。

在如今高速发展的信息时代，信息的传递媒介越来越多，随着计算机信息网络的发展和日益普及，网络在人们生活中的作用越来越明显。个体对计算机网络的接受和使用程度对于自身的教育、就业等有着较大的影响，特别是对于我国广大的农村地区而言，计算机网络的使用对于拓展农村居民的视野、提高收入，减小其多维贫困发生率具有积极的影响。因此本部分引进子代对计算机网络的可得性作为子代生活观念的替代变量，以考察子代生活观念对自身贫困的影响。

子代是否结婚对于自身的贫困状态也有着较大的影响，主要表现为家庭成员的增加会提高个体就业、收入的压力，提高个体的就业概率和收入，同时家庭生活更利于个体身体健康、就医和医疗等问题的改善。家庭结构对于子代的贫困状态具有重要影响，双亲家庭对子代的照料会更全面，对子代教育、就业等支持度也会更高，在一定程度上会减少子代发生多维贫困的概率。部分少数民族分布在我国自然条件比较恶劣的地区，少数民族聚居地区的多维贫困发生率可能更高，因此将民族属性加入控制变量中。

3. 回归结果分析

表 4 - 8 给出我国农村地区多维贫困代际传递的测算结果，第一列是全样本条件下 logit 回归结果，第二列和第三列分别是子代为男性和女性的 logit 回归结果。

全样本条件下样本量为 1109，准 R^2 为 0.169，表明方程拟合优度良好，LR 统计量为 254.75，对应的 p 值为 0，表明 logit 回归所有系数的联合显著性良好。

从 logit 回归系数来看，父代多维贫困的系数为 1.852，表示父代陷入多维贫困会显著增加子代陷入多维贫困的概率。由系数换算为概率比来看，在给定其他条件不变的条件下，若父代陷入多维贫困，则子代发生多维贫困的概率比是其他家庭（父代为非多维贫困）的 6.374 倍。因此，在我国农村地区，父代是多维贫困的家庭，子代的多维贫困发生率更高。

表 4-8　我国农村多维贫困代际传递测算（报告回归系数）

变量	全样本	男性样本	女性样本
$poverty_f$	1.852** (0.143)	1.782*** (0.157)	2.250*** (0.370)
age_c	0.004 (0.019)	0.004 (0.023)	0.019* (0.047)
$education_f$	-0.023** (0.010)	-0.027** (0.011)	-0.006 (0.025)
$open_c$	-0.217*** (0.082)	-0.184** (0.081)	-0.887** (0.364)
$marriage_c$	0.133 (0.098)	-0.233 (0.77)	0.327** (0.145)
age_f	-0.022 (0.017)	-0.015* (0.020)	-0.030 (0.041)
$live_c$	-1.403** (0.679)	-0.487 (0.958)	-2.152* (1.198)
$nationality_c$	0.339* (0.227)	-0.235 (0.208)	-0.757 (0.625)
c	1.933* (1.030)	0.874 (1.316)	2.574 (2.322)
obs	1109	891	218
准 R^2	0.169	0.159	0.261
LR 统计量	254.75	193.29	77.22

注：* 代表 $p<0.1$，** 代表 $p<0.5$，*** 代表 $p<0.01$；上述结果由作者利用 Stata 软件测算。

子代年龄的回归系数为正，但是在统计上并不显著，表明在现有样本条件下，子代发生多维贫困的概率会随年龄增长而增加但统计上并不显著。父代受教育水平对子代陷入多维贫困概率的影响为负值，表明父代受教育水平会显著降低子代陷入多维贫困的概率。很可能的原因有：首先，受教育水平具有较高的代际传递性，尤其是我国农村贫困家庭的教育代际流动性下降显著（赵红霞，高培培，2017）①，教育的代际继承性提高，父代受教育程度的提高也会提高子代的受教育程度；其次，父代受教育程度在一定程度上代表着自身素质以及生活观念，父代自身素质的提高、生活观念的改善会有效改善子代的生活环境，包括对子代身体健康、教育投资、就业等问题的关注和指导，因此，父代受教育程度的提高会显著减小子代陷入多维贫困的概率。子代生活观念的系数显著为正，表明子代对新事物的接受程度越高，陷入多维贫困的概率越小。

就全样本来看，婚姻状况和父代年龄对个体陷入多维贫困的概率影响并不显著。而家庭结构的系数显著为负，表明家庭结构完整会显著降低子代多维贫困的发生概率。从几率比来看，双亲家庭的子代多维贫困发生概率比单亲或者孤儿的多维贫困发生概率要低 75.4%。民族项的系数为正，表明汉族的多维贫困发生率更高，很可能的原因是在样本中少数民族数量较少，只占全部样本的 15.11%。随着我国政府对少数民族聚居地区发展政策的倾斜，我国少数民族聚居地区的经济得到了较快的发展，少数民族群众的生产、生活状况得到了极大的改善；另外，随着人口流动的增加，我国越来越多的少数民族群众打破了聚居地的限制，流动到经济发展水平较高的地区，这也显著减少了多维贫困的发生率。

从子样本来看，男性、女性样本的父代多维贫困系数分别为 1.782 和 2.250，显著为正，这也更加证明了父代多维贫困会显著增加子代陷入多维贫困的概率。从系数来看，女性样本的父代多维贫困系数大于男性样本；从几率比来看，男性样本中，父代陷入多维贫困的家庭，其子代发生多维贫困的概率将是其他家庭的 5.945 倍；女性样本条件下，父代陷入多维贫困的家庭，子代的多维贫困发生概率将是父代未陷入多维贫困子代的 9.484 倍，因此，父代的多维贫困状态对女儿的影响显著大于儿子（如表 4－9 所示）。

① 赵红霞，高培培．子代教育对中国农村贫困代际传递的影响——基于 CHIP2013 的实证分析［J］．教育学术月刊，2017（12）：26－32.

表 4-9　　我国农村多维贫困代际传递测算（报告几率比）

变量	全样本	男性样本	女性样本
$poverty_f$	6.375***	5.945***	9.484***
age_c	1.004	1.004	1.020*
$education_f$	0.977**	0.974**	0.944
$open_c$	0.805***	0.832**	0.412**
$marriage_c$	1.142	0.793	1.386**
age_f	0.978	0.985	0.970
$live_c$	0.246**	0.614	0.116*
$nationality_c$	0.713*	0.790	0.469
c	6.911*	2.396	13.114
obs	1109	891	218
准 R^2	0.169	0.159	0.261
LR 统计量	254.75	193.29	77.22

注：* 代表 $p<0.1$，** 代表 $p<0.5$，*** 代表 $p<0.01$；上述结果由作者利用 Stata 软件测算。

父代的多维贫困状态对女儿的影响显著大于儿子的主要原因是：女性的多维贫困发生率以及贫困深度会显著大于男性，这会增加父代多维贫困对女儿的影响。在我国农村地区，特别是欠发达地区，受到家庭收入低下、“重男轻女”生活观念的影响，女性的受教育权利不被重视，因此受教育程度会明显低于男性；同时，在我国农村地区传统的男女分工体系下，女性的工作多偏重家庭照料，因此女性的劳动参与率也比较低；在就业质量方面，女性由于体力、时间、精力等多方面的限制，我国农村地区女性的就业多以手工、轻体力劳动为主，就业质量也得不到有效保障。因此，我国农村地区女性的多维贫困发生率会更高，而父代多维贫困对女儿多维贫困的影响更大，表现为父代对女儿教育投资偏少，这将影响女儿的择业和收入等，进而显著增加女性子代陷入多维贫困的概率。

男性样本的年龄对子代多维贫困的发生概率没有显著影响，而女性样本下，年龄对子代多维贫困的发生概率有显著的正向影响，表现为随着年龄的增长，女性在身体健康、劳动参与等方面都有了明显下降，因此多维贫困的发生概率更高。

父代受教育水平对男性子代（儿子）多维贫困的发生有显著的抑制作用，对女性子代（女儿）多维贫困的发生概率没有显著作用。这也从侧面验证了我国农村地区可能存在的性别歧视现象。

子代生活观念的改善对于降低自身的多维贫困发生概率有显著正向的影响，这对于男性和女性样本都同样适用。其中，女性个体的生活观念变化对自身的影响更大，因此，提高女性的受教育程度，提高女性对新事物的接受程度，更新生活观念对于减小女性的多维贫困发生率具有积极作用。

男性样本下，婚姻状态对子代多维贫困的发生概率影响不显著，但女性样本下，婚姻将会加剧女性的多维贫困发生概率，婚后女性的多维贫困发生概率是未婚女性的 1.386 倍。婚姻提高了女性多维贫困发生概率的主要原因在于：在传统的家庭分工模式下，女性在婚后会将更多的时间和精力投入家务劳动而不是工作中，加之我国农村地区就业岗位缺乏、女性就业面狭窄，女性婚后就业率的降低会显著增加其多维贫困发生概率；同时，女性在婚后会面临生育子女、照料老人等问题，随着年龄增长以及家务劳动量的增加，女性的身体健康状况也会出现下降，因此婚后女性的多维贫困的发生率更高。

父代年龄对男性样本多维贫困的发生概率具有显著的负向影响，对女性样本影响并不显著，可能的原因是，男性子代负有更多赡养父代的责任。家庭结构对女性样本多维贫困的发生概率显著为负，表明生活在双亲家庭的女性，其多维贫困发生率更低。

4.2.4　稳健性检验

为了验证上述实证结果的稳健性，本部分将利用转移矩阵和分位数回归分析两种方法对实证结果进行稳健性检验。

1. 转移矩阵

转移矩阵要求父代和子代多维贫困指数是离散的数据，本部分将在对父代以及子代的多维贫困综合指数分别排序的基础上，按照多维贫困综合指数的大小，将贫困指数分为Ⅰ～Ⅴ五大类别，其分类可表示为：

$$MP_i = \begin{cases} \text{I}, & \text{if} \quad 0 <= index_i <= 0.2 \\ \text{II}, & \text{if} \quad 0.2 < index_i <= 0.4 \\ \text{III}, & \text{if} \quad 0.4 < index_i <= 0.6 \\ \text{IV}, & \text{if} \quad 0.6 < index_i <= 0.8 \\ \text{V}, & \text{if} \quad 0.8 < index_i <= 1 \end{cases} \tag{4.8}$$

其中，类别越高，多维贫困指数越高，个体越贫困。

表4－10给出了多维贫困在代际之间的转移概率矩阵。纵轴为父代的多维贫困类别，横轴为子代的多维贫困类别，对角线上的概率值为父代与子代处于同类别贫困的概率。

由表4－10可知，对角线上的概率均值为0.41，表明子代与父代处于相同贫困状态的概率为41%；非对角线上的概率均值为0.16，表明多维贫困在代际之间存在流动的概率为16%；对角线上的值大于非对角线上的概率值，表明我国农村地区仍然存在较为明显的多维贫困代际传递现象。

具体来看，Ⅰ、Ⅲ、Ⅳ类对角线上的概率值分别为0.56、0.43以及0.46，表明该三类别的多维贫困代际继承度较高，父代若处于上述多维贫困区间，则子代陷入同类型贫困的概率将大大增加。Ⅱ、Ⅴ类多维贫困的代际继承度较低。

表4－10　　多维贫困代际转移概率矩阵

父代＼子代	Ⅰ	Ⅱ	Ⅲ	Ⅳ	Ⅴ
Ⅰ	0.56	0.17	0.18	0.08	0.00
Ⅱ	0.40	0.24	0.18	0.16	0.02
Ⅲ	0.16	0.20	0.43	0.21	0.01
Ⅳ	0.12	0.13	0.16	0.46	0.13
Ⅴ	0.02	0.07	0.13	0.42	0.36

注：由作者计算所得。

我国农村多维贫困在代际之间也存在部分流动现象，向下（低多维贫困指数）流动概率大于向上（高多维贫困指数）流动概率，流动质量较高，但以低距离流动为主。从表中看，对角线上方的概率均值为0.14，对角线下方的概率均值为0.18，对角线下方的概率值大于对角线上方的概率值，表明子代多维贫困向下转移的概率大于向上转移的概率，这也意味着子代的多维贫困状况相对父代有所缓解。同时，离对角线越远，概率值越小，说明在多维贫困代际转移过程中，子代多维贫困状态相对父代的流动距离较短，即子代的多维贫困状态与父代的多维贫困状态较为相似，这验证了我国农村地区存在的多维贫困代际传递现象。

2. 分位数回归

由于分位数回归对于误差项的分布要求相对较弱，其系数估计结果较为为稳健。因此，本部分引进分位数回归分析父代多维贫困状态对子代的影响。分位数回归结果呈现在表4－11中。本书分别给出了“1/10、3/10、5/10、7/10、9/10”分位数的回归结果，联合显著性F检验表明，父代多维贫困指数的系数在以上分位数上不完全相等。

从分位数回归结果来看，父代多维贫困综合指数的系数值显著为正，且均通过1%显著性水平检验，表明父代的多维贫困指数会正向影响子代的多维贫困指数，这也意味着我国农村地区存在较为明显的多维贫困代际传递现象。

表4－11　　分位数回归结果

变量	q10	q30	q50	q70	q90
$poverty_f$	0.443*** (0.076)	0.550*** (0.062)	0.699*** (0.059)	0.878*** (0.103)	0.669*** (0.062)
age_c	0.002 (0.004)	0.001 (0.003)	0.001 (0.001)	−0.001 (0.001)	−0.006*** (0.002)
$education_f$	−0.025 (0.002)	−0.003* (0.002)	−0.001 (0.001)	0.001 (0.001)	0.001 (0.002)
$open_c$	−0.094* (0.036)	−0.129*** (0.041)	−0.042 (0.030)	−0.014 (0.015)	−0.023** (0.011)
$marriage_c$	0.012 (0.023)	0.008 (0.017)	0.008 (0.009)	0.004 (0.009)	−0.006 (0.008)

续表

变量	q10	q30	q50	q70	q90
age_f	-0.007 ** (0.003)	-0.006 ** (0.003)	-0.001 (0.002)	0.001 (0.001)	0.007 *** (0.002)
$live_c$	-0.177 ** (0.073)	-0.053 (0.084)	-0.074 (0.048)	-0.042 (0.084)	-0.089 (0.055)
$nationality_c$	-0.009 (0.044)	-0.028 (0.025)	-0.007 (0.022)	-0.001 (0.022)	-0.052 (0.041)
c	0.501 *** (0.177)	0.541 *** (0.144)	0.266 *** (0.097)	0.090 (0.117)	0.262 ** (0.127)
准 R^2	0.162	0.211	0.206	0.196	0.214

注：* 代表 $p<0.1$，** 代表 $p<0.5$，*** 代表 $p<0.01$；上表由作者利用 Stata 软件计算所得。

图 4-3 给出了父代多维贫困项的系数随分位数变化的趋势。如图 4-3 所示，随着分位数的增加，多维贫困项的系数出现了先上升后下降的趋势，表明父代多维贫困状态对子代多维贫困条件分布两端的影响小于中间。这也意味着，父代若处于多维贫困状态之中，则会增加子代陷入中等强度多维贫困的概率，受剥夺程度较大或较小的子代反而受父代的影响较小。

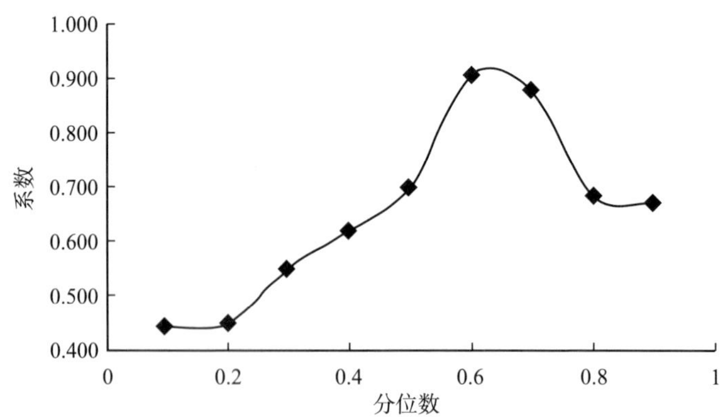

图 4-3　分位数回归系数变化趋势

注：本图所用数据由作者利用 Stata 软件计算所得。

4.3　本章小结

本章基于 CHNS 数据库，利用 A－F 多维贫困测度方法以及熵值赋权法构建了较为符合我国农村实际的个体多维贫困指标，分析了我国农村多维贫困动态演进趋势，并利用 logit 回归方法测算了我国农村多维贫困代际传递的现状，结论如下：

第一，整体来看，我国农村贫困人口在健康、医疗、教育、收入等维度的贫困发生率出现了明显下降趋势，而就业质量维度的贫困发生率则有轻微的上升趋势，表现为就业的不稳定。但是，相对而言，教育、健康、就业质量等维度的贫困发生率依然较高，是影响我国农村多维贫困的重中之重。

第二，我国农村多维贫困发生率在大多数临界值上发生了明显下降。相比父代，子代的多维贫困发生率和贫困深度在不同临界值、不同年份上都呈现出更低的趋势，这也证明了年龄对多维贫困的影响较大，中老年人更容易陷入多维贫困的陷阱，而年轻人则因为拥有更多的条件改善自身生活故多维贫困的发生率更低，也更容易走出多维贫困状态。

第三，从 logit 回归系数来看，父代多维贫困的系数为 1.852，表示父代陷入多维贫困会显著增加子代陷入多维贫困的概率。由系数换算为几率比来看，在给定其他条件不变的条件下，若父代陷入多维贫困，则子代发生多维贫困的几率比是其他家庭（父代为非多维贫困）的 6.374 倍。因此，在我国农村地区，父代是多维贫困的家庭，子代的多维贫困发生率更高。

第四，父代提高受教育水平、家庭结构完整会显著降低子代多维贫困发生概率；父代的多维贫困状态对女儿的影响显著大于儿子。

第五，利用多维贫困代际转移矩阵和分位数回归对实证结果进行了稳健性检验，检验结果十分稳健。稳健性检验进一步表明，我国农村存在较为明显的多维贫困代际传递现象，多维贫困在代际之间的流动性较差，流动质量较低，流动距离较短；父代多维贫困状态对子代多维贫困条件分布两端的影响小于中间，这也意味着，父代若处于多维贫困状态之中，则会增加子代陷入中等强度多维贫困的概率。

第 5 章　农村儿童多维贫困及其代际传递测算

2020 年，我国绝对贫困得以全部消除，儿童贫困及其受父代贫困状态影响的概率将大大降低。为进一步巩固脱贫攻坚成果，阻断相对贫困的代际传递，更好解决儿童相对贫困问题，为儿童的全面发展营造良好的环境，提高儿童的可持续发展能力，就要关注儿童相对贫困及其多维表现形式。

本书第 4 章主要分析了我国农村 16 岁以上成人①的多维贫困状况以及我国农村多维贫困代际传递的问题，而未将 16 岁以下儿童纳入研究当中，主要原因是：首先，儿童贫困的表现以及定义与成人存在诸多不同，联合国儿童基金会对贫困儿童的定义是“经历过生存、发展和成长所需要的物质、精神和情感资源的剥夺，而不能享受其权利，不能发挥其潜能或作为完整、平等的成员参与到社会中的儿童”。这就表明儿童贫困问题更为复杂，儿童个体的独立性较差，其生存和发展对外界环境的依赖性较大。因此，儿童这一群体更具脆弱性，对儿童贫困的独立考察则更具必要性。其次，鉴于儿童贫困的定义与成人存在明显不同，因此构建儿童多维贫困指标所需的具体指标与成人多维贫困所需指标也应该存在差异。最后，在中国健康与营养调查（CHNS）数据中，对 6 ~ 16 岁的儿童进行了单独的问卷调查，与儿童相关的人口学数据相对独立，具备对儿童多维贫困进行单独考察的条件。作为第 4 章研究的继续，本章将考察我国农村微观家庭的重要组成部分——儿童的多维贫困及其代际传递问题。

---

① 虽然我国《未成年人保护法》规定未成年人为 18 周岁以下的公民，但 CHNS 对 6 ~ 16 周岁的儿童进行了单独问卷调研。考虑到数据可得性以及与本书第 4 章相对应的问题，本部分将儿童年龄界定为 6 ~ 16 周岁。

5.1　儿童贫困问题概述

儿童由于相对缺乏独立生存能力而成为社会上脆弱性最强的群体，儿童贫困问题也因此具有明显的复杂性和长期性。儿童贫困是一个国家或地区贫困问题的集中体现，主要表现在：

第一，儿童贫困具有广泛存在性。儿童贫困的广泛性表现在即便在发达国家，儿童贫困问题也广泛存在。根据斯米丁（Smeeding，2016）① 的估算，2011 年，美国儿童贫困率高达 21%，加拿大儿童贫困率为 14%。发展中国家的儿童贫困问题更不容乐观，根据 2012 年联合国儿童基金会发布的指标，印度的儿童贫困发生率高达 62%。根据北京师范大学收入分配研究院和中国发展研究基金共同研究表明，2013 年我国大约有 16.7% 的儿童生活在相对贫困线以下，数量规模高达 4008 万人，其中，有 1080 万儿童处于绝对贫困状态②。

第二，儿童是国家的未来，是未来社会的主要建设者，儿童多维贫困在阻碍自我发展的同时，也降低了未来劳动力的素质和质量，直接影响我国的经济发展。哈里等（Harry et al.，2008）③ 估算了贫困儿童的犯罪概率以及身体健康状况对美国经济的影响，结果显示，美国贫困儿童会给美国带来约 5000 亿美元的损失，约占美国 GDP 总量的 4%。其中，儿童贫困会显著减少美国的经济产出，约占 GDP 的 1.3%，儿童贫困引发的犯罪会给美国带来 1.3% 的 GDP 损失，儿童贫困导致的健康支出增加以及人力资本健康价值的减小，可造成 1.2% 的 GDP 损失。

第三，儿童贫困是贫困代际传递的集中表现。相对于成人，儿童的自我发展能力较弱，儿童的成长和发展在很大程度上取决于微观家庭，生活较为富裕的家庭会拥有更多的生活资料，儿童的成长问题也会得到更好的关注，因而儿童陷入贫困的概率较低；低收入家庭的收

① Smeeding T，Thévenot，Céline. Addressing Child Poverty：How Does the United States Compare With Other Nations? [J]. Academic Pediatrics，2016，16（3）：67 – 75.

② 参见 http：//china. caixin. com/2015 – 10 – 26/100866668. html.

③ Harry J. Holzer，Diane Whitmore Schanzenbach，Greg J. Duncan，Jens Ludwig. The economic costs of childhood poverty in the United States [J]. Journal of Children and Poverty，2008，14（1）.

入和消费水平偏低，儿童的营养摄入、身体健康不能得到完全的保障，同时低收入家庭的教育观念淡薄，更容易忽视儿童成长过程中的教育问题。因此，可以说微观家庭中父代的贫困状态将直接影响儿童，儿童贫困是贫困代际传递最重要也是最明显的表现。拉克和罗伯特（Rucker and Robert，2011）① 的研究表明父代的贫困状态会影响子代的健康、教育机会获得，并进一步影响子代成年后的经济状况，而子代的贫困状态又会影响下一代的成长，进而造成贫困的劣势在代际之间的循环和累积。

第四，儿童贫困具有长远影响性。对儿童多维贫困研究的必要性和紧迫性不仅表现在儿童贫困表现的复杂性，还表现在儿童贫困的长期影响性。对个体发展来讲，儿童时期是个体身体发育、认知形成、性格养成的关键时期，儿童时期的成长经历将奠基个体一生的发展。因此，儿童时期的贫困经历不仅会影响个体的身心健康，也可能引发个体成年后的社会表现。例如，个体在儿童时期的营养摄入不足可能会导致个体发育不完全，进而引发继发性疾病，甚至导致残疾；儿童受教育不足会阻碍个体技能获取，影响自身就业和收入，进而导致成年阶段的持续贫困。恩格尔（Engle，2008）② 认为贫困会影响儿童的教育获得，身体健康状况以及行为表现，进而影响成年后的收入（Ducan，2010；宋扬，刘建宏，2019）③④。

综上所述，从微观个体来讲，儿童贫困经历短期内会影响儿童个体的身心健康，从长期来看，儿童的贫困经历会影响个体的教育获得进而影响个体的就业技能获取和收入；在宏观层面上，儿童贫困可能会在一定程度上影响国家人力资本质量，提高国家的医疗、社会治理成本，进而影响国家的经济发展。因此，对儿童贫困问题的研究对于缓解儿童贫

① Rucker C Johnson，Robert F Schoeni. The Influence of Early – Life Events on Human Capital，Health Status，and Labor Market Outcomes Over the Life Course [J]. The B. E. Journal of Economic Analysis & Policy，2011，11 (3).

② Engle Patrice L，Black Maureen M. The effect of poverty on child development and educational outcomes. [J]. New York Academy of Sciences. Annals，2008，1136.

③ Duncan Greg J，Ziol – Guest Kathleen M，Kalil Ariel. Early – childhood poverty and adult attainment，behavior，and health [J]. Child Development，2010，81 (1).

④ 宋扬，刘建宏. 儿童时期多维贫困的长期影响——基于 CHARLS 生命历程数据的实证分析 [J]. 中国人民大学学报，2019，33 (03)：72 –85.

困问题、提高国家人力资本质量进而促进我国的经济发展具有重要意义。本部分将构建儿童多维贫困指标实证考察我国农村地区儿童的相对贫困状况及其受父代相对贫困状态的影响程度。

5.2　我国农村儿童多维贫困的现状分析

儿童是微观家庭的重要组成部分，其吃穿用度、生活环境均来自父代，学界对儿童贫困的最早描述来自家庭收入或消费，但是家庭收入或者消费只能反映家庭的整体收入和消费水平，并不能很好地反映儿童福利，因此以单一的家庭收入和消费并不能很好地描述儿童的贫困状况（Dieden and Gustafsson）①，也不能充分考虑儿童全面发展所需的各种保障。在我国农村地区，不安全的饮用水、不甚完善的卫生设施、能源获得以及能源使用方面的贫困正在威胁着我国农村贫困地区的儿童健康（王小林、尚晓援，2011）②。冯贺霞等（2017）③ 的研究表明贫困地区儿童正在经历着收入贫困之外的多维度贫困，在我国集中连片特困地区，72.03%的儿童正在使用卫生条件极差的无冲水厕所，经历过校园暴力的儿童高达36.21%。儿童贫困就是对儿童可行能力的扼制（王小林、尚晓援，2011）④，由于儿童群体的脆弱性，与成人相比，儿童的贫困表现为更多维度可行能力的扼制，因此，在考察儿童贫困问题时，更应该构建个体的多维度贫困指标，以更好的分析、解决儿童的多维贫困问题，进而保障儿童的全面发展。本部分沿用第4章所采用的A－F方法构建我国农村贫困儿童的多维贫困指标。本部分将以CHNS数据库提供的儿童数据为基础，对我国农村地区的儿童多维贫困现状做出统计性描述。

① Dieden S，Gustafsson B. Child poverty in South Africa：an assessment based on microdata for 1995［J］. International Journal of Social Welfare，2010，12（4）：326－338.

②④ 王小林，尚晓援．论中国儿童生存、健康和发展权的保障——基于对中国五省（区）的调查［J］. 人民论坛，2011（14）：120－123.

③ 冯贺霞，高睿，韦轲．贫困地区儿童多维贫困分析——以内蒙古、新疆、甘肃、广西、四川五省区为例［J］. 山西农业大学学报（社会科学版），2017，16（06）：42－48.

5.2.1 儿童多维贫困指标构建

根据联合国儿童基金会对儿童多维贫困的界定，儿童多维贫困的评价指标包括儿童享有的基本权利、充分的营养摄入、安全健康的生活环境以及信息的可获得性，本部分将从以上四个方面构建我国农村儿童多维贫困指数，具体指标如表5-1所示。

表5-1　儿童多维贫困维度、指标及其判定标准

维度	指标	赋值	判定标准
教育	受教育年限	1/5	适龄儿童未入学的视为贫困；未完成九年义务教育的视为贫困
健康	BMI 指数	1/5	BMI 指数超过本年龄段正常范围的视为贫困
医疗	是否有医疗保险	1/5	没有医疗保险视为贫困
生活环境	家庭饮用水来源	1/20	饮用水是未经处理的不安全用水视为贫困；家庭未通电或能源结构以柴火为主的视为贫困；家庭周围动物粪便较多的视为贫困
	家庭能源结构	1/20	
	是否通电	1/20	
	家庭卫生状况	1/20	
信息可得性	家庭电视机数量	1/5	家庭中没有正常运转的电视机视为贫困

表5-1呈现了儿童多维贫困维度、指标以及贫困判定标准。在教育维度上，6岁以上儿童未按规定入学或未完成九年义务教育辍学的视为贫困。在健康维度上，本书计算了所有儿童的BMI指数，并根据2014年《国家学生体质健康标准》① 来确定各年龄段儿童的正常BMI指数范围；没有医疗保险表明儿童的医疗状况没有得到好的保障，视为贫困。

生活环境维度上，本部分引入了四个具体指标（家庭饮用水来源、家庭能源结构、家庭是否通电、家庭卫生状况）。其中，饮用水源为经过消毒处理的自来水，则为非贫困，其他视为贫困；家庭照明工具不是电灯的视为贫困；家庭做饭燃料主要为煤、电、液化气、天然气视为非

① 2014年《国家学生体质健康标准》来源于国家学生体质健康（http：//www.csh.edu.cn/wtzx/index.html），该标准规定了不同年龄段、不同性别的儿童BMI指数标准值。

贫困，家庭做饭燃料主要为木柴、柴草以及木炭的视为贫困；CHNS 调查问卷中给出了调查员视角下居室周围卫生状况，由于动物粪便中会有大量的致病菌、寄生虫和病毒，是诸多疾病的来源，根据居室周围是否有明显的粪便来判定家庭卫生状况，若家庭居室周围有明显的粪便，则表明该家庭卫生状况较差，视为贫困，反之则为非贫困。

电视机是儿童能较早接触到的媒体传播媒介之一，在贫困的农村地区，看电视也是儿童了解外面世界的重要手段。因此，本书以家庭是否拥有可正常使用的电视来衡量儿童的信息可得性。

5.2.2　儿童多维贫困的统计性描述

1. 教育维度

图 5 -1 给出了不同调查年份我国农村适龄儿童的辍学率。如图 5 -1 所示，在调查年份跨度期内（1989 ~2015），我国农村儿童九年义务教育辍学率下降趋势明显，年均下降率高达 25.55%。虽然我国农村九年义务教育辍学率出现了明显下降，但是我国人口体量巨大，1% 左右的适龄儿童辍学率意味着我国农村仍有较大数量的儿童未完成九年义务教育。另外，从教育的回报率来看，由于九年义务教育只提供基础性教育，仅完成九年义务教育的个体在就业市场中并不占优势。因此，仅完成九年义务教育不能很好地起到助力就业、增加收入以及缓解贫困的作用。

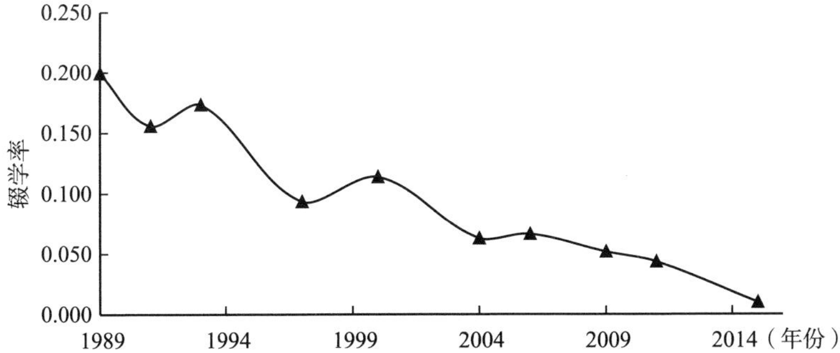

图 5 -1　1989 ~2014 年我国农村儿童九年义务教育辍学率

资料来源：CHNS 数据库。

2. 医疗健康维度

图5－2显示了我国农村地区儿童医疗健康维度的贫困状况。根据个体BMI指数计算以及不同年龄段适用值确定个体是否处于健康状态。如图5－2所示，在样本考察期内，我国农村儿童健康维度的贫困发生率居高不下，2015年，BMI值不在正常值范围的儿童占比仍为20%左右，表明健康维度的贫困是儿童多维贫困的重要表现之一。但应注意的是，近年来，儿童肥胖以及过度肥胖的占比越来越高。从严格意义上来讲，肥胖与贫困、营养摄入不足引发的过度瘦弱背道而驰，但是从诱发儿童过度肥胖的原因上讲，儿童过度肥胖可能是由营养摄入不均衡、病理性原因以及运动不足等因素引发；从结果上看，儿童过度肥胖将严重影响儿童的身体健康。因此，儿童过度肥胖也是健康维度剥夺的重要表现之一。

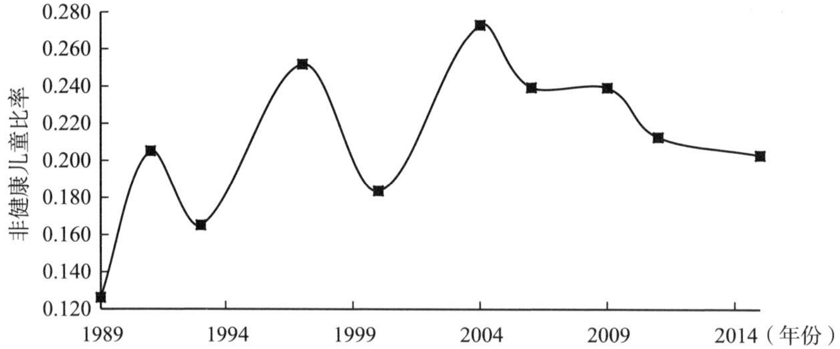

图5－2　1989～2014年我国农村地区儿童健康维度贫困占比

资料来源：CHNS数据库。

图5－3则描述了我国农村地区没有医疗保险保障的儿童占比随时间变动的趋势。从下图可以看出，2004年之前，我国农村儿童医疗保险的占比低于20%，没有医疗保险保障的儿童占比稳定在80%左右。得益于2003年我国农村医疗保险制度的实行，2004年，我国农村地区儿童医疗保险覆盖率呈现直线式上升。这表明，我国农村医疗保障制度的推行卓有成效。同时，我们也应该看到，2009年以后，我国农村地区无保险儿童占比进入了稳定时期，仍有5%～10%的农村儿童不能享受到医疗保险的保障。农村医疗保险是我国农村社会保障的重要组成部

分，是有效减少农村家庭因病致贫的重要手段之一。儿童是家庭成员中最为脆弱的存在，更容易受到疾病的侵袭，因此，农村家庭中儿童缺乏医疗保险会提高家庭因病致贫的概率。

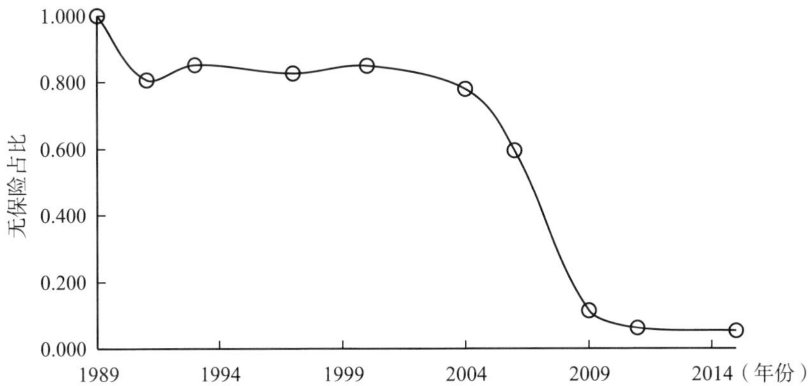

图 5 - 3　1989 ~ 2014 年我国农村地区无保险儿童占比

资料来源：CHNS 数据库。

3. 生活环境维度

图 5 - 4 给出了我国农村家庭生活状况分析，图中四条曲线分别代表了农村非清洁用水、非用电照明、使用非清洁能源以及环境不卫生的家庭占比。由图 5 - 4 的整体走势来看，随着时间的演进，我国农村家庭卫生条件有了明显提高，我国农村家庭生活环境有了明显改善。具体来看，不清洁用水问题在农村地区较为普遍。20 世纪 90 年代初，我国农村地区饮用水源中一半以上为未经处理的非清洁水，随着我国农村地区自来水安装率的提高，农民清洁用水率出现了明显上升。然而，2015 年我国农村地区非清洁水用户占比依然高达 20%。需要注意的是，近些年来，随着我国农村地区农业生产、生活垃圾的增加，我国农村地区的地下水正在遭受不同程度的污染，长期饮用非清洁水会影响农民的身体健康，更会影响到儿童的身体发育。

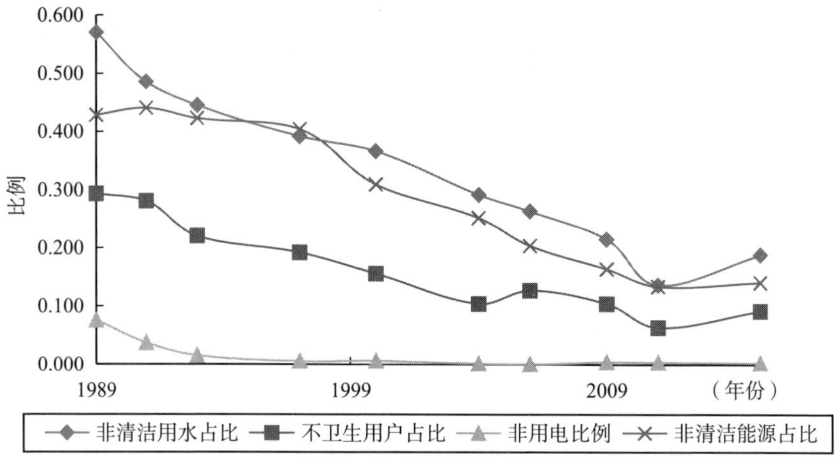

图 5－4　1989～2009 年我国农村家庭生活环境状况分析

资料来源：CHNS 数据库。

由图 5－4 可知，我国农村家庭通电比例较高，2015 年，我国大部分农村地区完成通电。我国农村地区能源利用状况也不容乐观，虽然非清洁能源用户占比在样本考察期内也呈现出下降趋势，但就最新的统计数据来看，我国农村地区非清洁能源用户占比依然高达 15% 左右。

从农村家庭卫生状况来看，1989 年，我国农村居住地周围有明显粪便的农户占比高达 30%，这表明 20 世纪 90 年代我国农村居民的卫生意识较差。随着农村居民素质的提高，人们的卫生健康常识也在增加，农村居民户的卫生状况也有了明显改善。2015 年，卫生状况较差的农村居民户占比有了明显下降，达到 10%。但是，根据 2017 年国家旅游局发布的《厕所革命推进报告》显示，中国农村地区大部分传染病由粪便污染和饮水不卫生引起。因此，农村家庭周围的粪便污染是影响儿童身体健康的重要因素之一。

4. 信息获得维度

电视机是农村地区特别是低收入家庭儿童获得信息的重要媒介之一，也是我国农村家庭的基本电器之一。本部分以家庭是否有可正常运转的电视机为代理变量，测度了农村家庭儿童信息获得维度的被剥夺状况。整体而言，2000 年以后我国农村家庭的电视机拥有率一直保持在较高水平，同时也呈现不断上升的态势。从该角度看，我国农村家庭儿童在信息获得方面的贫困状况相对其他维度较低（见表5-2）。

表5-2　农村儿童信息获得维度的贫困状况

年份	样本总量（户）	无电视机的样本量	占比（%）
2000	6573	142	2.11
2004	4800	78	1.60
2006	3946	45	1.13
2009	3825	17	0.44
2011	4888	28	0.57
2015	5082	132	2.53

资料来源：CHNS数据库。

综上所述，随着我国农村经济社会的发展，儿童的整体生活环境出现了较为明显的改善。但是，我国农村家庭儿童在多个维度存在着不同程度的贫困，尤其是在教育、身体健康以及生活环境方面。

5.3　我国农村儿童多维贫困代际传递测算

本节将利用A-F多维贫困测度方法测度儿童多维贫困指数，并在此基础上对我国农村儿童多维贫困代际传递问题进行实证分析。

5.3.1　测算方法

A-F多维贫困测度：

第一步，要建立多维贫困指标，首先要建立单维贫困指标构成的矩阵。假设存在m个单维贫困指标X_1，X_2，…，X_m构成的矩阵$X=(x_{ij})_{n\times m}$，其中$i=1$，2，…，n；$j=1$，2，…，m。

第二步，在每个维度j上确定一个或者多个剥夺临界值，本书默认一个临界值d_j，则可定义剥夺行向量为$d=(d_1, d_2, \cdots, d_m)$，若样本$x_{ij}$超过临界值$d_j$，则样本$X_i$则被认为是在维度j上受到剥夺，默认取值为1，反之，则为0。由此建立取值为0-1的全新矩阵$Y=(y_{ij})_{n\times m}$。

第三步，对m个单维贫困指标赋予权重，计算样本的多维贫困指数。本书利用熵权法对不同贫困维度进行赋权，设 j 维贫困指标的权重为 $W_j(j=1, 2, \cdots, m)$，则样本 i 的多维贫困指标为：

$$MP_i = \sum_{j=1}^{m} y_{ij} W_j \tag{5.1}$$

5.3.2 测算结果分析

本部分利用 A－F 多维贫困测度方法测度了我国农村地区儿童多维贫困指数，并分别利用分位数回归模型以及 Probit 模型测算了我国农村家庭父代多维贫困对子代多维贫困的影响，测算结果如表 5－3 所示。q30、q50、q70 和 q90 分别表示 3/10、1/2、7/10 和 9/10 分位的回归结果，最后一列为基于全样本的 OLS 回归结果。

表 5－3　我国农村儿童多维贫困代际传递的分位数回归结果

变量	q30	q50	q70	q90	总样本
mp_f	0.1193 *** (0.0160)	0.3422 *** (0.0273)	0.1573 *** (0.0312)	0.3235 *** (0.0371)	0.2155 *** (0.0212)
edu_c	－0.0043 ** (0.0020)	－0.0119 *** (0.0018)	－0.0061 *** (0.0020)	－0.0118 *** (0.0031)	－0.0095 *** (0.0014)
$gender_c$	－0.0037 (0.0043)	－0.0065 (0.0090)	0.0013 (0.0070)	0.0109 (0.0134)	0.0001 (0.0063)
$nationality_c$	－0.0011 ** (0.0005)	－0.0037 *** (0.0008)	－0.0036 *** (0.0011)	－0.0010 (0.0023)	0.0332 *** (0.0086)
age_c	0.0083 ** (0.0032)	0.0219 *** (0.0034)	0.0125 *** (0.0038)	0.0245 *** (0.0011)	0.0197 *** (0.0024)
edu_f	－0.0005 (0.0006)	－0.0006 (0.0009)	－0.0011 (0.0007)	－0.0019 * (0.0011)	－0.0012 ** (0.0005)
c	－0.0014 (0.0194)	0.0117 (0.0395)	0.1663 *** (0.0305)	0.1980 *** (0.0470)	0.0187 (0.0234)

注：* 代表 $p<0.1$，** 代表 $p<0.5$，*** 代表 $p<0.01$；上述结果由作者利用 Stata 软件测算。

如表5-3所示，父代多维贫困指数的系数为0.2155，且通过了1%显著性水平检验。系数为正，表明父代多维贫困指数会正向影响儿童多维贫困指数，父代多维贫困指数增加1个单位，儿童多维贫困指数增加0.2155，表明在儿童视角下，我国农村地区存在着明显的多维贫困代际传递现象。

子代受教育程度的系数为-0.0095，且通过1%显著性水平检验，系数为负数表明子代受教育水平的增加会有效缓解自身的多维贫困状况。首先表现为受教育水平的提高会减小个体教育贫困的发生概率；其次，儿童受教育水平的提高，也会提高自身的卫生、健康意识，在一定程度上减少自身在生活环境、健康等维度的贫困发生概率。父代教育水平的系数为-0.0012，且通过5%显著性水平检验，表明父代受教育水平的提高会显著降低子代多维贫困指数。父代受教育水平的提高会促使其教育观念、教育方式的更新，也会提高自身的卫生、健康意识，使得父代更加注重对子代的培养教育以及家庭照料，进而减少儿童发生多维贫困的概率，减少多维贫困指数。

性别这一变量的系数较小，且未通过统计性检验，表明儿童多维贫困指数大小在性别之间不存在明显差异。民族属性的系数为正，且通过1%显著性水平检验，表明汉族群众的平均多维贫困指数要大于少数民族群众，这一结论与学界部分研究结论相悖。有研究表明少数民族聚居地区由于地理位置等因素，贫困发生率更高，其可能的原因在于本书所用样本内汉族人数较多，少数民族样本量较少。子代年龄的系数为正，且通过1%显著性水平检验，表明儿童的年龄在一定范围内（6~18岁）越大，儿童的多维贫困指数越高，最可能的原因是儿童未完成义务教育、辍学率提高。

由分位数回归结果来看，不管在哪一分位上，父代多维贫困指数的系数均为正数，且通过了1%显著性水平检验，表明父代多维贫困指数会正向影响儿童的多维贫困指数，父代的多维贫困状态会加剧儿童的多维贫困程度。1/2分位上，父代多维贫困指数的系数最高，为0.3422，表明子代的多维贫困指数处于中间位置时，父代的多维贫困指数对子代影响最大。

子代受教育水平在所有分位上的系数值均为负数，且通过了1%显著性水平检验，表明子代受教育水平的增加将明显减小儿童的多维贫困指数。性别变量在 3/10、1/2 分位的系数为负，在 7/10 和 9/10 分位的系数为正，表明儿童的多维贫困指数较小时，多维贫困指数会存在性别差异，且女孩的平均多维贫困指数要大于男孩；当多维贫困指数偏高时，多维贫困指数不存在明显的性别差异。在样本考察期内，儿童多维贫困指数随年龄增长而增长。父代教育水平的系数在低分位上统计上不显著，在高分位上较为显著。

5.4 我国农村留守儿童多维贫困代际传递测算

在我国农村剩余劳动力大规模流动的大背景下，农村地区出现了大量“留守儿童”。相较于非留守儿童，留守儿童的多维贫困指数可能更高。本节将对留守儿童多维贫困代际传递的程度进行测度，并将对比分析留守与非留守儿童多维贫困代际传递现象的差异。

5.4.1 我国农村留守儿童情况简介

留守儿童是伴随我国农村大规模人口外流而形成的。留守儿童泛指这样一个弱势群体：父母双方或单方长时间外出务工，无法与父母一起正常生活、不能正常接受父母监护的农村户籍未成年人（不满十六周岁）。在我国，由于人口基数较大，农村留守儿童也有着较为庞大的群体。《中国农村教育发展报告 2019》显示，虽然我国的留守儿童数量在逐年降低，但是截至 2017 年底，我国农村留守儿童依然高达 1559.56 万人。

与普通儿童相比，留守儿童的标签众多。其中，最为明显的是，由于父母监护、教育职责的缺失，留守儿童无法获得父母在生活上的照料，父母也不能及时对留守儿童进行思想认识和价值观念上的引导。相比普通的农村儿童，留守儿童在身、心健康，教育、医疗等方面都具有一定劣势。因此，留守儿童在多维贫困发生率以及发生深度上可能会更高。

5.4.2　留守儿童与非留守儿童多维贫困代际传递的对比分析

CHNS 调查问卷中有“父母是否在家里住”这一问题，本书根据对这一问题的回答识别是否为留守儿童。表5-4给出了基于留守儿童和非留守儿童不同样本的多维贫困代际测算对比结果。表中第二列为留守儿童多维贫困代际传递测算结果，第三列为非留守儿童多维贫困代际传递测算结果。对比来看，留守儿童父代多维贫困指数的系数为0.2757，非留守儿童父代多维贫困的系数为0.2062，表明留守儿童更容易受到父代贫困状态的影响，父代的多维贫困状态会加剧留守儿童的多维贫困程度。

从儿童受教育程度来看，留守儿童受教育程度的系数绝对值大于非留守儿童，说明留守儿童受教育程度越高，自身的独立性越强，对自身多维贫困的缓解作用越大。性别差异对留守儿童多维贫困指数的影响，统计上并不显著。

表5-4　　留守儿童与非留守儿童多维贫困代际传递对比

变量	留守儿童	非留守儿童
mp_f	0.2757*** (0.0842)	0.2062*** (0.0220)
edu_c	-0.0098** (0.0045)	-0.0095*** (0.0015)
$gender_c$	0.0011 (0.0226)	-0.0013 (0.0066)
$nationality_c$	0.0047* (0.0027)	-0.0034*** (0.0009)
age_c	0.0224*** (0.0082)	0.0195*** (0.0025)
edu_f	0.0024 (0.0016)	-0.0017*** (0.0006)

续表

变量	留守儿童	非留守儿童
c	-0.1068 (0.0747)	0.0743*** (0.0243)
样本量	155	1934
调整 R^2	0.0935	0.1267

注：* 代表 p<0.1，** 代表 p<0.5，*** 代表 p<0.01；上述结果由作者利用 Stata 软件测算。

值得注意的是，民族这一变量的系数在留守儿童和非留守儿童之间产生了明显差异，并分别通过了10%以及5%显著性水平检验。留守儿童回归方程中，民族这一变量的系数为0.0047，表明汉族留守儿童的多维贫困指数要大于少数民族留守儿童；而非留守儿童回归结果中，民族这一变量的系数为负，表明非留守儿童视角下，少数民族儿童的多维贫困指数要小于汉族儿童。年龄的系数均为正，表明儿童年龄越大，多维贫困指数反而越大，留守儿童教育程度项的系数要大于非留守儿童，其可能的原因是留守儿童的辍学率更高。父代受教育水平对留守儿童多维贫困指数的影响不明显，可能的原因是留守儿童父母的学历普遍偏低。

5.5 本章小结

为弥补第4章在样本选取上的问题，且考虑到儿童多维贫困的表现以及定义具有诸多特殊性，本章考察了我国农村地区儿童多维贫困及其代际传递问题。儿童贫困是一个国家或一个地区贫困问题的集中体现，具有明显的复杂性和长期性，因此对儿童相对贫困问题的研究更具必要性。

样本数据分析表明，随着我国经济社会的发展，农村儿童在教育、健康、医疗、生活环境以及信息获得等多个方面都有了较大的改善，但是我国农村家庭儿童在多个维度仍然存在着不同程度的贫困。例如，仍有部分适龄儿童未完成九年义务教育，非清洁饮用水、家庭卫生状况较差以及非清洁能源结构都在不断影响儿童的身体健康，而农村部分家庭的儿童还未得到充分的医疗保险保障。

分位数回归的实证结果表明：不管在哪一分位上，父代多维贫困指数的系数均为正数，且通过了 1% 显著性水平检验，表明父代多维贫困指数会正向影响儿童的多维贫困指数，父代的多维贫困状态会加剧儿童的多维贫困程度。从儿童多维贫困视角来看，我国农村地区存在着明显的多维贫困代际传递现象。子代受教育水平的增加会有效缓解自身的多维贫困状态。儿童的年龄越大，儿童的多维贫困指数越高，最可能的原因是儿童未完成义务教育、辍学率偏高。父代受教育水平的提高会显著降低子代多维贫困指数。父代受教育水平的提高会促使其教育观念、教育方式的更新，也会提高个体的卫生、健康意识，使得父代更加注重对子代的培养教育以及家庭照料，进而降低儿童的多维贫困指数。

相比非留守儿童，留守儿童的多维贫困发生概率更高，而且留守儿童的多维贫困指数受父代影响更大，表明留守儿童的多维贫困代际传递现象更明显。

第 6 章　我国农村多维贫困代际传递的环境和制度因素分析

2020 年，我国的脱贫攻坚事业取得了圆满成功，消除了绝对贫困和区域性贫困问题，创造了人类减贫史上的奇迹。本章的主要内容是理论分析导致我国农村多维贫困代际传递的因素，为进一步巩固脱贫攻坚成果、更好解决相对贫困奠定基础。

正如第 4 章、第 5 章内容所示，我国农村地区存在着较为明显的多维贫困代际传递现象，多维贫困的代际传递有着深远的历史原因，也有着深刻的现实因素影响。多维贫困代际传递有两个层面的含义：首先有父代与子代皆处于多维贫困的含义，其次是父代多维贫困对子代多维贫困的影响。对于多维贫困代际传递机制的分析，既是考察子代的致贫原因，也是考察父代的多维贫困状态通过何种途径导致了子代的多维贫困。因此，多维贫困代际传递的背后机制既有社会性、宏观性因素，又有地区性、中观性因素，也有存在于家庭内部的微观性因素。总之，多维贫困代际传递是多种因素相互作用的结果。

多维贫困代际传递不仅指父代的贫困境遇在子代身上重演，也指父代的致贫因素导致了子代多维贫困的发生。从致贫因素的角度来看，环境因素、制度因素在短时间内很难改变，很可能成为影响多维贫困代际传递的重要原因。

6.1　环境因素

环境因素分为自然环境和社会环境两种，人类的生产生活既受自然环境的制约，也受社会环境的影响。

6.1.1 自然环境恶劣

地理位置决定了地区的资源禀赋和自然环境，而资源禀赋和自然环境则是影响人类生产生活的重要因素。正如恩格斯在《自然辩证法》中提出："劳动和自然界在一起才是一切财富的源泉，自然界为劳动提供材料，劳动把材料转变为财富。"① 区域性深度贫困一般与当地恶劣的自然环境和社会环境息息相关。地理位置偏远、地域闭塞、土地贫瘠、生态恶化、资源匮乏是引发地区性贫困的重要原因。地理环境因素作为一种致贫因素，很可能在代际之间进行传递，导致贫困的代际传递。以深度欠发达地区②为例，深度欠发达地区涵盖了全国 11 个山区连片特困地区，"西南缺土，西北缺水，青藏高原缺积温"③，资源缺乏、自然灾害频发导致生产发展组织困难。因此，居住在该地区的人民群众很难通过发展生产脱贫，而自然环境的相对稳定性也导致了欠发达地区长期贫困的特性。

为助力生存环境差、不具备基本发展条件，以及生态环境脆弱等地区的易返贫致贫人口脱贫，我国政府创造性的采用了异地扶贫搬迁措施，将自然环境较差的易返贫致贫人口搬迁到自然环境相对优越的地区，并通过逐步改善安置区的生产生活条件，发展地区生产，拓展增收渠道，成功摆脱了自然环境因素对易返贫致贫人口的发展制约，帮助易返贫制贫人口逐步脱贫致富。

6.1.2 社会公共服务不完善

基础设施和社会公共服务的不完善和缺失往往是导致地区经济发展落后的重要原因之一，也是重要的致贫原因。近年来，我国十分注重农

① 马克思，恩格斯．马克思恩格斯全集（第 3 卷）［M］．北京：人民出版社，1995：508.

② 深度贫困地区涵盖了六盘山区、秦巴山区、武陵山区、乌蒙山区、滇桂黔石漠化区、滇西边境山区、大兴安岭南麓山区、燕山 - 太行山区、吕梁山区、大别山区、罗霄山区等全国 11 个山区连片特困地区．

③ 习近平在深度贫困地区脱贫攻坚座谈会上的讲话：https：//www. sohu. com/a/168773781_118392.

村的基础设施建设工作，特别是“十一五”“十二五”“十三五”时期，我国农村基础设施建设取得了很大进步，但是仍然存在部分问题，例如欠发达地区的道路建设还需进一步推进。恶劣的自然环境往往是欠发达地区基础设施落后的重要成因，至2015年底，我国欠发达地区仍有400多个乡镇、3.9万个行政村还没有硬化公路，其主要原因在于山区较多，崎岖不平，对道路建设的技术要求高、资金需求较大；自然灾害频发也对欠发达地区的公路建设、养护和管理提出了不小的挑战（邹蕴涵，2018）[①]。除此之外，欠发达地区用电困难、用电成本高，集中供水困难以及流通设施建设滞后等问题都严重阻碍了当地的经济发展，同时也阻碍了易返贫致贫人口的内生发展能力。表6－1给出了2012～2017年扶贫重点县部分农村基础设施和公共服务情况，从表中可以看出，我国的贫困县基础设施建设在部分方面有了很大进步，如贫困户用电以及自然村道路硬化方面，但是贫困户的对外交通以及管道供水状况还有待进一步改善。

表6－1　2012～2017年扶贫重点县部分农村基础设施和公共服务情况

单位：%

项目	2013年	2014年	2015年	2016年	2017年
使用照明电用户占比	99.2	99.5	99.8	99.2	98.8
独用厕所的农户占比	92.3	93.2	93.7	94.2	94.5
饮水无困难的农户占比	80.4	82.3	85.2	87.8	89.1
使用管道供水用户占比	53.1	55.5	61.2	67.4	70.1
自然村道路硬化的用户比重	88.6	90.5	93.4	95.7	96.2
自然村通公共汽车的农户占比	56.1	58.3	61.2	64.5	67.5

资料来源：《中国农村贫困监测报告2018》。

社会环境除了社会设施建设等状况外，还包括社会文化性因素，长期处于贫困状态的部分地区会形成较为稳定的社会文化，并持续影响低

① 邹蕴涵．我国农村基础设施建设现状及存在的主要问题［J］．财经界（学术版），2018（01）：3－5.

收入人口的生产和生活，因此，社会文化性因素是分析社会环境的重要一环。本书将在下一章就社会文化性因素进行系统阐述，本部分不再赘述。

6.2 制度体制性因素

韩春（2010）[①] 认为制度体制性因素在一定程度上可以看作是影响我国农民贫困代际传递的决定性因素。在不同的历史发展阶段，为了解决当时的主要矛盾，推动我国经济社会的良好运行，我国不断推行了多种社会制度。诸多制度在设计之初对我国的经济发展作出了巨大贡献，但随着经济社会发展也呈现出了部分弊端，例如我国的户籍制度、土地制度。部分制度虽然目标明确、设计合理，但在具体推行实施中，由于存在地区差异明显、社会环境复杂多变等因素，制度推行效果不佳，例如教育制度、社会保障制度等。

6.2.1 户籍制度改革较缓慢

我国近60年来实行的户籍管制是造成我国城乡二元结构的重要因素，也是导致我国农村地区长期发展落后的制度因素之一。新中国成立后，为应对城镇和工矿区人口增加带来的商品农产品需求大量增加的问题，我国建立了对农产品的统购统销制度。1951～1954年，我国逐步施行了对棉纱、粮食、植物油料以及棉花、棉布的统购，同时也建立了对城镇和工矿区定量配给的制度（叶兴庆，徐小青，2014a）[②]。城镇稳定的棉粮油供应方式引发了城乡福利差距，加之政府政策性因素以及大规模经济建设对劳动力的需求（赵入坤，2015a）[③]，导致了农村劳动力向城市的“盲目流动”。由于社会人口的大规模盲目流动对社会经济发

① 韩春．中国农村贫困代际传递问题根源探究［J］．经济研究导刊，2010（16）：46－48.

② 国务院发展研究中心农村部课题组，叶兴庆，徐小青．从城乡二元到城乡一体——我国城乡二元体制的突出矛盾与未来走向［J］．管理世界，2014（09）：1－12.

③ 赵入坤．20世纪五六十年代之交的人口流动与管理［J］．当代中国史研究，2015，22（02）：47－57＋126.

展造成的成本较大，我国政府于1953年开始对盲目流动人口进行管制。1953年的《关于劝阻农民盲目流入城市的指示》明确规定了对农村招工的限制。1954～1957年，政府多个部门发布多次文件重申防止农村人口盲目流动。自20世纪60年代开始，我国城市经济发展遭遇严重挫折，城市对农村流动人口的容纳力减小，我国政府对流动人口的干预则变成了必然选择（赵入坤，2015b）。1958年1月，我国正式颁布《中华人民共和国户口登记条例》，条例第十条明确规定："公民由农村迁往城市，必须持有城市劳动部门的录用证明，学校的录取证明，或者城市户口登记机关的准予迁入的证明，向常住地户口登记机关申请办理迁出手续。"自此，我国正式确立了严格的户籍制度，严控农村人口向城市的自由流动也因此持续了很多年。

为缓解"三年困难时期"以及城市人口增加引发的商品粮供需矛盾，我国在户籍制度的基础上对城市人口进行了压缩。1963年，公安部按照是否接受国家计划的商品粮供给将全国人口分为"农业户口"和"非农业户口"，严格区分了农业和非农户口性质，为后续限制户口迁移奠定了基础。1977年11月，国务院批转《公安部关于处理户口迁移的规定》的通知，该通知规定严格控制农转非人口，并放松非转农的限制。该规定几乎断掉了农民进城的可能性，农民被牢牢地限定在土地之上。

我国农村长期以第一产业为主，户籍管制使得农民长期困于户口所在地，农民长期依靠第一产业谋生。根据陆学艺（2002）[①] 的研究，农业劳动者的代际继承最为稳定。20世纪六七十年代的工业化进程中形成的工农业产品价格"剪刀差"使得农村增收困难，我国大部分农村地区陷入普遍贫困中；其次，我国农业劳动生产率提高缓慢，而农村地区高涨的人口增长率使得农业就业人口快速增加，这也使得农民的收入长期难以提高。农村人口在户籍所在地的世代相传也加剧了贫困的代际传递问题。户籍管制在限制农民自由流动的同时，也阻塞了农民对自身福利改善的追求之路。长期以来，农业发展缓慢，农民增收困难，市场狭小，且长期实行的农村补贴城市政策抽走了农村剩余资金，农民被限定在户籍所在地，在信息网络闭塞的年代与外界交流较

① 陆学艺.当代中国社会阶层研究报告［M］.北京：社会科学文献出版社，2002.

少，农民很难有机会自行创业。农村地区长期产业结构单一，也加剧了农民收入的单一性。

20 世纪 80 年代，我国的户籍管制出现了些许放松。1984 年，国务院颁布《关于农民进入集镇落户的问题的通知》，放松县城以下集镇入户限制，允许有条件的民工迁入。1988 年放开粮油及副食品价格，农村流动人口的户口限制减弱。1985 年颁布了《公安部关于城镇暂住人口管理的暂行规定》，该规定使得进城务工、经商的农民获得了法律意义的认可。同年 9 月，《中华人民共和国居民身份证条例》正式出炉，居民身份证的使用使得流动人口在一定程度上摆脱了户口的严格限制，提高了人口流动的便利性。

孙三百等（2012a）① 认为个体选择迁移有其主观必然性，对良好的就业岗位、高工资以及对区域“软实力”的追求会引发人们的迁移决策。户籍制度的松动以及城乡二元体制下城乡明显的发展差距，使得大量农村剩余人口突破土地和户口的束缚，开始大规模进城务工经商，形成了“农民工”群体。农村剩余人口的自由流动在一定程度上增加了农民的收入，减少了农村贫困人口。同时，人口的自由流动也有利于个体改善原生家庭的经济状况，提高了收入的代际流动性。孙三百等（2012b）的研究表明，未发生迁移的低收入人群中，子辈延续其父辈低收入特征的可能性更高，而人口迁移会提高贫困地区的代际收入流动。刘欢（2017）② 的研究也表明劳动力迁移有利于削弱父代收入对子代收入的代际传递效应，特别是有利于削弱低收入、绝对贫困家庭的代际收入传递。

随着户口管制的不断放松，农村剩余人口的大规模迁移，我国农村居民的收入有了明显增长，农村贫困的代际传递现象有所缓解，但是农民工群体进入城市后在社会公共服务方面有很大差异，多维度贫困仍需关注。

① 孙三百，黄薇，洪俊杰．劳动力自由迁移为何如此重要？——基于代际收入流动的视角［J］．经济研究，2012，47（05）：147－159.

② 刘欢．外出务工、家庭老人特征及农村家庭贫困的关联研究［J］．人口与经济，2017（01）：63－74.

6.2.2 土地制度不完善

自古以来“民以食为天”，土地一直是农民赖以生存的生活来源。新中国成立以后，在户籍管制较为严格的很长一段时间内，土地也是作为农民重要的生存基础和收入来源。即使现在农民的收入来源日渐多样化，土地仍然是农民的生存基础。因此，土地制度与农民的福利息息相关。

新中国成立初期，我国坚持“耕者有其田”的原则，进行了大规模土地改革。1950 年，《中华人民共和国土地改革法》废除了封建剥削的地主土地所有制，实行农民的土地所有制，将土地分给农民，解放农村生产力，为新中国的工业化开辟道路。到 1953 年，我国基本完成了土改任务。1954 年，我国以《宪法》的形式确定了农民的土地所有权。农民土地所有权的确立，极大调动了农民的生产热情，农产品产量大幅提升，农民的温饱问题得到了一定程度的保障。但新中国成立初期，我国百废待兴，农产品产量增加只能缓解农民的温饱难题，并不能解决普遍的贫困问题。

1953 年开始的农业合作化运动使得我国农村地区逐步确立了集体统一经营的制度，农民的土地所有权也渐渐完成了向集体所有的转变。但是 1958 年建立起“政社合一”的人民公社使农村经济体制和经营管理体制高度集中，统一经营、统一分配，农民缺乏自主权和积极性，致使农业生产发展缓慢，农民生活的改善基本处于停滞状态，到 1978 年，全国没有解决温饱的还有一亿多人口。

1978 年小岗村“分田到户”揭开了中国改革的序幕。1980 年，中央通过的《中共中央关于进一步加强和完善农业生产责任制的几个问题》指出，对于贫困地区，包产到户是一种必要措施。1982 年开始实行的“集体所有、家庭承包经营使用”的土地制度极大地提高了农民的经营自主权和劳作热情，有力地促进了农业的发展，并促进了农民增收。1982 年确立了中国城市土地所有制和农村集体所有制并存的土地所有制框架，在该框架的加持下，我国逐渐形成了城乡二元土地制度。

土地是农民最重要的生产资料，也是农民最重要的生活保障，因此土地红利的释放与农村发展和农民受益息息相关。傅晨、任辉（2014）[①]认为土地作为农民的重要财富具有多种功能，例如生产功能（提供生产要素、就业机会和生产收入）、保障功能（基本生活保障、就业保障、养老保障和其他保障）和财产功能（土地抵押、使用权流转和土地所有权买卖）。土地的功能承载了农民的基本诉求，在不同经济发展阶段和不同地区，土地的功能会呈现出显著的不同：传统农业社会中，土地是农民的唯一收入来源，土地的生产和生活保障功能明显；而随着工业化和城市化的不断推进，大量农民工进城务工，土地的生产和生活保障功能下降，土地的财产功能上升。多年来，我国的经济社会基础已经发生了巨大变化，但是我国的土地制度还停留在四十年前，现有土地所有制关系的滞后已经不能适应我国先进生产力的发展（王冲，2018a）[②]，在一定程度上束缚了我国农业、农村的发展，也影响了农民的增收问题，主要表现为以下几个方面：

第一，在现有农村土地制度下，我国农民对土地没有实质的处分权或是处分权受到严格限制，土地资源效率得不到有效挖掘，农民的财产权益也得不到有效保障。首先，农民没有实质的处分权主要表现为土地的所有者和控制者是乡镇政府，乡镇政府行使所有权，农民只是名义上的集体所有者，没有机会行使所有权，也很难有机会参与利益分享（王冲，2018b）。甚至在部分乡镇还存在着乡镇政府、村委非法出让土地、经营企业、农民土地权利被剥夺而导致失地等行为，严重损害了农民的利益。其次，在我国农村地区，土地处分权受到严格限制，例如非集体成员难以获得土地经营权；集体所有权限制土地承包转让权；土地的承包经营权表现为一种债权关系，因此拥有土地承包经营权的个体始终得不到充分的土地处分权。

第二，土地的抵押权受限。在土地抵押方面，《中华人民共和国担保法》规定仅土地使用权可以抵押，但是我国法律对土地使用权的处置未做具体规定，同时银行对违约的土地经营权也没有确定的处理方式；同时，我国法律规定，农村集体建设用地不能出租，宅基地没有收益和

① 傅晨，任辉．农业转移人口市民化背景下农村土地制度创新的机理：一个分析框架［J］．经济学家，2014（03）：74－83.

② 王冲．农地“三权分置”改革的历史沿革及展望［J］．西北农林科技大学学报（社会科学版），2018，18（05）：1－8.

转让权，乡镇、村企业的建设用地使用权以及集体所有的土地使用权不得抵押。

第三，土地的收益权得不到有效保障。在我国农村地区，虽然土地承包者享有农地农用范围内的土地使用权、收益权和流转权，但是一旦发生转用，就会丧失所有土地权益（刘守英，2014）[①]。例如，政府在征收农村土地时会按照被征收土地的原用途对土地的承包经营方进行补偿，而被政府征收的土地补偿费、安置补助费最高不得超过征收前三年平均年产值的30倍，因此，在土地农转非的过程中，被征地农民在获得土地原用途的倍数补偿后就会丧失未来土地的增值收益权。

第四，土地数量不断减少。随着城市化的不断发展，城市边界受土地总体利用规划的限制日益缩小，城市外延不断扩张，农地非农化趋势明显，而在农村集体所有土地变为土地国有的过程当中，地方政府垄断了一级市场，土地调到城市规划范围和转为国有后，由地方政府出让给其他用地者，原来的农民集体丧失土地使用权、收益权和发展权。我国农村集体成员会因为生、老、嫁、娶等因素导致人口变化，但是农村地区土地的动态调整较为滞后，不能适应农村集体成员的人口动态调整。

第五，在现有土地制度下，我国农村长期实行农户小规模分散经营模式，农业劳动生产率以及技术利用率较低，农民收入较低。同时，我国的农产品价格长期偏低，而农药、化肥等生产资料的价格却有不断上升的趋势，农民种地的利润较低，种地收入的降低会导致农民对土地投资减少，更影响了农业劳动生产率的提高。随着种植成本的提高，农民种地的收入减少，在部分自然条件较差的地区，土地抛荒现象严重。

农地产权的不明晰导致农民对土地实质处分权缺失，农民对土地的抵押权、收益权长期得不到充分保障；城市外延扩张不断侵蚀农村土地，失地农民增加，被征地农民丧失未来土地增值收益分享权；农产品价格长期偏低、农业生产资料价格高，农民的种地收益严重下滑。这些都导致了单纯依靠土地来获得收入的农村家庭陷入贫困境地。

---

① 刘守英．中国城乡二元土地制度的特征、问题与改革［J］．国际经济评论，2014(03)：9－25＋4.

6.2.3　社会保障制度不够健全

英国学者汤森（Townsend，1979）① 曾经提出社会保障依次具有三个目标体系：最低层目标是缓解居民贫困，通过社会保障（主要是社会救助）解决部分人的基本生存问题；第二层是收入安全，通过提供社会保险提高大众应对各种风险的能力；第三层是社会公平，通过国民收入再分配以实现全体居民生活质量的提升。不论是从保障部分弱势群体基本生存问题、提高民众应对风险的能力以减少因风险致贫的概率还是从通过收入再分配减少收入差距的角度讲，社会保障制度的建立对于缓解贫困问题都具有重要意义。

1. 我国对农村社会保障制度的初步探索

中共十六大明确把"社会保障体系比较健全"作为全面建设小康社会的目标之一，改革开放40年来，我国政府在经济社会发展过程中逐渐认识到了社会保障体系的重要作用，并在力所能及的前提下努力建设覆盖城乡、区域均衡的、具有中国特色的基本公共服务体系和社会保障体系（王延中等，2018）②。然而我国的社会保障体系的建立并不是一蹴而就的，而是经历了较长的探索和发展时期，特别是对于我国农村地区而言，农村地区社会保障体系的构建和完善还有很长的路要走。

新中国成立初期，由于生产力发展水平较低，经济总量小，在城乡二元社会保障格局下，我国的社会保障理念更偏重于城市的社会保障制度建设，而对农村居民的社会保障问题长期重视不够。我国政府对农村地区社会保障制度建设的主要内容停留在对农村重大自然灾害的救助以及社会救济等领域（郭爱妹、张戌凡，2011）③。土地作为农民最基本的生活资料，长期承担着农村社会保障的功能。新中国成立后，我国政府先后建立了农村"五保"制度和农村合作医疗制度，但是"五保"

---

① Peter Townsend. Poverty in the United Kingdom：a survey of household resources and standards of living［M］. Berkeley：University of California Press，1979.

② 王延中，王俊霞，单大圣，龙玉其，宁亚芳，王宇和．改革开放40年与社会保障中国模式［J］．学术界，2018（08）：17－42.

③ 郭爱妹，张戌凡．多学科视野下的农村社会保障研究［M］．广州：中山大学出版社，2011.

制度仅仅属于农村社会救助项目，而农村合作医疗制度则以农村集体经济为基础建立，随着农村经济体制改革的不断推行，依托于集体经济的农村社会保障制度迅速衰退（黄清峰、刘艺戈，2014）①。

改革开放以来，我国的社会保障制度经历了以改革促发展、传统保障制度向新型社会保障制度过渡、新型社会保障制度的探索期、新型社会保障制度的快速发展等五个发展阶段（王延中、王俊霞，2018）②。改革开放之初，我国对社会保障的定位是经济体制改革的配套措施，社会保障制度作为我国社会主义市场经济框架的重要支柱，其改革核心也围绕企业职工和城镇居民展开。于是，我国城镇地区逐步形成了以城镇职工社会保险制度为主体、以最低生活保障制度为基础的较为全面的社会保障制度，而我国农村地区却长期在国家社会保障制度规划的边缘徘徊，发展较为缓慢。20 世纪 90 年代初，我国政府对农村地区实行基本养老保险制度进行了试点，但是在探索中发展的农村基本养老保险制度缺乏政府财政支持，管理和运行中也存在部分问题。1999 年，国务院对农村基本养老保险进行整顿，探索却最终以失败告终。

自新中国成立以来，虽然我国政府对农村的社会保障制度建设做了诸多努力，但是我国农村地区的社会保障制度仍急需完善。在城乡二元制度下，农村经济的落后与社会保障的长期缺乏共同导致了农村地区贫困的高发生率以及贫困在代际之间的传承。农村家庭的低收入使得家庭应对风险的能力低下，因病致贫、因灾致贫等问题在我国广大农村地区多发，往往一个家庭成员有重大疾病、受伤、残疾或家庭偶遇自然灾害，则整个农村家庭将陷入长期贫困之中，甚至会陷入“家庭负债—子女辍学—子女收入低下……”的循环。

2. 农村医疗保险制度

自 2003 年开始，国务院及相关部门陆续出台了一系列有关我国农村地区社会保障制度和法律法规，为我国农村社会保障体系的不断完善

---

① 黄清峰，刘艺戈．农村社会保障制度变迁的演进逻辑与路径选择——从路径依赖到路径创造［J］．社会保障研究，2014（02）：80－85.

② 王延中，王俊霞，单大圣，龙玉其，宁亚芳，王宇和．改革开放 40 年与社会保障中国模式［J］．学术界，2018（08）：17－42.

奠定了基础（黄清峰、刘艺戈，2014）[①]。

2002年，我国明确提出要建立以大病统筹为主的新型农村合作医疗制度。2003年上半年“非典”事件的爆发让中央意识到保障农民健康的紧迫性，该事件也催生了新型农村合作医疗制度的产生。2003年，国务院出台《关于建立新型农村合作医疗制度的意见》，新型农村合作医疗制度正式进入试点时期，到2007年，我国新农合的覆盖率达到90%以上。到2017年，我国实现城乡居民基本医疗保险制度的基本统一，医疗保险覆盖人数达到13.5亿人（王延中、王俊霞，2018a）[②]，覆盖率达84.7%。城乡居民基本医疗保险制度采用“政府补贴+个人筹资”的基本筹资模式，随着政府筹资日渐增多，农民在医疗付费中负担的份额将越来越小。2012年，我国城乡居民基本医保的人均财政补贴为240元，2017年，该数额上升至450元。基本医疗保险制度的建立减轻了农民看病的负担，也在一定程度上减少了农村“因病致贫”现象。

但是，由于我国人口众多，而医疗和健康服务又是无止境的，因此我国的医疗保障制度在现阶段只能定位于“保基本”（王延中、王俊霞，2018b）。首先，居民医保基金只报销政策范围内的门诊费用的50%和住院费用的70%，个人和家庭仍需要承担全部医疗费用的50%以上[③]。因此，对于贫困个人和家庭而言，在现有医疗保险制度下，医疗费用负担仍然较重。其次，医疗保障制度对慢性病患者的保障不足，大部分的慢性病不在政策统筹范围之内，但是慢性病患者却需要长期吃药治疗，因此，医疗保障制度在现阶段没有满足居民的多样化需求。再次，我国的农村合作医疗制度在报销设计上也存在部分问题，我国医保的报销比例随着医院级别的增大而递减，然而，现实的问题是，大医院一般分布在大的县市，由于距离较远等问题，农民遇到重大疾病才会考虑去大医院，而大病重病的医疗费用一般较高，因此大医院的低报销比例对于农民而言显然是较大的支出。而先付费后报销的模式也增加了农

① 黄清峰，刘艺戈．农村社会保障制度变迁的演进逻辑与路径选择——从路径依赖到路径创造［J］．社会保障研究，2014（02）：80－85.

② 王延中，王俊霞，单大圣，龙玉其，宁亚芳，王宇和．改革开放40年与社会保障中国模式［J］．学术界，2018（08）：17－42.

③ 国务院研究室编．十三届全国人大一次会议〈政府工作报告〉辅导读本（2018）［M］．北京：人民出版社，2018：106.

村家庭的支出。最后，近几年的“以药补医”现象使得看病难、看病贵等问题突出。随着我国财政投入对医疗机构补偿比例的不断降低以及对医疗服务价格的压低，许多医疗机构出现了“以药补医”的现象，医疗机构多开药、开贵药等问题也加重了农民的医疗费用负担（刘展余，张旭，2018）[①]。

3. 农村基本养老保险制度

随着我国农村剩余劳动力的乡城转移，我国农村的老龄化以及老年人口的抚养问题备受重视。在我国，农村家庭养老已出现弱化趋势，家庭子女数量的减少会相应增加子代的养老压力，对于低收入家庭而言，代际养老支持必然会增加子代的生活成本，促进贫困的代际传递。因此，随着我国社会生产方式的变迁，我国养老方式必然要实现从家庭到社会的过渡（于长永等，2017）[②]。2009 年 9 月，国务院发布《关于开展新型农村社会养老保险试点的指导意见》，2014 年，国务院颁布《国务院关于建立统一的城乡居民基本养老保险制度的意见》，建立起城乡居民养老保险制度。随着居民养老保险制度的不断完善，我国养老保险的覆盖率也出现了较大的提高。1990 年中国参加基本养老保险的只有 6166 万人，而到 2017 年，我国的社会覆盖率明显提高，基本养老保险覆盖率为 65.8%。慈勤英、宁雯雯（2018）[③] 以及解垩（2015）[④] 等人的研究表明居民养老保险能显著降低农村老龄人口的贫困发生率。同时，居民养老保险能在一定程度上缓解子代的养老压力，减少了父代养老对子代生活的影响，也在一定程度上减少了贫困的代际传递。

虽然我国城乡居民基本养老保险在覆盖率上有了较大的提升，且对疏解老年人口的贫困问题具有积极的作用，但是我国的城乡居民基本养老保险制度在发展过程中也存在着部分问题。首先，城乡居民基本养老保险待遇较低，保障水平不足。以 2017 年为例，城乡居民基本养老保

① 刘展余，张旭．论我国医疗保障制度现状及优化对策［J］．环渤海经济瞭望，2018（06）：17－18.

② 于长永，代志明，马瑞丽．现实与预期：农村家庭养老弱化的实证分析［J］．中国农村观察，2017（02）：54－67.

③ 慈勤英，宁雯雯．家庭养老弱化下的贫困老年人口社会支持研究［J］．中国人口科学，2018（04）：68－80＋127.

④ 解垩．公共转移支付与老年人的多维贫困［J］．中国工业经济，2015（11）：32－46.

险月人均待遇为 125 元，其中基础养老金 113 元。各省市的基础养老金也存在较大差别，北京和上海的基础养老金分别为 610 元/月和 850 元/月，基础养老金较少的贵州、安徽、湖北等省份只有 70 元/月，全国仅有上海、北京、天津、青海和海南等省份的基础养老金高于全国均值（徐进，2018）①。其次，县级统筹使得养老基金不能在更大范围内发挥调节余缺功能，也更容易导致城乡居民养老保险待遇不均等现象。最后，《关于建立统一的城乡居民基本养老保险制度的意见》规定“个人缴费标准统一归并调整为每年 100 元至 2000 元 12 个档次”，居民自主选择缴费额度，多缴多得；集体补助和政府补贴在个人缴费的基础上形成。但农村集体经济发育不均会导致城乡居民养老保险待遇不均等；政府补贴根据个人缴费档次调整，只有下限，未设上限，致使政府补贴政策丧失了应有的约束功能。养老金设多个档次，对于低收入人口而言，限于收入预算约束，大部分只能参加较低的档次，相应获得的集体补助和政府补贴较少，最终获得的养老金也较少。因此，城乡居民基本养老保险保障水平低下、统筹层次较低以及缴费补贴设置不甚合理等问题都会弱化养老保险对农村贫困的缓解作用。

4. 农村社会救助制度

除了医疗和养老保险制度以外，我国政府在社会救助等方面也做出了相应的努力。2007 年 7 月，国务院发布了《国务院关于在全国建立农村最低生活保障制度的通知》，致力于解决“因病残、年老体弱、丧失劳动能力以及生存条件恶劣等原因造成生活常年困难的农村居民”的温饱问题。在精准扶贫过程中，以最低生活保障制度为核心的社会救助体系的兜底保障功能进一步强化。2014 年，国务院出台《社会救助暂行办法》，最终形成了包括最低生活保障、特困人员供养以及临时救助等较为完善的综合救助体系。长期来看，我国的农村最低生活保障制度，保障了深度贫困人口的温饱问题，将为我国全方面缓解贫困问题做出较大的贡献。但值得注意的是，我国包括农村最低生活保障制度在内的农村社会救助制度形成较晚，我国农村长期处于社会保障缺失状态。同时，由于社会保障制度在实施过程中，缺乏相应的监管程序，催生了

---

① 徐进．城乡居民基本养老保险制度发展的逻辑：基本公共服务均等化［J］．黑河学刊，2018（05）：173 - 175.

"精英攫取"现象，部分村干部利用职务之便，将亲朋好友纳入国家政策保障范围之中，而真正的贫困人口则因为信息闭塞，对自己应得的社会保障内容不够了解，无法维护自身的合法权益（程禹、王妍心，2018）①。

从上述农村社会保障制度的发展来看，改革开放四十年来，虽然我国致力于社会保障制度的构建，但是长期的城乡二元结构使得农村的社会保障制度建设远远落后于城市，我国农村在较长的一段时间内处于社会保障缺失状态；而在社会保障制度的具体设计以及实施过程中也存在着部分缺陷，使得我国的社会保障制度不能充分发挥其缓解贫困的作用。

6.2.4 城乡教育资源分布不均

教育的重要性不言而喻，教育问题于国家而言事关民族素质，于个人而言，事关个体的科学文化和思想道德修养，在知识经济条件下接受教育是个人获得谋生知识、手段的重要基础。总而言之，教育的目的在于推动人的全面发展。无疑，受教育程度对于个人的收入具有重要的影响，马磊、魏天保（2017）② 研究表明，2003～2013 年间，我国大学学历的劳动者年均收入比高中学历者高出 32.4%～98.8%。赵红霞、高培培（2017）③ 的研究表明高中及以上阶段的教育有利于阻断贫困的代际传递。因此，教育是农村摆脱长期贫困的重要力量（陈全功、程蹊，2006）④，但我国农村地区长期教育发展滞后、教育投资不足，教育不公平现象频发，加剧了我国农村地区的长期贫困问题。

《中华人民共和国教育法》第九条规定："我国公民依法享有平等受教育的机会，促进教育公平、推动教育均衡发展是我国政府的重要责任。"刘云杉（2012）⑤ 认为虽然我国高考的开放性和透明性仍然值得

---

① 程禹，王妍心．我国农村地区社会保障制度存在的问题及对策探析［J］．纳税，2018，12（22）：202.

② 马磊，魏天保．高校扩招后我国大学学历溢价的波动研究——基于 2003—2013 年 CGSS 数据的分析［J］．教育科学，2017，33（01）：59－67.

③ 赵红霞，高培培．子代教育对中国农村贫困代际传递的影响——基于 CHIP2013 的实证分析［J］．教育学术月刊，2017（12）：26－32.

④ 陈全功，程蹊．长期贫困为什么难以消除？——来自扶贫重点县教育发展的证据［J］．西北人口，2006（03）：39－42＋46－47.

⑤ 刘云杉．"寒门难出贵子"：基础教育与高等教育的双重困境［N］．中国社会科学报，2012－03－07（B01）.

信任，但基础教育资源分配不均导致的马太效应使得低收入家庭的子女依然存在劣势。基础教育资源分布的地区差异、城乡差距问题在我国由来已久，且愈演愈烈。

新中国成立初期，我国经济发展水平较低，地区发展不均衡，在这样的大环境下，国家支持地区差异型的教育发展模式，抓好重点发展地区，集中优势资金和师资力量支持先进地区教育事业的率先发展。1953年，中央人民政府政务院发布《关于整顿和改进小学教育的指示》，要求“今后首先着重办好城市小学、工矿区小学、乡村完全小学和中心小学”。与此同时，教育部在全国确定了194所重点中学。1962年12月，教育部发出的《关于有重点地办好一批全日制中、小学校的通知》推动了重点中学的进一步发展。1977年5月，中国教育政策提出：“要办重点小学、重点中学、重点大学。要经过严格考试，把最优秀的人才集中在重点小学和大学。”该政策则推动了我国重点大学的发展。此后，从1978年到20世纪90年代中期，我国先后出台了《关于办好一批重点中小学的试行方案》《关于进一步提高普通中学教育质量的几点意见》以及在全国建立1000所示范高中等方案，强调支持重点小、中、高学校的优先发展，增加对重点学校的经费投入，提高其办学条件，优化重点学校的师资队伍和学生结构。重点小学、中学、高中学校陆续在我国各省市自治区乃至各县成立，并且集中分布于县及县以上的大中城市。至此，我国形成了较为严格且等级分明的基础教育阶段“重点学校”政策。该政策的成立也带来了我国基础教育阶段教育资源分布的严重失衡。

优势师资力量和教育经费向县及县以上的城市集中，使得我国农村地区的教育资源薄弱。同时，教育投入增加使得重点中小学校硬件优势明显，师资力量与优选生源的结合更使得重点高校成绩斐然。国家重金打造的重点中小学也日渐变成了人们眼中名副其实的重点学校。突出的软硬件优势以及教育收益又会吸引优秀师资力量和生源的加入，强者越强的“马太效应”进一步加剧了基础教育资源在地区间的分配不均衡。一边是重点学校资源的高度集中，一边是农村地区、边远低收入地区和民族地区基础教育发展的严重滞后。教育资源的分布不均严重阻碍了低收入人口的受教育数量和质量。

随着我国经济的发展、微观家庭经济条件的改善以及社会对文凭的重视，越来越多的家长了解到教育的重要性和必要性，为抢夺相对稀少的优质教育资源，许多家长动用大量资金或社会资源为子女保驾护航。子女的受教育机会变成了父代社会资本的较量。李煜（2006）[①] 认为教育体制受市场化冲击，家庭阶层背景发挥作用，管理阶层的资源优势正逐步转化成下一代的教育机会，优质教育资源被少数优势阶层攫取。同时，基础教育资源分配不公以及教育乱象使得父代收入成为影响子代受教育程度和质量的重要因素。虽然我国在 2007 年开始推行义务教育经费保障机制，对农村学生施行“两免一补”，极大地减少了家庭经济负担。但是素质教育改革中衍生出了诸多教育乱象，例如校外辅导、培训、补课以及中小学生兴趣班的存在无形中增加了教育负担。因此，家庭在基础教育阶段的隐性支出大于显性支出，这也增加了低收入家庭的教育负担。续继、宗庆庆（2016）[②] 的研究表明家庭收入每上升 1%，其子女的大学入学率会上升大约 2%。而农村低收入家庭子女高等教育机会的缺失与其基础教育阶段受教育质量息息相关。

在现代教育大众化阶段，教育投资回报率的相对下降也是低收入家庭考虑的重要因素。自 1999 年开始，我国高等教育不断扩大招生规模，随着高校不断扩招，我国进入教育大众化阶段。高等教育文凭的人才筛选功能弱化，文凭迅速贬值，教育演变为富人追捧的“防御性投资”，而低收入家庭教育投资的回报率则相对减小。邹薇、郑浩（2014）[③] 的研究表明，家庭贫困的风险溢价会提高家庭的投资成本，而长期受教育的机会成本和教育收益率的不确定性也会影响低收入家庭的人力资本投资决策。

在文凭成为“防御性投资”、学历迅速贬值以及教育投资回报率迅速降低的大背景下，农村低收入家庭子女的受教育问题值得关注。刘精明（2006）[④] 的研究表明，优势阶层的教育投资转向正规的大学本科，因而他们在大学本科教育方面的机会优势明显。也有研究表明，虽然高等教育通过包容性制度会有效保障弱势群体的高等教育权益（高树

---

① 李煜．制度变迁与教育不平等的产生机制——中国城市子女的教育获得（1966—2003）［J］．中国社会科学，2006（04）：97－109＋207.

② 续继，宗庆庆．转型期中国居民家庭收入与子女高等教育机会——基于家庭收入结构外生变化事实［J］．世界经济文汇，2016（06）：24－41.

③ 邹薇，郑浩．贫困家庭的孩子为什么不读书：风险、人力资本代际传递和贫困陷阱［J］．经济学动态，2014（06）：16－31.

④ 刘精明．高等教育扩展与入学机会差异：1978～2003［J］．社会，2006（03）：158－179＋209.

仁，2017)[①]，但是高等教育机会的获得受到之前所有阶段的累积性影响，高中及其他高级中学教育的城乡机会不平等在持续上升，初中升高中教育阶段的城乡不平等是导致农村子弟上大学相对机会下降的原因之一（李春玲，2014)[②]。马宇航、杨东平（2015)[③] 则认为城乡学生高等教育机会的不平等长期存在，优质高等教育机会更多被城市学生占据，这一现象在1999年大学扩招后更加明显。小升初、初升高、高中进入大学这三次教育分流均会对高等教育机会产生重要影响。其中，义务教育阶段比高中教育阶段影响程度更大，初中升高中最为关键。因此，基础教育对农村学生特别是低收入家庭子女具有更为重要的意义。

基础教育资源的城乡分布不均引发了农村低收入家庭子女受教育机会的不平等，剥夺了部分适龄儿童的受教育机会；同时弱势的教育资源也使得农村低收入家庭子女在小升初、初升高、高中进入大学等多次教育分流中败阵，受多次教育阶段的累积影响，农村低收入家庭子女真正迈入高等教育阶段的人数较少，这样通过教育阻断贫困代际传递的机制就会受到削弱。保证基础教育资源以及高等教育机会的城乡以及地区平等，促进优势教育资源向欠发达地区、易返贫致贫人口倾斜才是发挥教育脱贫作用的重要保障。

6.2.5　劳动力市场发育不完善

劳动是人的基本权利，我国《宪法》规定，“中华人民共和国公民有劳动的权利和义务”。在现代社会中，劳动就业是获得报酬的最重要方式。对于居民来讲，是否顺利就业以及就业的质量是决定收入的重要因素，同时，职业作为报酬机制，也是决定收入不平等的中介变量。李春玲（2005)[④] 认为与经济收入相比，职业地位的差异具有更强的稳定

---

① 高树仁．我国高等教育公平制度的价值结构及政策文本分析——一项基于NVivo质性研究报告［J］．山东高等教育，2017，5（05）：82－90.

② 李春玲．教育不平等的年代变化趋势（1940－2010）——对城乡教育机会不平等的再考察［J］．社会学研究，2014，29（02）：65－89＋243.

③ 马宇航，杨东平．城乡学生高等教育机会不平等的演变轨迹与路径分析［J］．清华大学教育研究，2015，36（02）：7－13.

④ 李春玲．当代中国社会的声望分层——职业声望与社会经济地位指数测量［J］．社会学研究，2005（2）：74－102.

性和更持久的影响力。一方面，经济收入差距很大程度上是由职业获得的不平等造成的，另一方面，职业的等级分化是社会整体分层的一个重要维度，职业获得不平等往往会导致社会阶层的固化。

国家应该通过各种方式为人民大众创造劳动就业条件，劳动就业制度的设立就是为具有劳动能力的公民获得职业提供劳动和工作单位。新中国建立初期，我国颁布了《中华人民共和国户口登记条例》，对城镇和农业户口进行了严格区分，并严格限制农业人口的流动，将农业人口紧紧锁定在农地上，农民多采用自然就业方式，就业也集中在第一产业上。然而，我国人口众多，且大部分居住在农村，农村剩余劳动力众多，隐蔽性失业问题严重（庾德昌，1994）①。20 世纪 80 年代中期，我国乡镇企业异军突起，打破了我国原有的“城市办工业、农村发展农业的传统格局”，开启了农村工业化的新里程（涂圣伟等，2018）②。乡镇企业的大发展不仅解决了部分农村剩余劳动力的就业问题，扩展了农村就业的新渠道，更新了农民的就业观念，促进了农村由自然就业到市场就业的转变。

改革开放后，我国逐渐完成了计划经济体制向社会主义市场经济体制的转变，我国的就业制度和就业机制也逐步过渡为市场经济条件下的市场就业。随着我国市场就业制度的逐步确立以及户口管制的不断放松，农村剩余人口开始了大规模城乡迁移，组成了壮大的“农民工”群体，自此，大批农村剩余劳动力进入城市，以农民工的身份加入市场化的劳动力市场中。在市场化的劳动力市场中，农民工的就业仍然存在一些问题：

劳动力市场不够完善，农民工在劳动力市场上面临着较为明显的以户口性质为基础的职业隔离（吴晓刚、张卓妮，2014）③。虽然农村剩余劳动力可以自由进入城市，但是很难进入具备现代雇佣条件的正式劳动力市场，而只能进入缺乏市场保护、短期合约、低进入门槛、低劳动力价格的从属劳动力市场（李建民，2002）④，在低水平的非正式就业中，农民工只能选择经济回报比较低的职业，受雇佣的农民工的工作只

---

① 庾德昌．乡镇企业发展与农村就业［J］．中国农村经济，1994（12）：23－27.

② 中国宏观经济研究院产业所课题组．改革开放 40 年中国工农关系演变：从缓和走向融合［J］．改革，2018（10）：39－51.

③ 吴晓刚，张卓妮．户口、职业隔离与中国城镇的收入不平等［J］．中国社会科学，2014（06）：118－140＋208－209.

④ 李建民．中国劳动力市场多重分隔及其对劳动力供求的影响［J］．中国人口科学，2002（2）：1－7.

能勉强生存（万向东，2008）[①]。根据李培林、李炜（2007）[②] 的研究，农民工每周比城镇当地工人多工作 8 个小时，收入却只有当地工人的 68%。

农民工之所以面临着较为严重的职业隔离，其背后原因错综复杂。职业获得是个体在激烈的劳动力市场上凭借自身的各种资源来竞争职业机会的过程，在该过程中，人力资本和社会资本是影响个体就业的重要影响因素。人力资本的积累会提高农村劳动力的就业机会，提高农村劳动力在就业市场中的竞争力，进而提高自身收入。社会网络资本也存在明显的就业效应：一是劳动力市场存在着较为严重的信息不对称，社会网络资源的积累会提高个体的非农就业信息获取能力，拓展就业渠道，提高就业机会和就业质量（Zhang & Li，2003）[③]；二是囿于中国社会根深蒂固的家族文化与人情社会观念，社会资本中的人情因素会导致劳动力市场中雇主和雇员的有限理性进而提高农村劳动力的就业。另外，社会资本会有效提高劳动者的劳动技能。

虽然众多研究表明人力资本的积累可有效改变农村劳动力的劳动方式，提高农村劳动力到工业部门工作的机会（陈玉宇、刑春冰，2004）[④]，但就平均水平而言，农村劳动力的受教育水平普遍偏低。而城市中等或大专学历的教育回报率在减弱，本科及以上高等学历的影响增强（杨江华等，2015）[⑤]，因此相对于拥有中高等学历的城市劳动力来讲，农村劳动力很难跻身正规劳动力市场。

除了人力资本匮乏以外，农村劳动力的社会网络资源存量也存在先天不足、后天投资乏力等客观问题。第一，农村劳动力家庭背景具有显著的地域性特征，植根于农村的社会关系使得外出就业的劳动者社会资源欠缺；第二，局限于农村的社会关系网络对农村劳动者的影响也仅仅

---

① 万向东．农民工非正式就业的进入条件与效果［J］．管理世界，2008（1）：63－74.

② 李培林，李炜．农民工在中国转型中的经济地位和社会态度［J］．社会学研究，2007（03）：1－17＋242.

③ Xiaobo Zhang，Guo Li. Does guanxi matter to nonfarm employment?［J］. Journal of Comparative Economics，2003，31（2）：315－331.

④ 陈玉宇，邢春冰．农村工业化以及人力资本在农村劳动力市场中的角色［J］．经济研究，2004（08）：105－116.

⑤ 杨江华，程诚，边燕杰．教育获得及其对职业生涯的影响（1956—2009）［J］．青年研究，2014（05）：1－11＋94.

局限于低级职业（李仲达、王美今，2014）[①]；第三，受户籍制度和人力资本存量限制，农村劳动力只能参与非正式劳动力市场，在劳动过程中的交往同质性会在一定程度上影响农民工的社会资本存量和质量（程诚、边燕杰，2014）[②]；第四，农村劳动力的工作性质和收入水平也决定了个体投资新型社会资本的时间和精力欠缺。

综上所述，农村劳动力在人力资本和社会资本的积累上具有明显的劣势，在中国劳动力市场存在多重分割的情况下，农村劳动力只能进入非正式劳动力市场，进而影响农村劳动力的就业质量。而在农村微观家庭内部，个体在初次就业并建立自身社会资本之前，其父代的职业作为一种先赋性因素，也是一种强大的社会资本，父代职业以及由此带来的社会关系网络对子代的就业也会产生重要的影响。黄衍华、乔晓春（2017）[③] 对我国 1982 年及 1990 年的职业流动分析表明，父代职业为农民的人群，其子代发生垂直职业流动的概率较小，很难获得经济地位的改变。而到了 20 世纪 90 年代，城乡二元结构造成了人们在社会资源获得上的巨大差异，机会不平等仍然难以消除。职业和行业的劳动力市场分割不仅影响了职业的代际传递，更影响了居民的代际收入流动（郭丛斌，2004）[④]，农村劳动力在就业市场上的劣势通过多种途径在代际之间传递，加剧了收入贫困的代际传递。

6.3 本章小结

本章分析了环境和制度体制性因素对我国农村多维贫困代际传递问题的影响。在过去较长的一段历史时期内恶劣的自然环境、薄弱的社会环境是影响部分深度贫困区贫困人口长期贫困的重要因素，环境因素在

① 李仲达，王美今．职业获得的不平等研究——基于社会网络与户籍制度的“双重门槛”效应［J］．中山大学学报（社会科学版），2014，54（4）：189－198.

② 程诚，边燕杰．社会资本与不平等的再生产以农民工与城市职工的收入差距为例［J］．社会，2014，34（4）：67－90.

③ 黄衍华，乔晓春．子女职业地位获得更依赖于父亲还是母亲？——来自 1990 年人口普查的历史证据［J］．人口与发展，2017，23（2）：40－50.

④ 郭丛斌．二元制劳动力市场分割理论在中国的验证［J］．教育与经济，2004（3）：43－49.

短时间内难以改变，也是导致部分地区贫困代际传递的重要因素。虽然我们的制度体制正在逐渐完善之中，但长期以来以户籍制度为核心的城乡二元体制结构造成了城乡巨大的资源分布不均以及城乡人口发展机会的不平等，在一定程度上导致了农村地区多维贫困的代际传递。

本章通过梳理我国的户籍制度、土地制度、社会保障制度、教育制度以及就业制度等的发展演变过程，分析了各项制度不完善对农村多维贫困代际传递的影响。图6－1概括了制度性因素对我国农村多维贫困的影响。如图所示，城乡二元土地制度下的土地所有制关系滞后、农产品价格低下等原因会影响贫困人口的经营性收入；社会保障制度在设计和具体操作过程中存在的部分缺陷也会导致农民在健康和医疗等方面受到剥夺，同时也影响了贫困人口的转移性收入；城乡教育资源分布不均衡又导致了部分农村地区的教育贫困，教育贫困下农村贫困人口受教育年限低下又引发了贫困人口在就业市场的劣势；而在现有的市场就业制度下，中国劳动力市场存在着多重分割，农村劳动力只能进入非正式劳动力市场，并面临较为明显的职业隔离，农村劳动力特别是贫困人口的就业质量会影响其工资性收入；城乡二元户籍制度对农村多维贫困代际传递的影响最初表现为影响人口流动，随着我国对人口流动的放松，户籍制度的影响主要表现为城乡资源分布不均而引发的城乡不平等。

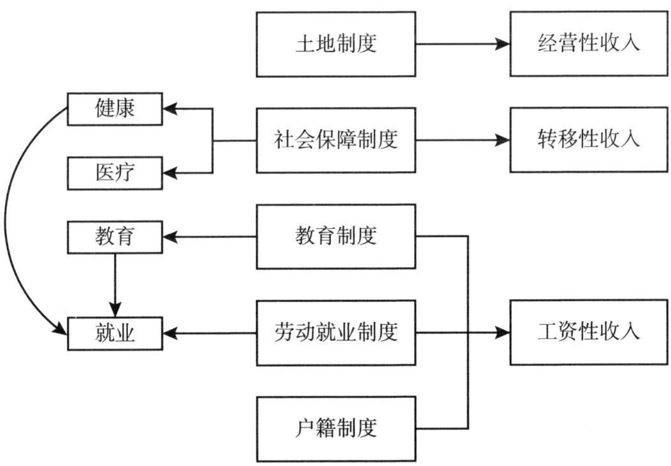

图6－1　我国农村多维贫困代际传递制度性因素

综上所述，以城乡二元户籍制度为核心的制度性因素在一定程度上导致了低收入人口贫困人口在健康、医疗、就业、教育、收入等维度的贫困，制度性因素的缓慢变革也提高了我国农村地区多维贫困的代际传递。

第7章　我国农村多维贫困代际传递的文化因素分析

本书第6章论述了影响农村多维贫困代际传递的外部因素，其中，以户籍制度为首的制度性因素对于农村多维贫困的形成以及多维贫困的代际传递产生了重要影响。改革开放四十年来，我国的制度建设在不断的改革中趋于完善，针对欠发达地区和弱势群体的制度和政策也相继出台，绝对贫困及其代际传递问题得以全部消除但相对贫困及其在代际之间的传承现象在我国依然存在，这意味着阻断贫困代际传递的外力作用受到了限制，同时也意味着相对贫困的代际传递有着内在的因素在起作用。本章将从影响多维贫困代际传递的内生因素出发，考察我国农村地区相对贫困代际传递现象。

7.1　文化贫困、精神贫困与贫困文化

贫困不仅仅是一种经济现象，也是一种文化现象（陈前恒、方航，2017）[①]，李晶、刘洪（2016）[②] 认为贫困是一种由自然、政治、经济、教育、文化以及社会制度等因素所引发的“结构性存在”，而高圆圆、范绍丰（2017）[③] 则认为精神贫困是农村贫困人口处于长期贫困的内在根源。与经济和物质贫困相比，文化贫困和精神贫困作为隐性因素对贫

① 陈前恒，方航．打破“文化贫困陷阱”的路径——基于贫困地区农村公共文化建设的调研［J］．图书馆论坛，2017，37（6）：45－54.

② 李晶，刘洪．结构性贫困中的文化——公共文化供给侧结构改革的理论基础研究［J］．图书馆论坛，2016，36（8）：20－24＋36.

③ 高圆圆，范绍丰．西部民族地区农村贫困人口精神贫困探析［J］．中南民族大学学报（人文社会科学版），2017，37（6）：131－136.

困群体的影响更为隐秘。但是，部分长期贫困人口在进行劳动力再生产的过程之中，也在进行着文化贫困和精神贫困的再生产，文化贫困和精神贫困不断影响着新的贫困人口。因此，在研究贫困问题的过程中不能忽视文化性和精神性因素的作用。

7.1.1 文化贫困、精神贫困和文化贫困的界定

刘易斯针对墨西哥贫民窟进行了分析研究，并最早提出了贫困文化理论。在他看来，贫困群体在长期的生活过程中会形成稳定的思维方式和价值体系，刘易斯将其概括为贫困文化。在刘易斯的笔下，贫困文化的形成需要一定的条件：首先，不是所有处于贫困之中的人群都受贫困文化的影响，只有长期处于贫困状态的人才会形成贫困文化，处于暂时性贫困以及有“共同体归属感”的人群不会形成贫困文化；其次，文化是人们在社会生产和生活过程中形成的精神产品的总和。贫困文化是一种群体现象，产生于贫困群体之中，并非个体或者单个家庭独有。简单来说，贫困文化是贫困人群在长期应对贫困过程中形成的较为稳定的文化现象，贫困文化不断塑造着贫困群体。

处于贫困文化中的人群具有以下特点：该类人群长期在社会边缘徘徊，具有深深的无助感和依赖感；对现有的机构失去信心以至于对机构的改革和发展持漠视态度，只关注自身及居住地周围的发展状况，对居住地周围的变化不敏感；更关注短期利益，缺乏从长期发展角度看问题的眼界。总体而言，贫困文化具有自我维持性、长期性、稳定性以及封闭性等特点，贫困文化产生于贫困人口长期贫困的事实，反过来又加剧了贫困人口的贫困状态，促进贫困现象在空间和时间中的不断繁衍。贫困文化理论后来被广泛应用于长期贫困的分析和解释之中，成为重要的致贫因素之一。吴理财（2001）[①] 认为贫困文化是贫困阶层所具有的一种独特生活方式，它主要是指长期生活在贫困之中的一群人的行为方式、习惯、风俗、心理定式、生活态度和价值观等非物质形式的统称，其关于贫困文化的定义与刘易斯的定义有相似之处。

精神贫困的含义较为丰富，泛指精神空虚、萎靡、缺少信心等，精

① 吴理财. 论贫困文化（下）[J]. 社会，2001（9）：31－32.

神贫困不仅仅是部分物质贫困人口的病症，也表现为物质丰裕状态下的部分个体缺乏思考、陷入物质享受的状态。在本书中精神贫困主要用来描述物质贫困人口的状态。根据杭承政、胡鞍钢（2017a）[①] 的研究，贫困人口精神贫困的本质是个体志向和行为失灵，精神贫困有着“无志”和“无为”两层含义。“无志”表现为信念消极、没有上进心、缺乏改善自身状态的信念和志向；“无为”表现为认知和决策偏差，主要表现为安于现状、相对短视、自控力差以及非理性的认知和决策。按照上述定义，精神贫困既表现为贫困人口失去自主脱贫的信心和意识，又表现为贫困人口失去了做出理性决策、自主脱贫的能力。按照上述定义，精神贫困既包含了贫困人口安于现状、信念消极的一种“主动贫困”状态，又包含了认知不足而引发的决策偏差等“被动贫困”状态。

国内学者在贫困问题的研究上也经常使用“文化贫困”的概念。张兴平、刘同德（2007）[②] 认为文化贫困是从知识层面上来解释贫困问题，文化贫困泛指贫困人口的智力低下、科学文化知识匮乏、观念落后等现象；赵秋成（1997）[③] 则认为文化贫困是某一社会群体在生活方式、思维和信仰方式以及知识、观念、习俗和技能上的滞后和缺乏现象；章国卿（1998）[④] 则认为文化贫困是由经济贫困导致的文化落后现象，主要表现为贫困人口素质低下、价值观念陈旧以及生活方式趋于单调；而在王虹（2019）[⑤] 等的研究中，文化贫困既包含了贫困人口的“无志”状态，也包含了贫困人口的知识贫困，更包含了欠发达地区文化基础设施落后、不能满足贫困人口文化需求的意味。按照该定义，文化贫困与上述杭承政、胡鞍钢（2017b）等人所定义的精神贫困有了较为相似的内涵。

① 杭承政，胡鞍钢．“精神贫困”现象的实质是个体失灵——来自行为科学的视角［J］．国家行政学院学报，2017（4）：97－103＋147．

② 张兴平，刘同德．试论西部农村的贫困文化变革［J］．重庆社会科学，2007（11）：119－122．

③ 赵秋成．对贫困地区人口文化贫困的研究［J］．西北人口，1997（3）：28－30．

④ 章国卿．贫困、贫困文化与价值观念的转型——对我国农村贫困的社会学思考［J］．唯实，1998（4）：55－59．

⑤ 王虹．文化扶贫：新时代扶贫工作的重要内容［J］．国家治理，2019（3）：34－43．

7.1.2　贫困文化、文化贫困和精神贫困的区别与联系

1. 贫困文化、文化贫困和精神贫困的区别

国内学者对贫困文化、精神贫困和文化贫困的概念各执一词，部分研究存在着将三者混为一谈的现象。本书认为贫困文化、精神贫困和文化贫困三者的内涵并不相同，同时三者之间又存在着较为紧密的联系。厘清三者之间的关系对于分析我国致贫因素、提高减贫政策的瞄准性具有重要理论意义。

贫困文化是一种游离于现代社会边缘的一种亚文化现象，是长期以来贫困人口在适应贫困过程中形成的较为稳定的文化体系，其本质是一种文化现象。精神贫困一般与物质贫困相联系，用于贫困人口的描述中，特指贫困人口依赖性强，缺少自我进取、自我发展的精神，具体描述为贫困人口习惯了自身贫困状态或者已经放弃了改善自身贫困状态的机会而引发的一种悲观消极的精神状态，其本质是一种精神层面的问题。文化贫困则是指由于贫困人口知识积累太少而引发的认知能力较差的表现，个体认知能力较差也有多个方面的成因，例如科学文化水平较低、生产生活观念落后以及欠发达地区的文化基础设施和公共服务较少，质量较低，其本质是知识层面的问题。

从三者的具体表现形式来看，贫困文化存在于稳定的深度贫困群体之中，表现为贫困群体有着一套稳定且落后的生活方式和行为体系，精神贫困表现为贫困个体不求上进的“无志”和“无为”状态，而文化贫困更加强调个体的科学文化知识匮乏和观念落后的状态。在扶贫方式上，针对贫困文化再生的贫困现象，要运用综合手段进行贫困治理，最重要的是要有贫困群体的文化自觉和社会觉醒（李文钢，2018）①；针对精神贫困现象，则需要进行观念扶贫和精神扶贫，激发贫困人口的生产发展斗志；文化贫困则需要国家进行文化扶贫和教育扶贫，大力发展教育事业，提高全体人民受教育水平。表7－1呈现了文化贫困、精神贫困以及贫困文化在概念、本质、具体表现形式以及扶贫方式等方面的区别。

① 李文钢．贫困文化论的误用与滥用［J］．中国农业大学学报（社会科学版），2018，35（05）：22－31.

表7－1　　贫困文化、文化贫困和精神贫困的区别

概念	本质	具体表现形式	扶贫方式
贫困文化	文化现象	落后的生活方式、行为体系	综合治理手段（文化自觉和社会觉醒）
精神贫困	精神层面	不求上进	观念扶贫、精神扶贫
文化贫困	知识层面	科学文化知识匮乏、观念落后	文化扶贫、教育扶贫

2. 贫困文化、文化贫困和精神贫困的联系

虽然贫困文化、精神贫困和文化贫困的定义并不相同，但三者之间又有紧密的联系。为了更好地描述三者之间的关系，本书绘制了三者之间的关系，如图7－1所示。

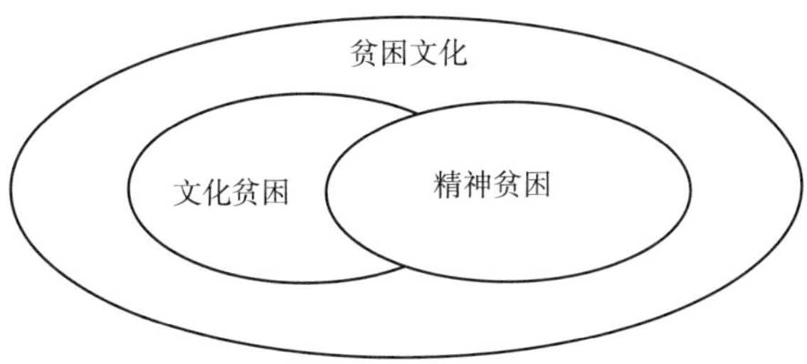

图7－1　贫困文化、精神贫困和文化贫困三者的关系

首先，贫困文化是一种文化现象，是长期贫困群体中形成的较为稳定的文化现象，它产生于贫困群体的日常生产和生活，也影响和制约着贫困人口的生产生活。长期处于贫困之中、深受贫困文化影响的群体更容易产生无助感，失去自我奋斗的意识和观念，陷入精神贫困之中；长期的贫困群体一定是科学文化水平不高，对知识的掌握和积累较为薄弱。因此，贫困文化的概念之中一定包含着文化贫困和精神贫困的双重含义，但同时存在文化贫困和精神贫困的地区或群体并不必然产生贫困文化。反而言之，要打破贫困文化对欠发达地区和贫困群体的影响，就要从减少精神贫困和文化贫困入手，加强观念扶贫、减少精神贫困，提高贫困人口的精神动力，加强文化扶贫、减少文化贫困，增强贫困人口的内生发展动力。

其次，精神贫困和文化贫困的关系。精神贫困和文化贫困虽各有侧

重，但两者之间互相促进，互相加强。精神贫困的贫困人口信念消极、安于现状、没有进取心，自然也不会主动学习科学文化知识，自觉掌握致富技能；精神贫困的贫困人口更容易陷入“读书无用”论中，缺乏教育投资的远见。文化贫困者知识储备较少、认知能力较差更容易缺少理性看待事情的能力，也增加了贫困个体陷入精神贫困的概率。

最后，三者的现实分布和影响。贫困文化的存在范围较小，一般存在于地理位置较为闭塞、自然环境较为恶劣、贫困人口聚集、脱贫难度较大的深度欠发达地区和小部分少数民族聚居地区；精神贫困现象的分布较为分散，随着交通运输以及信息通信技术的发展，贫困人口对于新知识的接触越来越多，精神贫困现象也在日渐减少，文化贫困现象的分布最广是当下我国农村地区的主要致贫原因之一。

从以上分析可知，贫困文化、文化贫困和精神贫困在概念上存在诸多不同，在具体应用中更应有所区别。李文钢（2018）[①] 提出贫困文化论在我国存在着误用和滥用的情况。在我国学界贫困文化理论多用来分析欠发达地区以及部分地理位置较为封闭的少数民族聚居，地区的贫困现象，然而这恰恰与刘易斯的贫困文化适用原则相悖：贫困文化不能用来分析封闭环境中的贫困问题。因此，即便在我国的深度贫困地区，也不存在明显的贫困文化现象。虽然贫困人口“等靠要”思想也多次出现在新闻报道中，但是在调研中我们发现，大多数贫困人口仍然在努力工作，努力改善自身的生产生活状态，并且部分精神贫困现象的源头为科学文化知识匮乏和观念落后。因此，文化贫困才是引发我国农村多维贫困乃至多维贫困代际传递的重要内因。

7.2 文化贫困与多维贫困代际传递：以教育贫困为例

由上述分析可知，文化贫困是引发我国多维贫困代际传递的重要因素，文化贫困表现为教育贫困、科学文化知识匮乏。笔者曾多次跟随国务院精准扶贫第三方评估组赴河北、辽宁等地参与调研，也曾多次跟随

① 李文钢．贫困文化论的误用与滥用［J］．中国农业大学学报（社会科学版），2018，35（05）：22－31.

学校调研团队前往山东、贵州等地参与贫困地区的脱贫治贫调研活动，在多次调研过程中笔者积累了多个实际贫困案例。本部分以低收入家庭子女的受教育问题为例，通过描述实际教育贫困案例，以期为后续理论分析提供基础。

7.2.1 教育问题的重要性

人力资本的积累对于微观个体发展以及宏观经济增长的作用不言而喻。根据罗默（Romer，1989）[①] 的内生经济增长理论，技术进步是保证经济体实现持续经济增长的决定性因素，而人力资本积累是促进技术进步的关键因素。对于微观个体而言，人力资本是影响个人收入的重要影响因素，也是贫困个体摆脱贫困的重要助力。为此，习近平多次强调了教育在阻断贫困代际传递中的作用，他提出："把贫困地区义务教育搞好，防止贫困现象代际传递"[②]。2020 年 4 月，习近平在陕西调研时进一步提到"促进教育公平，切断贫困代际传递现象"。《中共中央国务院关于打赢脱贫攻坚战的决定》中也重点强调了教育扶贫工程在阻断贫困代际传递中的作用，通过教育扶贫"让贫困家庭子女都能接受公平有质量的教育"。

发展教育已经成为各国的共识（陆明涛，2017）[③]。我国特别重视农村欠发达地区的教育基础设施建设，我国的教育基础设施建设也日渐完善，农村欠发达地区子女的上学便利化问题也得到了有效解决。图 7－2 给出了我国扶贫资金用于农村欠发达地区中小学建设和营养餐计划[④]的占比。如图 7－2 所示，我国扶贫资金用于欠发达地区中小学建设的资金比重平均为 10.16%，在所有贫困资金投向上占较大比重；随

① Romer P M. Endogenous Technological Change [J]. Nber Working Papers，1989，98 (98)：71－102.

② 中共中央宣传部．习近平总书记系列重要讲话读本（2016 年版）[M]．北京：学习出版社，人民出版社，2016：216.

③ 陆明涛．结构变迁过程中的人力资本与高等教育投资回报 [J]．金融评论，2017，9 (05)：28－43＋124.

④ 为贯彻落实《国家中长期教育改革和发展规划纲要（2010～2020 年）》，进一步改善农村学生营养状况，提高农村学生健康水平，加快农村教育发展，促进教育公平，经国务院同意，中央财政拨款用于解决贫困地区学生吃饭经费不足的问题。

着欠发达地区中小学覆盖率的提高，其扶贫资金所占比重有所降低；营养餐计划支出占扶贫资金的比重均值为5.34%。

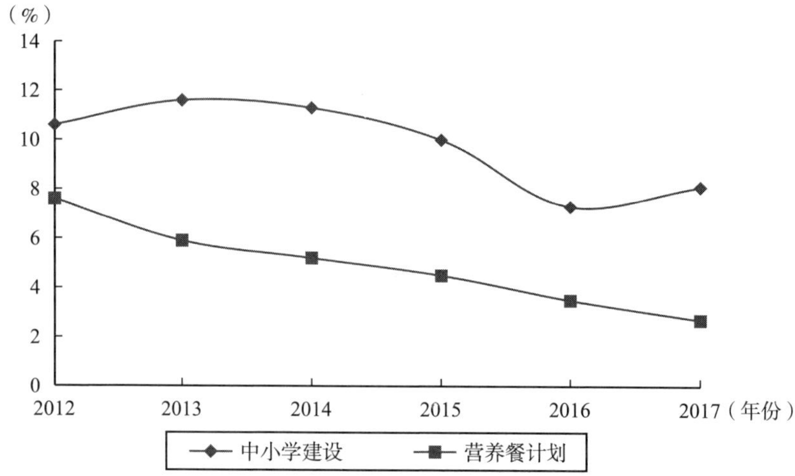

图7－2　扶贫资金用于农村欠发达地区教育的占比

资料来源：国家统计局农村贫困监测调查。

图7－3则给出了我国农村欠发达地区自然村上学便利的农户比重，从图上看，我国农村欠发达地区的上学便利程度不断提高，至2017年，我国农村欠发达地区约有84.7%的农户子女在本自然村内部实现了便利上学，88%的低收入家庭子女可在本自然村内上小学，这意味着我国农村欠发达地区子女的基础教育得到了有效保障。但现实的问题是我国农村地区的儿童失学问题依然存在，邹薇、郑浩（2014）① 利用CHNS数据计算所得，我国农村地区的初中失学率呈现明显的降低趋势，高中的失学率也高居不下，2009年，我国农村高中失学率高达36.36%，而大学的失学率高达80%。因此，贫困人口的受教育问题依然需要关注。

① 邹薇，郑浩.贫困家庭的孩子为什么不读书：风险、人力资本代际传递和贫困陷阱[J].经济学动态，2014（06）：16－31.

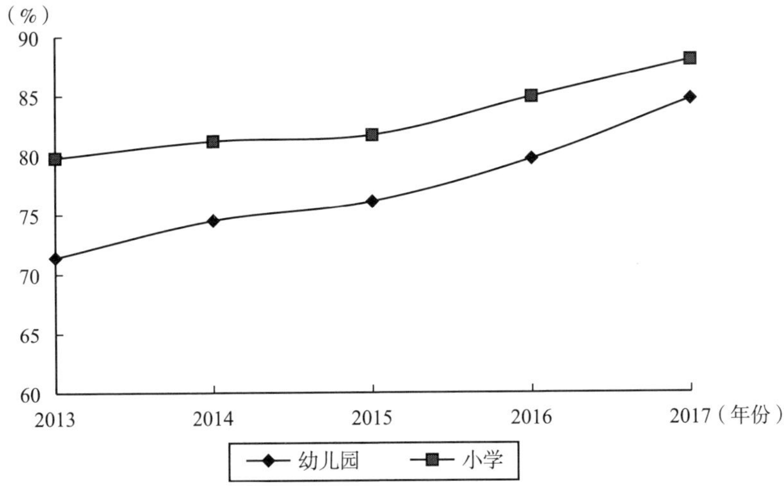

图7-3　我国农村欠发达地区上学便利的农户比重

资料来源：国家统计局农村贫困监测调查。

贫困人口受教育程度的高低是影响个体职业选择的重要因素，也是影响个体收入的重要变量。低收入家庭受教育程度低的代际传递是贫困代际传递的重要表现，更是贫困代际传递的重要诱因。因此，研究低收入家庭子女的受教育问题，具体而言是研究低收入家庭子女失学的内在原因，对于理解多维贫困代际传递现象的内因具有重要意义。本书作者曾有幸作为国家精准扶贫第三方评估组的成员，于2016~2018年多次前往河北多个县市参与国家精准扶贫第三方评估，在调研期间，作者深入多个贫困家庭进行调查研究，积累了多个案例。同时，本文作者多次参与暑期社会实践调研活动，奔赴山东、贵州、河南等多个省市围绕农村贫困问题参与社会调研。本章将以作者实地调研为基础，选取三个典型案例，以三个低收入家庭的子女受教育选择为研究对象，从代际互动的视角考察低收入家庭子女失学的重要原因。

7.2.2　案例分析

1. 案例一

河北省保定市曲阳县位于燕山——太行山集中连片特困区内，工农业发展受限严重，但其凭借独特的条件发展了雕刻产业，该产业的发展为本地的经济增长做出了巨大贡献。同时，雕刻产业对手工的严重依赖也导致了低收入家庭子代的受教育权利遭到削弱的状况。张屹立（化名），男，39 周岁，家庭住址为曲阳县北台乡 × × 村，常年在外打工，从事建筑行业，因为手艺较差，只能在建筑工地从事较为零散的工作，加上建筑行业受天气影响较大，每年工作的年限较短，因此收入较低。近年来，由于建筑行业不景气，工作机会越来越少，张屹立的年收入也有所降低。张屹立妻子曹爱花（化名），37 周岁，在家务农并照料子女，年收入为零。该家庭有一子一女，长子张一鸣（化名），14 周岁，辍学在家务工，女儿 8 周岁，小学一年级在读。

在谈及长子张一鸣辍学的问题时，曹爱花说："他爸爸收入越来越少了，家里花的反而越来越多，他（指张一鸣）作为男孩子，早赚钱养家啊，我身体也不好"。在农村低收入家庭里，赚钱养家是部分孩子辍学的动因之一。同时，曹也提到，隔壁村雕刻产业的兴起也是吸引孩子辍学的重要原因，"雕刻赚钱比较多啊，但是得从小学习，要是长大了再学就学不好了，小孩子学东西比较快，慢慢地手就稳了，孩子要从小学个技术、手艺什么的，以后就不愁了"，在提到上学和就业的问题时，曹也提到"学雕刻不需要多少知识就行，上学还得上好多年呢，即便是上了大学，也不一定能找到好工作，邻村有孩子上大学了，还不是又回来干活，还不如早学点技术，早干活，早赚钱，今年学，明年就可以赚钱了"。在曹的眼里，让儿子早辍学学习雕刻是考虑到了儿子的发展问题，他们认为教育的回报周期太长，也具有较多的不确定性，而学习雕刻的优势显而易见，既能较快获得收益，补贴家用，又能够让孩子获得一技之长，可以保证孩子的"长远发展"。

在张一鸣眼里，辍学学习雕刻对自身也是一种解放。"我学习成绩一直也不好，对学习也不感兴趣，不上学也挺好。学习雕刻还挺有意思的，我慢慢就能赚钱了，我们学校跟我一样不上学的人还挺多的，都去学习雕刻了，× × ×去年就不上学了，去学习雕刻技术今年就开始赚钱了呢！隔壁村的公司开得挺大的，开的工资也挺高，等我学成了，我就可以自己做了"。

辍学学习雕刻在北台乡不是个别现象，通过对周边多个村落的调研，我们发现，许多低收入家庭的子女放弃了学业投入到雕刻产业中。

辍学打工的原因主要为：一是家庭发展需要，父母强制子女辍学。二是子女失去学习兴趣自愿辍学。

2. 案例二

在深受儒家文化影响的山东地区，子女的受教育问题一直是家庭关注的焦点问题。“只要你想上学，家里砸锅卖铁也会供你上学”一直是许多老一辈人的口头禅。但就在如此重视教育的山东省，低收入家庭子女的受教育问题也值得关注和分析。

李然（化名），男，29 岁，山东省青州市庙子镇北庙子村人，初中阶段辍学，工作为电焊工人，常年在青州市区打工。李然的父亲在其 8 岁时因为过度劳累去世，后来母亲改嫁到本村。母亲是被贩卖到山东的云南人，虽然一直勤勤恳恳的在村里的食品加工厂打工，但收入较少。然而，家庭变故和家庭收入低下并不是李然过早辍学的主要原因。

在提及自身的受教育经历时，李然说道：“虽然小时候父亲去世，家里因此遭受了重大变故，但是母亲却比较开明，一直鼓励我读书。只要我愿意读书，母亲就愿意出钱让我上学。而实际上，家里也没有贫穷到不能支撑我读书的程度”。即便在母亲竭力支持的状况下，李然还是在 15 岁时放弃了学业，其主要的原因在于生长在低收入家庭的孩子过早的“懂事”。“我当时学习成绩还不错的，也还挺喜欢学习，不过我看到我妈太辛苦，不忍心了。我爸过世早，我妈一直带着我也不容易，我妈为了供我上学，就一直忙，除了忙地里的活，还得去工厂里打工，太辛苦了。虽然后来有了叔叔（后爸）帮忙，但是我也不太好意思一直伸手要钱”。除了低收入家庭的孩子过早的“懂事”以外，大的教育环境也对李然的选择产生了重要影响。“当时辍学的人太多了，我们村跟我年龄差不多的有 30 多个学生，但是能顺利去高中的不到 10 个，能参加中考的人就更少了，所以也没觉得辍学有什么不好，甚至是个大趋势，当时的教育环境太差了，学生太多，一个班三十到四十个学生，老师也管理不过来，学生经常在校内、校外打架斗殴，也根本不能安心学习，所以也是对上学有点失望了吧。”较为混乱的教育环境促进了辍学潮的出现，而辍学潮的出现则对低收入家庭的子女展现了新一轮的示范效应，进一步加剧了低收入家庭子女辍学现象的产生。

李然对自身的受教育经历并不觉得遗憾，在他心里更为担心和感到遗憾的是弟弟的上学问题。李然提到，随着乡村工业的兴起以及市区就业机会的增加，越来越多的人可以实现在本地或外地就业，但是随之而来的是父母对子女教育的忽视。李然的弟弟李可，15 岁，先前就读于青州市庙子镇初级中学。但是由于叔叔长期在市区打工，母亲也一直在镇上的食品加工厂打工，长期的忙碌使得父母双方忽视了对李可的教育和关心，如今李可沉迷网络，学习成绩全班倒数，李然担心弟弟也可能马上面临辍学的问题。“在家就整天抱着手机打游戏啊，也不写作业，也不看书，对学习完全没有兴趣，能混个初中毕业证书就不错了”李然说。李然表示，由于父母忙碌而忽视子代教育的案例比比皆是，不胜枚举，自己周围就有很多。

忙碌的父母往往因为陪伴子女的时间较短而对子女产生愧疚感，而随着就业机会和收入的增加，父母往往会利用增加零花钱、购买手机等方式补偿子代，而零花钱的增加、智能手机的可得性以及缺少父母的正确引导共同加剧了子代沉迷网络、荒废学业等问题的产生。

3. 案例三

林光辉（化名），57 岁，家住河北省阜平县平阳镇，育有一子一女，长女 22 岁，受教育年限为 3 年，次子 19 岁，受教育年限为 8 年。

由于所在村落地理位置较为偏远，村内工业发展落后，李光辉夫妇长期务农，家里的主要收入来源也是农业种植收入。由于两个孩子年龄差距较小，在入学时间上较为接近，而家庭收入低下，不能同时支付两个孩子的受教育费用，因此李光辉决定牺牲女儿的受教育机会来成就儿子。李光辉说，“女儿上不上学无所谓，况且当时确实没钱给她上学”。女儿在 10 岁时辍学在家中帮助父母务农，由于文化水平低下，女儿也只能在镇上找点零活干。2016 年，女儿嫁入邻村。

相比较而言，儿子的受教育机会大得多，然而儿子依然在初二退学。其主要原因是李光辉所在村子距离镇中心较远，儿子在初中就要住校学习。远离家庭的儿子玩心更重，注意力不集中，最终导致学习成绩远远落后于班级里的其他同学。学习成绩的下降也导致其学习兴趣的缺失，强大的厌学情绪最终导致儿子的辍学。女儿的教育牺牲也并未换来儿子受教育年限的延长，最终的结果是两个孩子受教育的双重缺失。由于受教育年限较短，儿子只能在村内做泥瓦匠，女儿只能就近做点手工活，收入相对较低，家庭生活较为拮据。

7.2.3　贫困家庭父母的教育选择逻辑

在我国传统文化中，父母是家庭投资决策的主导者，因此，父母决定了对子代的人力资本投资。在部分欠发达地区，信贷约束是家庭教育投资的最大障碍。然而，随着我国九年义务教育的推行、学杂费减免以及欠发达地区的营养餐计划在一定程度上松绑了家庭教育投资的资金约束，子代的教育投资成为大多数低收入家庭父母的可选择项。

根据李（Li，2017a）① 的研究，贫困人口相对富人更不擅长处理不确定性事件，同时，他认为风险厌恶这一概念并不能很好地反映人们对于不确定性的态度，在日常生活中，人们会经常遇到“模糊性不确定”问题。所谓模糊是指信息能得知却不被得知的情况，模糊性不确定是指没有明确概率分布的情况。人们对于模糊状态的态度有两种：模糊厌恶（ambiguity averse）和不敏感（a-insensitivity）。模糊厌恶是指人们在面对伴随风险的不确定性时，会倾向于选择已知的不确定类型，而不是未知类型。对模糊状态不敏感是指不能充分区分不同水平的可能性（Wakker，2010；Trautmann & van de Kuilen，2015）②③。对模糊状态不敏感是由于个体对事物认识不足而对模糊决策情境的认知和理解不够全面，不敏感的人更容易受到次优选择的影响，比如不能很好地将新信息纳入决策，因此会过度投资低可能性情况，即不敏感的人无力处理不确定问题。模糊厌恶反映了人们从动机角度厌恶模糊状态的程度，不敏感反映了人们从认知角度对模糊决策情境的理解程度。本书认为模糊厌恶和模糊不确定性能较好地分析我国低收入家庭的教育投资决策问题。

① Li C. Are the poor worse at dealing with ambiguity? [J]. Journal of Risk & Uncertainty, 2017, 54 (3): 239 - 268.

② Wakker P P. Prospect Theory (For Risk and Ambiguity)//Prospect theory for decision under risk [J]. 2010, 10.1017/CBO9780511779329 (9): 251 - 276.

③ Trautmann, S. T., van de Kuilen G. Ambiguity Attitudes [M]. The Wiley Blackwell Handbook of Judgment and Decision Making. Oxford, UK: Blackwell, 2013: 89 - 116.

1. 模糊厌恶：资金约束内的风险规避

贫困人口是高度风险厌恶的，对于低收入家庭而言，风险一旦成真，就会直接危及贫困人口的生存问题，因此，低收入家庭在面临投资选择时会“高度谨慎”。从理性经济人角度分析，对子女的教育投资应当是一种安全投资，接受高等教育的子女可增加人力资本存量，提高个体在劳动力市场上的竞争力和议价能力，进而获得高收入，低收入家庭的子女在获得高收入后可对原生家庭实施有效反哺，促进原生低收入家庭顺利脱贫。然而，正如班纳吉和迪弗洛（2013a）[①] 在《贫穷的本质：我们为什么摆脱不了贫穷》一书中提到的，“在穷人眼里，教育不是一种投资，更像一种彩票”。教育投资对于贫困人口来讲并不是一种安全投资，更像一种风险投资。

对于贫困人口而言，教育投资的风险主要表现在以下几个方面：

首先，教育投资的回报周期较长。我国普通中小学教育的目的是为适龄儿童提供基础教育，而基础教育的主要目的在于提高学生的基本素质，为学生的成长与发展奠定德智体等各方面的基础。基础教育的主要成果是保证青少年识文断字，帮助青少年形成良好的认知能力。然而，我国自 1986 年开始实施义务教育以来，完成基础教育的学生越来越多，因此基础教育的相对收益明显减小，即随着完成基础教育的青少年越来越多，仅完成基础教育的青少年在劳动力市场上的竞争力也越来越小，基础教育阶段的投资回报率也出现明显下降。低收入家庭的子女想要获得高的投资回报率，就要加大教育投资，接受更高程度的教育。赵红霞、高培培（2017）[②] 的研究表明高中（职高/技校、中专）及以上阶段的教育会显著增加农村居民的收入，而高中以下的教育程度对于收入的影响并不显著；而在城市的劳动力市场上，中等和大专学历的教育回报率在降低，本科及以上学历的回报率在提高（杨江华等，2014）[③]。从上述多个研究的结果来看，教育的回报率具有明显的门槛效应，低

① 阿比吉特·班纳吉，埃斯特·迪弗洛．贫穷的本质：我们为什么摆脱不了贫穷［M］．中信出版社，2013.

② 赵红霞，高培培．子代教育对中国农村贫困代际传递的影响——基于 CHIP2013 的实证分析［J］．教育学术月刊，2017（12）：26－32.

③ 杨江华，程诚，边燕杰．教育获得及其对职业生涯的影响（1956～2009）［J］．青年研究，2014（05）：1－11＋94.

收入家庭的子女要想获得好的教育回报，就应该取得高中及以上毕业证书，即受教育年限至少为 12 年，这无疑提高了受教育年限，拉长了教育投资回报的周期，也提高了受教育的机会成本。同时，随着义务教育阶段的结束，高中及以上教育阶段需家庭自费完成，自费教育增加了低收入家庭教育投资的负担，也提高了低收入家庭教育投资的风险。

其次，教育投资的回报具有不确定性。第一，教育投资的长回报周期增加了回报的不确定性；例如宏观经济运行状况会影响劳动力市场的需求量，产业结构变动会影响劳动力市场的需求结构，而学生的毕业年份、所学专业在进入劳动力市场前都是固定的，因此，长时间的教育投资回报会面临着市场风险。第二，教育的回报最先通过劳动力市场体现出来，而劳动力市场具有一定的竞争性，也就意味着个体异质性会影响自身在劳动力市场的表现，即个体异质性会影响教育投资的回报，例如个体的性格、表达能力，甚至外貌都会影响教育投资的回报（江求川、张克中，2013）①。第三，教育文凭贬值提高了教育投资的不确定性。自 1999 年以来，我国高校不断扩招，在大众教育阶段，我国高等教育文凭的人才筛选功能弱化，文凭迅速贬值，教育演变为富人追捧的“防御性投资”（刘云杉，2012）②，而低收入家庭一方面承受着高等教育投资带来的经济负担，另一方面，面临着文凭贬值带来的教育投资回报率相对降低的窘境。根据陈玉宇、刑春冰（2004）③ 的测算，1991 ~ 1997 年，农村教育的投资回报率仅仅为 0% ~5%，但是考虑到教育拓展了农村居民的就业空间，提高了农村居民在工业部门谋生的机会，因此回报率约为 5% ~7%。

模糊厌恶是指人们在面对不确定性时会倾向于选择已知的不确定类型，而不是未知类型。对家庭教育投资问题上，资金约束是每个低收入家庭均会面临的重大问题，在现金约束和教育投资周期较长且回报率不确定的条件下，低收入家庭更容易选择风险规避，为获取短期收益而减

① 江求川，张克中．中国劳动力市场中的“美貌经济学”：身材重要吗？［J］．经济学（季刊），2013，12（03）：983 -1006.

② 刘云杉．“寒门难出贵子”：基础教育与高等教育的双重困境［N］．中国社会科学报，2012 -03 -07（B01）.

③ 陈玉宇，邢春冰．农村工业化以及人力资本在农村劳动力市场中的角色［J］．经济研究，2004（08）：105 -116.

少对子代的教育投资（Gregorio，1996；Keane & Wolpin，2001）[①][②]。

2. 对模糊状态的不敏感

贫困人口在生活决策过程中往往存在着对模糊状态的不敏感，阿比吉特和埃斯特（2013b）[③] 在《贫穷的本质：我们为什么摆脱不了贫穷》一书中提到“穷人应对风险的方式都很昂贵”，意即贫困人口由于认知资源、能力不足往往不能充分获取或应对理性决策所需要的信息（Mullainathan，2013）[④]，因此不能做出科学的经济决策。李（2017b）、班纳吉和迪弗洛（2013c）在其著作中都提到了穷人购买蚊帐的案例，在非洲一些落后地区，安装简单的蚊帐可有效防止蚊虫叮咬，降低儿童患传染病的概率，于是政府及部分救助机构在部分贫困地区免费或低价出售蚊帐，然而现实情况是许多贫困家庭并不会购买或安装蚊帐。主要的原因在于贫困人口大多对模糊状态高度不敏感，降低不确定性对这些人并不重要，只要蚊帐不能完全消除儿童得传染病的概率，贫困家庭的父母不会为了降低儿童患传染病的概率购买蚊帐，尽管科学研究以及事实证明安装蚊帐能在很大程度上降低儿童患传染病的概率。

对模糊状态的不敏感也出现在我国贫困家庭的教育投资上，贫困家庭的父母似乎总将教育看作是一种让子女获得大量财富的方式，换言之，贫困家庭的父母对教育的期望很高，但是当子女完成基础教育后，贫困家庭的父母会对比子代的教育所得和其自身期望，当教育所得远低于期望值时，贫困家庭的父母会降低对子女的投资意愿。教育投资只会降低子女或家庭在未来陷入贫困的概率，并不能持续带来稳定的收入，因此，贫困家庭会较早放弃对子女的教育投资。

知识改变命运几乎是每个现代家庭的常识，但是这一常识在实践中会变得脆弱，就如上例中在政府和救助机构的宣传下，蚊帐可有效防止

---

① Gregorio J D. Borrowing constraints, human capital accumulation, and growth [J]. Journal of Monetary Economics, 1996, 37 (1): 49 – 71.

② Michael P. Keane, Kenneth I. Wolpin. The Effect of Parental Transfers and Borrowing Constraints on Educational Attainment [J]. International Economic Review, 2001, 42 (4): 1051 – 1103.

③ 阿比吉特·班纳吉，埃斯特·迪弗洛. 贫穷的本质：我们为什么摆脱不了贫穷 [M]. 中信出版社，2013.

④ Mullainathan S., Shafir E. Scarcity [M]. Penguin UK, 2013.

传染病这一事实，在贫困家庭中形成了一种共识，但在实际行动中却被抛弃。实践失败的原因在于，贫困家庭的父母对模糊状态高度不敏感，贫困家庭的投资缺乏适当的激励机制。在贫困家庭子女受教育问题的分析中，子女接受高等教育在长期来看很可能会提高家庭收入，但是教育的长投资周期增加了回报的不确定性，贫困家庭在短期内看不到实际的收益。因此，贫困家庭基于现金回报的投资激励较少。

同时，投资激励机制的缺乏加剧了教育投资负向“示范效应”在贫困地区的作用。当村庄内大量家庭放弃教育投资，青少年辍学情况较多的情况下，教育投资就变得缺乏意义。“子女不是文盲”就变成了贫困家庭教育投资的主要目的。而在工业化和城镇化不断发展的今天，教育投资也有了新的阻力。对于许多贫困家庭而言，十几岁的青少年已经有能力出去打工赚钱，贴补家用，因此，越来越多的家庭放弃了对子女的教育投资。青年子女辍学打工在降低家庭教育支出的同时还增加了家庭收入，这会给更多的贫困家庭带来辍学激励。

当然，教育投资的“示范效应”不仅表现在“低投资—低产出”模式上，还表现在部分家庭的“高投入—高产出”教育投资模式上。在调研中，我们发现村庄内部获得较高学历的学生一般呈现聚集状态，表现为家庭地理位置较为接近或者亲缘关系较为接近。其主要的原因是明确的投资回报增加了家庭的投资激励。当亲缘家族内部或邻居家庭有子女完成高等教育并获得相对高收入的情况下，“高投入—高产出”的投资模式会通过农村地区的人情往来、经验交流得以传播并加以复制。切实可见的教育投资收益会提高周围家庭对子代的教育投资激励，进而提高部分家庭子女的高等教育获得机会。但“高投入—高产出”教育投资模式的示范作用具有一定的作用范围。虽然教育投资成功的案例往往在整个村庄乃至多个村庄之间广为流传，但其随着影响范围的逐渐扩大，其示范效应会呈现出逐渐递减的趋势，主要原因在于投资回报的模糊化。意即随着地理范围以及人情交往距离的增加，越来越少的人能真实接触或感受到教育投资回报，因此教育投资成功案例的正向示范效应将减小。

在家庭教育投资决策中，贫困人口对模糊状态的不敏感还表现为对教育投资失败案例的敏感度大于教育成功的案例。上文提到，教育投资回报有很强的个体异质性，因此教育投资失败不可避免。在调研中我们发现，许多家长会提到“××虽然大学毕业也依然找不到工作”，即教育投资失败案例的影响力将远远大于教育成功的案例。许多贫困家庭在信息接受中夸大了教育投资失败个案的影响，忽略了投资成功的积极作用。

7.2.4 贫困家庭子女的教育选择逻辑

虽然家庭父代在很大程度上主导了家庭的教育投资决策，但是低收入家庭子女也拥有部分主动权。2018 年 7 月，出身于低收入家庭的女孩王心仪以 707 分的超高分数考入北大，其“感谢贫穷”一文风靡网络，而真正感动无数人的是其战胜贫穷、改变命运的坚定信念和不懈努力[①]。在我国广大的农村地区，越来越多的农家子女通过自身的努力战胜了贫困，改变了自身以及家庭的命运。贫寒中的奋斗之路，让人们看到了执着的希望，但是贫穷并不必然带来坚强和乐观，我们也应该看到，在我国广大的农村地区，还有部分低收入家庭的子女被贫困磨灭了奋斗的意志，失去了坚持到底的自信和勇气。

首先，因为“懂事”而“自我牺牲”。农村低收入家庭的收入主要来源有农业劳动和外出打工两大类，不管是农业生产劳动还是打工都是靠“力气”来实现的。农业生产受自然约束较大，收入稳定；打工则意味着长时间的脏活、累活、重体力活。父母付出与收入都是低收入家庭子女时时可观察和感知的，“穷人的孩子早当家”在低收入家庭中成长起来的子女会更早懂得父母的辛劳。因此，“懂事”是低收入家庭中父代对子代的基本教育期待，也是低收入家庭子女的基本特征。程猛、康永久（2018）[②] 认为“懂事”具有爱、理解、疼惜、自立和回馈等多种含义。低收入家庭子女的“懂事”来源于他们对父母辛苦劳动的理解和感同身受，自主的生出对父母强烈的爱和疼惜，并在生活上自觉自律，努力做到不让父母操心，在自立生活的基础上尽力回馈父母，例如尽力帮助父母做家务，利用假期打工等。因此，“感知—理解—爱、疼惜—自立—回馈”构成了影响低收入家庭子女选择的重要因

---

① https：//baijiahao. baidu. com/s? id = 1607697840915745113&wfr = spider&for = pc.

② 程猛，康永久. 从农家走进精英大学的年轻人：“懂事”及其命运［J］. 中国青年研究，2018（05）：68 – 75.

素。程猛（2016）[①] 认为贫困家庭的子女很容易因为自身求学给家庭带来负担而背负沉重的道德债务。而这一沉重的道德负担在低收入家庭子女中会引致两种截然不同的选择，一部分人会形成“报恩”心理即回报家庭的心理需要，该部分人通过激发自身的学习动力取得高学习成就回馈家庭；另一部分则会“牺牲自我”，选择及时反馈，放弃自身的长远发展，进入社会谋生，减轻父母负担。因此，基于“懂事”而选择放弃学业是低收入家庭子女提早辍学的原因之一。

其次，辍学的示范效应。“辍学”在乡村中的示范效应明显，主要表现在辍学会影响低收入家庭的教育投资决策。除此之外，辍学的示范效应还表现在辍学现象会影响低收入家庭子女的自主选择。普遍的辍学现象会向低收入家庭的子女传达“上学无用，无需上学”的讯息。当一个或周围几个村庄中的辍学现象比较普遍时，许多在校生就会认为“辍学”是其最终归宿，因此会降低自身坚持学业的自信。辍学儿童走上工作岗位带来的收入效应也是吸引大批儿童辍学的重要原因。同时，当一个或周围几个村庄中的辍学现象比较普遍时，当地教育风气会在一定程度上受到破坏：辍学儿童在较短的时间内很难找到合适的工作，因此，介于社会与学校之间的儿童往往会发展为“小混混”，横行于校园内外，破坏校园教学秩序，影响周围地区的教育环境。浑浊的教育环境也会降低子女对教育的信心，最终选择放弃学业。

再次，自身素质和教育系统的错配。我国农村低收入家庭子女在不同的教育阶段上都存在着个体素质和教育系统要求错配而辍学的现象。赶不上学校学习进度、学习成绩落后进而失去学习信心是许多低收入家庭子女辍学的重要诱因。由于对子女教育监督的关注和缺失、子女（需要帮忙家务等）学习时间不足、农村基础教育质量低下等问题，许多农村低收入家庭的子女在基础教育阶段成绩落后，这会进一步导致学生失去学习兴趣和自信。在调研中我们发现，欠发达地区的初中升高中阶段的辍学率较高，主要的原因在于我国在初中升高中的考试中会带有一定的选拔性质，这时农村子女教育分化较为明显。学习成绩较差的学生在中考前后就会辍学，成绩较好的会按照成绩高低进入不同

① 程猛. 向上流动的文化代价——作为阶层旅行者的“凤凰男”［J］. 中国青年研究，2016（12）：91－97.

等级的高中，学习成绩中等偏下的一部分学生会进入职专学校学习；而职专学校的辍学率也较高，主要原因是教育环境较差以及低收入家庭子女很难适应学校教育的要求。我国农村低收入人口在高等教育阶段的辍学现象较少，但也存在部分因为自身素质不能满足学校要求而自愿退学的现象。

最后，互联网、智能手机的应用普及腐蚀了低收入家庭子女的学习意志。随着互联网技术普及应用，越来越多网吧在欠发达地区兴起，许多低收入家庭也为了家庭成员联系方便配备了智能手机。网吧和智能手机的应用成为低收入家庭子女获得外界信息的重要手段之一，在扩展其眼界的同时，也带来了众多不良影响。网络信息纷繁复杂，青少年往往缺乏辨别意识，容易被不良信息误导；网络的娱乐性更容易使得青少年沉迷网络不能自拔。其中，网络游戏成为众多青少年趋之若鹜的对象，许多低收入家庭子女沉迷网络、废弃学业，尤其是农村地区的留守儿童，由于长期缺乏家庭监督则更容易因为沉迷网络世界而放弃学业。

综上所述，农村低收入家庭子女教育缺失是父代教育投资不足以及子代自主选择共同作用的结果。如图 7 - 4 所示，由于教育投资存在回报周期较长以及回报不确定等特点，在低收入家庭面临资金约束的情况下，一方面，低收入家庭父代会因为模糊厌恶而选择风险规避，即减少对子代的教育投资；另一方面，低收入家庭父代在家庭教育投资决策时还面临模糊状态不敏感的情况，不能很好地处理教育投资的相关信息，对短期教育投资的期望过高，缺乏长期投资激励，更容易受到教育投资失败案例的影响，因此对子代的教育投资严重不足。而对于子代自身而言，因为懂事而选择自我牺牲是低收入家庭子代对于家庭现状的正常反应，实则是一种认知偏误而引发的低质量决策行为，是文化贫困的表现；辍学的示范效应以及互联网转移学习注意力是低收入家庭子女缺乏辨识力的一种表现，而个体素质与教育系统的错配则是家庭教育缺失和社会教育不足双重作用的结果。

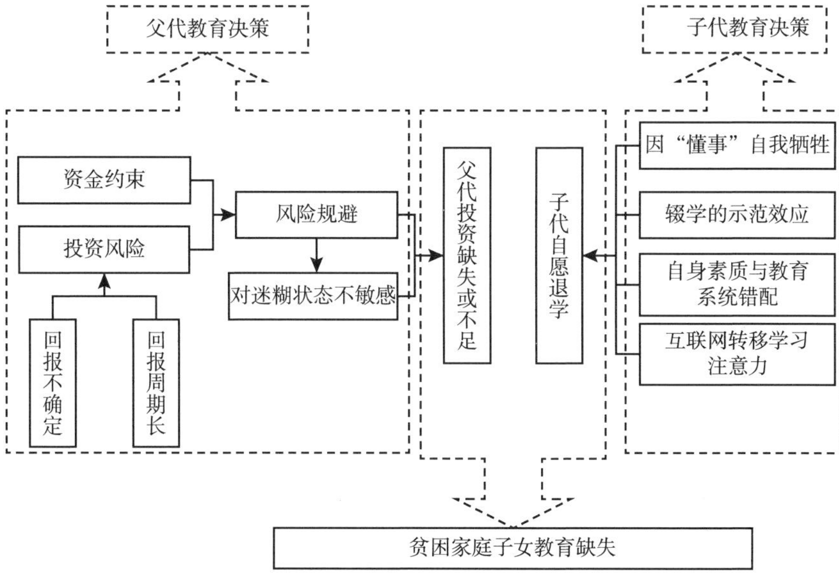

图7－4　农村贫困家庭子女受教育缺失的内因

7.3　本章小结

贫困文化、精神贫困以及文化贫困三者在概念上具有明显区别，但也存在一定联系。其中，文化贫困才是引发我国农村贫困乃至贫困代际传递的重要内因，其广泛的表现为教育贫困、科学文化知识匮乏。

教育维度的贫困是多维贫困的重要表现之一，教育的缺失也是导致其他多维度贫困的重要原因。因此，本章以低收入家庭子女的受教育问题为例，分析了我国农村地区低收入家庭子女受教育年限较短的内部因素。研究表明，低收入家庭子女的教育缺失是父代教育决策和子代受教育决策双重作用的结果。教育投资的回报周期长以及不确定性等问题导致了父代面临资金约束下的投资风险问题，加上低收入人口所存在的对模糊状态的不敏感性，导致了低收入家庭父代对子女的教育投资严重不足。而低收入家庭子女固有的“懂事”观、自身素质的低下、辍学的示范效应等都会导致低收入家庭子女的辍学问题。

第8章 我国农村多维贫困代际传递的阶段异质性分析

——基于家庭生命周期视角

多维贫困代际传递以微观家庭为主要发生场所，家庭内部多维贫困代际传递现象的发生深受家庭生命周期的影响（Garcia & Gruat, 2003）①。在家庭生命周期的不同阶段，家庭人口结构和家庭关系具有显著差异，家庭功能也随之改变。由于我国社会保障制度等发展不够完善，我国农村地区的家庭生命周期具有显著的地方特色。同时，随着我国以社会主义市场经济为取向的改革深入发展，工业化、信息化、城镇化、农业现代化的不断推进，我国农村地区的传统农业文明也深受现代生产方式的冲击，我国农村地区逐渐进入“乡村转型”和“乡土重建”时期②，在此期间，传统的家庭生命周期也具有了新的时代特征。本章将从家庭生命周期视角研究多维贫困在代际之间的传递现象及多维贫困代际传递机制的阶段异质性。

8.1 家庭生命周期理论

家庭生命周期描述了微观家庭产生、发展乃至消亡的过程，同时也反映了老一代家庭解体、新一代家庭产生的循环运动规律。家庭生命周期在描述家庭人口变动的同时，也描述了处于家庭中的个体生命周期的变化。从家庭生命周期的视角研究多维贫困的代际传递问题，既有利于

① Garcia A. B., Gruat J. V.. Social Protection: A life Cycle Continuum Investment for Social Justice [J]. Social Protection Sector, 2003, 54 (1): 167 - 182.

② 陆益龙. 后乡土中国 [M]. 北京：商务印书馆，2011：234 - 249.

分析低收入家庭的不同个体在家庭生命历程的不同阶段中的多维贫困状态以及多维贫困成因，也有利于分析家庭变迁过程中低收入家庭成员之间的关系及其相互影响机制。

8.1.1 家庭生命周期理论的演变

家庭生命周期的概念最先出现在朗特里（Rowntree，1902）[①] 关于贫困和贫困家庭所处生命阶段的研究。而最先对这一概念进行系统阐述的是格利克（Glick，1947）[②]，在其研究中，家庭的生命周期可以分解为形成、扩展、稳定、收缩、空巢和解体六个过程，也被称为“六阶段”定义。尔后诸多学者根据研究需要将家庭生命周期进行了不断的扩展和细分，例如罗杰斯（Rodgers，1962）[③] 将家庭生命周期划分为十个阶段，韦尔斯和格巴（Wells & Gubar，1966）[④] 将家庭生命周期分为九个阶段，墨菲和斯特普尔斯（Murphy & Staples，1979）[⑤] 将家庭生命周期扩展为十三个阶段。国内部分研究是基于家庭生命周期的六阶段定义，例如杜鹏（1990）[⑥] 基于六阶段定义计算了我国城乡家庭生命周期的长度以及各阶段的基本特征。然而受我国农村地区传统文化的影响，我国农村家庭的代际关系较为紧密，家庭的扩张期较长，家庭收缩、空巢和解体等时期的划分不甚明显，传统的家庭生命周期并不能完全适用于我国的农村家庭（周强等，2011）[⑦]。因此，国内学者根据我国国内

① Rowntree B S, Hunter R. Poverty: A Study of Town Life [J]. Charity Organisation Review, 1902, 11 (65): 260-266.

② Glick P C. The Family Cycle [J]. American Sociological Review, 1947, 12 (2): 164-174.

③ Rodgers, R. H., 1962, Improvements in the Construction and Analysis of Family Life Cycle, PH. D. Thesis, University of Minnesota.

④ Wells, W. C., Gubar, G. Life Cycle Concept in Marketing Research [J]. Journal of Marketing Research, 1966, 3 (4): 355-363.

⑤ Murphy P E, Staples W A. A Modernized Family Life Cycle [J]. Journal of Consumer Research, 1979, 6 (1): 12-22.

⑥ 杜鹏．中国城乡家庭生命周期的初步分析［J］．中国人口科学，1990（04）：24-28.

⑦ 周强，夏显力，姚芬．影响不同类型农户土地流转的因素分析——基于家庭生命周期理论［J］．广东农业科学，2011，38（11）：193-195.

实际状况对家庭生命周期理论进行了发展改善，例如于洪彦、刘艳彬(2007)① 改进了吉莉和埃妮斯（Gilly & Enis，1982)② 的家庭生命周期模型，构建了适合我国现阶段的家庭生命周期模型；同时，诸多国内学者根据自身研究对象的差异对家庭生命周期理论进行了扩展，并在其基础上分别研究了家庭资产配置（张婉君，2018)③、农户收入（黄英伟等，2013)④、农村劳动力转移（林善浪、王建，2010)⑤、老年人生活(伍海霞，2010)⑥、农民工家庭消费结构（晁刚令、万广圣，2016)⑦等问题。

上述对家庭生命周期理论的研究大多基于某个经济或社会现象，对家庭生命周期结构的具体阐述相对不足。吴帆（2012a)⑧ 将家庭生命周期分解为时序结构、关系结构和功能结构三个构面，微观家庭将通过三个层面的关系变化实现动态变迁。徐小言（2016a)⑨ 提出家庭生命周期糅合了时序性、社会关系以及代际更替等多个视角，认为基于时序结构、关系结构和功能结构三个维度的家庭生命周期理论能较好地解释农村家庭贫困的内生原因。而贫困问题的产生可归结于家庭关系缺失、功能缺失以及时序结构性需求无法满足等问题。本章将参考、借鉴家庭生命周期理论，考察不同家庭生命周期阶段中我国农村低收入家庭的贫困代际传递现象。

① 于洪彦，刘艳彬．中国家庭生命周期模型的构建及实证研究［J］．管理科学，2007(06)：45－53.

② Gilly，M. C，Enis，B. M.，Recycling the Family Life Cycle：A Proposal for Redefinition［J］. Adances in Consumer Research，1982，9（1）：271－276.

③ 张婉君．基于家庭生命周期理论的家庭资产配置优化策略研究［J］．经济师，2018(01)：149－150.

④ 黄英伟，陈永伟，李军．集体化时期的农户收入：生命周期的影响——以河北省北街2队为例［J］．中国经济史研究，2013（02）：34－46＋175.

⑤ 林善浪，王健．家庭生命周期对农村劳动力转移的影响分析［J］．中国农村观察，2010（01）：25－33＋94－95.

⑥ 伍海霞．河北农村老年人家庭生命周期及影响因素分析［J］．人口与经济，2010(04)：71－77.

⑦ 晁钢令，万广圣．农民工家庭生命周期变异及对其家庭消费结构的影响［J］．管理世界，2016（11）：96－109.

⑧ 吴帆．家庭生命周期结构：一个理论框架和基于 CHNS 的实证［J］．学术研究，2012(09)：42－49.

⑨ 徐小言．我国农村贫困成因动态认知的维度构建分析——基于家庭生命周期理论的结构性扩充［J］．理论学刊，2018（05）：135－140.

8.1.2　家庭生命周期多维结构

根据吴帆（2012b）和徐小言（2016b）关于家庭生命周期理论的相关论述，家庭生命周期可分为三个结构层面：时序结构、关系结构和功能结构。

时序结构指家庭生命周期的各阶段都是相继出现，家庭生命周期的各阶段与家庭成员的个人生命历程相对应。时序结构又包括历史时间、生物时间、社会时间三个方面的含义。历史时间是指家庭或个人的生命历程总是发生在一定的历史时空之中，个体或家庭的发展历程总会受到相对应历史发展阶段的影响；生物时间是指个体的诞生、成长，是个体在自身生命历程中所处的位置；社会时间是指社会对个人年龄和行为间关系的制约。在本章中，时序结构主要表现在家庭的形成、扩大以及解体等过程中，也表现为父代与子代都会经历多个阶段的生命历程。

关系结构是指家庭中个体之间的关系。例如一个核心家庭有夫妻、亲子和同胞关系。在本章中，关系结构主要关注亲子关系中的代际更替。

功能结构是指家庭在不同发展阶段上对家庭成员的功能和效用。家庭功能包括生养、经济、权利、教育、保障、娱乐和文化等。在本章中，功能结构涵盖了父代对子代的生养、教育等功能，也涵盖了子代对父代的赡养功能等。

8.2　家庭生命周期视角下多维贫困代际传递分析

8.2.1　家庭生命周期的划分

家庭生命周期的划分方式良多，学界并不存在一个固定的划分标准和模式，学者多根据自身的研究内容和研究对象自行划分家庭生命周期（彭继权、吴海涛，2017）①，其主要原因还在于传统的家庭生命周期划

① 彭继权，吴海涛．家庭生命周期视角下农户多维贫困影响因素研究［J］．世界经济文汇，2017（06）：72－87.

分方法并不能很好地适用于所有研究。本章研究的主要内容是家庭生命周期下的我国农村多维贫困的代际传递，意即研究家庭生命周期对我国农村地区多维贫困代际传递的影响，总结不同周期内我国农村地区多维贫困代际传递的特征，其着力点在于描述代际更替中的代际关系和家庭功能结构的转变。为简化和方便分析，本章围绕代际关系的变更将家庭生命周期划分为“三个阶段”：家庭成长期、成熟期和衰老期，具体含义如表 8 -1 所示。

表 8 -1　　　　家庭生命周期阶段划分

阶段	起始	结束	特点
家庭成长期	父代结婚	子女结婚	父代养育子代
家庭成熟期	子女结婚	父代失去劳动能力	相对独立
家庭衰老期	父代失去劳动能力	父代离世	子代反哺父代

表 8 -1 给出了本章所采用的家庭生命周期划分标准。部分研究将家庭生命周期划分为家庭形成期、成长期、成熟期以及衰老期等四个时期。但是家庭形成期主要指的是父代结婚到子代出生的时期，在此期间，子代还未出生缺乏代际互动，因此本章将家庭形成期合并入家庭成长期。在我国农村地区，婚育间隔期一般较短（李玉柱、姜玉，2009）①，平均间隔期为 1. 32 年（史清华，黎东升，2004）②，相对于长达十几年的家庭成熟期而言，家庭形成期几乎可以忽略。因此，将家庭形成期并入家庭成长期也具有一定的现实意义。家庭成长期是家庭生命周期中较为重要的阶段，家庭主要功能是养育子代成人。在我国农村地区，哺育子代的周期很长，涵盖的内容也较为广泛，许多地区以“子代结婚生子”作为最终的哺育目标。因此，该阶段的结束标志为子女结婚。在该阶段，微观家庭会完成生养子代、对子代人力资本投资等环节，直到子代结婚，进入相对独立阶段。

家庭成熟期为子代结婚到父代失去劳动能力阶段。在该时期，父代

① 李玉柱，姜玉. 80 年代以来我国妇女初婚初育间隔变动分析［J］. 西北人口，2009，30（03）：53 -56.

② 史清华，黎东升. 民族间农民生育行为的比较研究——来自湖北省 418 户农户家庭的调查［J］. 中国人口科学，2004（05）：58 -66 +82.

与子代都具有劳动能力，经济关系相对独立，但代际关系会存在显著的家庭异质性。金钱的代际净流向取决于父代家庭和子代家庭的相对经济实力对比，若父代经济实力高于子代，则父代会继续延续家庭成长期的功能，金钱净流向为父代向子代的垂直流动；若子代经济实力高于父代，则子代会提前行使家庭衰老期的职能，对父代进行反哺。

家庭衰老期为父代失去劳动能力到父代离世这一阶段。由于我国农村老龄化的加剧以及社会养老制度发展不够完善，家庭养老一直是我国农村地区养老的重要方式。因此，在该阶段，子代会对父代进行反哺，金钱的净流向为子代流向父代。

8.2.2　家庭生命周期下多维贫困代际传递阶段异质性分析

在不同的家庭生命周期下，家庭关系结构会发生变化，同时家庭功能结构也会发生相应的变化。父代与子代正是在家庭生命周期的不断变更中，通过家庭关系的代际更替来实现资源的流动，同时也实现了贫困状态的代际传递。

1. 家庭成长期

在家庭成长期，家庭的主要功能为哺育子代。在此阶段，父代会完成生养子代、对子代进行健康投资和教育投资、辅助子代就业、为子代做好婚姻准备等“任务”。在此过程中，父代完成对子代文化资本、社会资本和经济资本的传递，哺育子代在我国农村地区又有四个方面的含义。

第一部分为生养，即父代首先要经历从婚姻到孕育子代的过程。在此过程中，父代会对子代进行健康投资，父代除了要满足子代最基本的温饱需求外，还要保障子代的健康需求，例如保障子代生病及时就医，提供足够的营养满足子代身体发育所需，营造较为卫生、安全、健康的家庭环境保障子代的身心健康发展。虽然我国已经全面解决了温饱问题，但是低收入家庭营养和环境卫生问题仍然没有得到较好的解决。低收入家庭父代特别是母亲营养意识的缺失以及家庭收入低下会严重影响子代的营养摄入，营养不均衡可能会导致子代身体健康受损。同时，环境不卫生以及父代就医意识单薄也会加剧子代的健康贫困。

第二部分为父代对子代的教育和教育投资。在我国，教育有家庭教育、学校教育和社会教育三种形式，父代对子代的教育投资既表现为父代对子代进行家庭教育耗费的时间和精力，也包括父代对子代接受家庭教育和社会教育的资金支持。“父母是孩子的第一任老师”，家庭是子代最早接受教育的场所，家庭教育存在于家庭父代与子代的双向互动之中（孙俊三、孙松竹，2006）①，即家庭教育从子代有意识起就开始发挥作用。家庭教育在理论上将会持续个体一生的时间，但是个体接受学校教育前的家庭教育最为关键。因为家庭教育的核心是促进儿童的均衡发展和个性发展，与学校和社会教育相比，家庭教育更具渗透力和包容性（缪建东，2009）②。而谢益民（2013）③ 认为儿童在接受学校教育以前已经开始了早期的社会化，而儿童的早期社会化过程始于家庭内部，因此父代的受教育程度、代际之间的文化传承都会影响子代早期的社会化进程。同时，家庭教育可通过父代的亲范形象、家庭教育储备和学历文化水平等多个途径影响子代，例如父代的亲范形象可通过以身作则、身体力行影响子代的言行举止，家庭教育的软硬实力，包括家庭印刷媒介、视听媒介和网络媒介储备等影响子代获取信息、学习的途径，父母教育水平可通过家庭生活观念影响子代（葛敏、缪建东，2018）④。父母和家庭环境会影响子代的认知和非认知能力的形成，父母的能力和参与程度会影响子代的认知和非认知能力的培养（Carneiro，Cunha & Heckman，2003；Cunha et al.，2006）⑤⑥。因此，早期的家庭教育往往是文化资本再生产的主要方式，父母的知识水平、文化修养、生活品位以及兴趣爱好等会通过潜移默化的形式持续影响子代（仇立

① 孙俊三，孙松竹．家庭教育是基础教育，也是终身教育［J］．湖南师范大学教育科学学报，2016，15（05）：103－107＋128.

② 缪建东．家庭教育［M］．北京：高等教育出版社，2009：4.

③ 谢益民．论教育场域中的话语权与教育人本精神的回归［J］．求索，2013（02）：211－213.

④ 葛敏，缪建东．家庭教育实践的方法论阐释：基于场域的视角［J］．首都师范大学学报（社会科学版），2018（04）：175－183.

⑤ Carneiro，P.，Cunha F.，Heckman J.（2003），Interpreting the evidence of family influence on child development：http：//athens. src. uchicago. edu.

⑥ Cunha，F. et al.（2006）. Interpreting the evidence on life cycle skill formation，Handbook of Economics of Education 1：697－812.

平、肖日葵，2011)[①]。

然而，低收入家庭在家庭教育方面的明显不足是导致贫困代际传递的原因之一。首先，我国农村地区特别是欠发达地区村民受教育水平普遍偏低，父代对子代的教育基本处于有心无力的状态；其次，受家庭经济状况影响，父代多忙于生计，缺乏足够的时间和精力对子代进行教育，而普遍存在的“隔代照料”现象也明显减少了父代家庭教育对子代的影响；最后，从家庭教育储备上看，低收入家庭的信息获取媒介明显偏少，大多集中在电视机和手机上，儿童在接触电视机和手机等媒介时往往会缺乏甄别能力，更容易沉迷于电视剧、游戏，不能很好地发挥信息媒介的作用，而书籍作为更具有知识容量的信息载体在农村低收入家庭中明显缺乏。父代家庭教育的缺位会影响子代早期的社会化进程，家庭教育的软硬实力太差也会影响子代的认知和非认知能力的培养。低收入家庭教育的普遍弱化使得子代在进入学校教育以前就明显落后于其他同龄儿童，较低的认知和非认知能力会进一步影响子代在学校教育和工作中的表现，进而提高子代陷入贫困的概率。

对于贫困人口来说，学校教育是提高自身能力的重要环节。然而，即便在我国实行九年义务教育、中小学免费以及国家增加对欠发达地区教育投资的大背景下，对子代的教育投资依然是父代重要的家庭投资决策。资金约束是每个低收入家庭均会面临的重大问题，在现金约束和教育投资周期较长且回报率不确定的条件下，低收入家庭更容易选择风险规避，为获取短期收益而减少对子代的教育投资（Gregorio，1996；Keane & Wolpin，2001)[②][③]。李晓曼、曾湘泉（2012)[④] 认为早期的预算约束情况会通过影响父母对子女的投资造成环境差异并最终影响孩子早期认知和非认知能力的形成。家庭早期的预算约束对于孩子成年

① 仇立平，肖日葵．文化资本与社会地位获得——基于上海市的实证研究［J］．中国社会科学，2011（06）：121－135＋223.

② Gregorio J D. Borrowing constraints，human capital accumulation，and growth［J］. Journal of Monetary Economics，1996，37（1）：49－71.

③ Michael P. Keane，Kenneth I. Wolpin. The Effect of Parental Transfers and Borrowing Constraints on Educational Attainment［J］. International Economic Review，2001，42（4）：1051－1103.

④ 李晓曼，曾湘泉．新人力资本理论——基于能力的人力资本理论研究动态［J］．经济学动态，2012（11）：120－126.

后的能力和学业表现具有持续效应。邓肯和布鲁克（Duncan & Brook，1997）[①]、达尔和洛克纳（Dahl & Lochner，2005）[②]、莫里斯和邓肯等（Morris & Duncan et al.，2005）[③] 的研究表明大学入学率只在较小的程度上取决于学生入学时的家庭收入约束，家庭早期的收入状况会在一定程度上对其产生影响。而近年来，随着我国教育文凭的不断贬值以及教育收益率的不断下降，低收入家庭教育投资面临的风险也越来越高。邹薇、郑浩（2014）[④] 认为家庭贫困的风险溢价会提高家庭的投资成本，而长期受教育的机会成本和教育收益率的不确定性也会影响低收入家庭的人力资本投资决策。同时，子代的受教育水平深受父代受教育水平的影响，葛敏、缪建东（2018）[⑤] 认为受教育水平较高的父辈更容易掌握文化资本的"投资策略"，其教育观念会影响子代的教育获得。家庭投资决策和教育观念会影响子代的教育获得，低收入家庭中父辈人力资本存量的弱势会导致子代在人力资本存量上的弱势积累，子代通过复制父代的人力资本弱势实现贫困的代际传递（阙祥才、舒黎，2017）[⑥]。

第三部分为子代完成人力资本积累（完成学业）后进入就业阶段。农村就业存在两个方面的问题。首先，在我国的农村地区特别是农村的贫困地区并不存在规范的劳动力市场，且低收入家庭子女一般受教育年限较短，低收入家庭子女很难通过正规的劳动力市场寻找工作，因此，低收入家庭子女的就业问题将严重依赖家庭的社会资本；而年轻的子代初次就业时一般年龄较小，鲜有社会资源积累，从这个意义上讲，子代的就业将在较大程度上依赖父代的社会资本的积累。吴愈晓（2011）[⑦]

---

① Dunan, G. J. &Brooks, J. (1997), Income effects across the life span, Consequences of Growing Up Poor, Russell Sage Foundation.

② Dahl G B, Lochner L. The Impact of Family Income on Child Achievement [J]. Institute for Research on Poverty, 2005, 102 (5): 56.

③ Morris P, Duncan G J, Clark – Kauffman E. Child Well-Being in an Era of Welfare Reform [J]. Developmental Psychology, 2005, 41 (6): 919.

④ 邹薇，郑浩. 低收入家庭的孩子为什么不读书：风险、人力资本代际传递和贫困陷阱 [J]. 经济学动态，2014 (06): 16 – 31.

⑤ 葛敏，缪建东. 家庭教育实践的方法论阐释：基于场域的视角 [J]. 首都师范大学学报（社会科学版），2018 (04): 175 – 183.

⑥ 阙祥才，舒黎. 人力资本视域下的农村家庭贫困代际传递研究——基于武汉市 J 乡的调查 [J]. 华中农业大学学报（社会科学版），2017 (06): 27 – 34 + 149.

⑦ 吴愈晓. 劳动力市场分割、职业流动与城市劳动者经济地位获得的二元路径模式（英文）[J]. Social Sciences in China (3): 75 – 87.

的研究表明，使用“正式+关系”方式获得第一份职业的劳动者多是拥有高社会经济地位的群体，而低社会经济地位的群体虽然社会网络资本的质量较差，但因为其人力资本存量较低且在竞争激烈的劳动力市场上不具备优势，因此会更倾向于通过关系来寻找工作。该研究虽然以八大城市的调研数据为研究对象，但是也大抵反映了我国就业市场现状，竞争与正式就业一般存在于规范的劳动力市场，在我国农村地区，雇员和雇主之间存在较为严重的信息不对称，而解决这一信息不对称的最主要途径为通过熟人之间的口耳相传传播“招聘”信息，因此，社会资本的力量可见一斑。鉴于父代的社会资本会集中在自身熟悉的职业领域，父代通过“关系”为子代谋求工作的直接影响是加剧了职业的代际传递。尹秀（2016）① 的研究表明我国的职业代际继承度较高，其中，农业从业者的代际继承度最高。而职业的代际传递会引发收入的代际传递（周兴、张鹏，2015）②，特别是低收入职业的代际传递又会加剧贫困的代际传递。

第四部分为父代为子代的婚姻准备。在我国农村地区，子代的婚姻筹备工作需要由父代来完成。其中，准备婚房是最为重要的一环。黄少安、孙涛（2005）③ 认为随着国内房地产的不断高涨，为子代准备第一套婚房已经演变为父代的一种义务，同时也是社会的普遍现象（刘金东、杨晨，2016）④。根据陆益龙（2011）⑤ 对“千人百村”的农村调查数据显示，住房支出已经超越食品支出，成为农村家庭最大的支出项，这一部分的平均支出为7817元，在家庭平均支出中占据25%。住房支出的迅速提高除了归因于我国城市房地产市场价格的不断高涨以外，建筑材料价格的不断上涨也是主要原因。在我国较为贫困的农村地区，农民进城买房的比例较低，但是为子女准备婚房确实是大多数家庭的必行之策。

① 尹秀．代际收入流动的职业传递效应分析［D］．山东财经大学，2016.

② 周兴，张鹏．代际间的职业流动与收入流动——来自中国城乡家庭的经验研究［J］．经济学（季刊），2015，14（01）：351-372.

③ 黄少安，孙涛．非正规制度、消费模式和代际交叠模型——东方文化信念中居民消费特征的理论分析［J］．经济研究，2005（04）：57-65.

④ 刘金东，杨晨．父母赠与如何影响子女首套房购置行为——基于年轻子女微观调研数据［J］．经济与管理评论，2016，32（05）：29-36.

⑤ 陆益龙．后乡土中国［M］．北京：商务印书馆，2011：93.

2. 家庭成熟期

家庭成熟期，子代建立自己的新家庭，经济独立性提高，但成立家庭需负担的生活成本也将增加。父代完成哺育子代的任务进入相对轻松阶段，父代可通过自身劳动维持自身消费，同时，积累消费盈余为养老基金，为下一阶段的自身养老做准备。在该阶段内，子代可发挥主观能动性，自谋生计，父代可通过自由劳动获取收入，子代与父代经济相对独立，父代对子代的影响减小，贫困代际传递减弱。

但是，该阶段内家庭代际关系会存在显著的家庭异质性。首先，在此期间，虽然父代与子代之间的相互依赖关系减弱，但父代与子代的关系还较为紧密。父代对子代的经济和非经济支持增加会减小子代陷入贫困的概率。在农村的低收入家庭中，父代的直接经济支持主要发生在婚前，婚后的非经济支持占比较高。部分家庭中，父代对刚完成婚姻大事的子代具有较强的“照料”意愿，其中隔代照料是最常见的方式之一。据《中国家庭发展报告2016》数据显示，由于我国托幼服务严重匮乏，在1~5岁的儿童中，隔代抚育占比高达41.1%，隔代照料的存在为子代提供了较为充足的就业和创业时间。根据测算，隔代照料会使得已婚女性劳动参与率增加13%~21%，周平均工作时间增加5%~7.3%(邹红等，2018)[①]，男性的劳动参与率也会增加6.3%左右（卢洪友等，2017)[②]，同时，隔代照料的存在也提高了已婚中青年自主创业的概率(朱晨、杨晔，2018)[③]。因此，隔代照料会在一定程度上增加已婚子女的收入，减少子代陷入贫困的概率，同时也减轻了贫困的代际传递。其次，金钱的代际净流向取决于父代家庭和子代家庭的经济实力对比，部分家庭存在父代对子代向下的代际支持，部分家庭也存在子代对父代向上的代际支持。例如部分家庭中父代因为身体健康受损等因素较早失去劳动能力，那么子代就会在该阶段开始对父代进行反哺；部分家庭因为子代婚姻、家庭经营等问题背上沉重的债务，“父债子偿”子代也会因

---

① 邹红，彭争呈，栾炳江．隔代照料与女性劳动供给——兼析照料视角下全面二孩与延迟退休悖论［J］．经济学动态，2018（7）：37－52.

② 卢洪友，余锦亮，杜亦譞．老年父母照料家庭与成年子女劳动供给——基于CFPS微观数据的分析［J］．财经研究，2017，43（12）：4－16.

③ 朱晨，杨晔．“啃老”还是“反哺”？——老年抚养对子女创业决策的双重影响［J］．经济科学，2018（5）：94－105.

此进入偿还债务的阶段。子代对父代向上的代际支持会在一定程度上增加自身陷入贫困的概率，造成贫困的代际传递。

3. 家庭衰老期

家庭衰老期，父代失去劳动能力，其生活来源主要有两种，其一是来自自身养老基金积累，其二是子代对父代的反哺，即来自子代的资金支持和日常照料。

陆益龙在《后乡土中国》中提到在我国农村地区，老年人普遍存在终身劳作和自力养老的问题，老年人凭借着自身劳动积蓄和政府补助为自力养老奠定经济基础，因此对子女的经济依赖较少。但这种状况多存在于地区经济状况较好且父代身体康健的家庭。在部分低收入家庭中，由于劳动机会较少，收入较低，消费盈余较少，部分家庭会存在入不敷出的情况，父代的养老基金积累较少，在身体状况较好的状态下，父代还可通过农业种植和“做小工”实现自给自足，但在身体状况较差的情况下，子代的经济支持就尤为重要。在部分家庭中，父代因为年迈生活不能自理，子代在提供经济支持的同时，更需要牺牲劳动时间来提供贴身照料。

在此阶段，从个人生命周期来看，父代迎来老年阶段的同时，子代也进入中年，进入“上有老、下有小”的阶段，父代对子代代际支持的需求将增加子代陷入贫困的概率。

综上所述，在家庭成长期，子代对父代存在较为严格的依赖关系，家庭的主要功能为哺育子代。在此阶段，父代会完成生养子代、对子代进行健康投资和教育投资、辅助子代就业、为子代做好婚姻准备等“任务”，通过以上过程，父代完成了对子代的人力资本投资，实现了文化资本、社会资本和经济资本的代际传递。在低收入家庭中，由于父代文化资本、社会资本和经济资本的匮乏，贫困的代际传递在此阶段得以增强。家庭成熟期，父代和子代的经济关系相对独立，子代拥有了独立发展的机会，对父代的依赖关系减弱，贫困的代际传递也因此减弱。家庭衰老期，由于父代的衰老和劳动能力弱化，对子代的代际支持需求增加，对父代的代际支持在一定程度上增加了子代的负担，贫困代际传递的概率增加。

因此，本部分提出理论命题：从家庭成长期、成熟期到衰老期，贫困的代际传递呈现出先增加后减少再增加的趋势。

8.3 数理模型分析

8.3.1 家庭成长期

本部分根据我国农村家庭生活实际，对贝克尔和托梅（Becker & Tome，1979）的收入代际传递模型进行了改进，以期证明相对贫困家庭的代际传递原理。原模型假定家庭中所有子代都是同质的，因此子代特性可以进行线性加总，但没有考虑家庭结构以及子代个体差异在模型中的作用。本书在修正以上模型的基础上，沿用该模型的基本分析方法进行分析。

根据本章第二部分理论分析，在家庭成长期，家庭的主要功能为哺育子代。根据上述理论分析，模型基础设定如下：

（1）该模型分析以某一代表性家庭为例，由于低收入贫困家庭多选择养育多个孩子以保障自身养老，因此，模型设定家庭中有 $N(N\geq 1)$ 个孩子。在家庭成长期，父代所有收入用于自身消费、对子代的人力资本投资（包括健康投资和教育投资）以及子代的婚姻准备，父代的目标是实现自身效用最大化。其中，婚姻准备费用包含的内容较为复杂，该费用既包括为子代购置、新建、扩建或修葺新房的费用，也包括彩礼以及婚礼筹备的费用。

（2）父代可以通过对子代的人力资本投资改变子代的收入水平。

（3）不存在政府部门，即模型中不考虑税收因素对收入的影响。由于低收入家庭收入较低，政府税收对其影响较小，因此税收因素可忽略不计。

（4）父代的消费与人力资本投资存在借贷约束，即父代不能在市场上进行自由借贷。在我国农村地区，由于借贷渠道狭窄，由于自身消费和人力资本投资需求引发的借贷规模较小，因此对借贷约束的规定也更加符合实际。

父代效用取决于其消费、子代收入水平以及对子代的婚姻准备所需费用，表示为：

$$U_t = U(C_t,\ H_t,\ Y_{t+1}^1,\ Y_{t+1}^2,\ \cdots,\ Y_{t+1}^N),\ N \geqslant 1 \tag{8.1}$$

其中，下标 t 表示父代的相关变量，t+1 表示子代的相关变量。U_t 为父代的效用水平，C_t 为父代消费，H_t 为父代为子代的婚姻准备耗费。Y_{t+1} 表示子代在 t+1 期的收入水平，上标 i 表示子代的不同个体。

父代收入主要用于自身消费、对子代的人力资本投资以及婚姻准备耗费，父代对子代 i 的人力资本投资水平为 I_t^i，家庭成长期内，父代收入盈余为零。父代总收入 Y_t 可表示为自身总消费额与对子代人力资本总投资额和子代的婚姻准备耗费的加总：

$$C_t + H_t + \sum_{i=1}^{N} I_t^i = Y_t \tag{8.2}$$

设子代收入受众多因素影响。首先，父代对子代的人力资本投资额 I_t 影响子代的收入；其次，父代对子代的遗传因素，即子代的禀赋 e_{t+1} 对子代的收入产生影响；最后，子代的收入水平同样取决于个体在市场上的“运气”，即外部随机因素对子代收入水平的影响，设为 u_{t+1}，则子代个体 i 的收入可以表示为：

$$Y_{t+1}^i = w_I^i I_t^i + w_e^i e_{t+1}^i + w_u^i u_{t+1}^i \tag{8.3}$$

其中，w 表示单位影响因素对子代收入的边际影响。w_I 表示父代的人力资本投资每增加一单位，则子代收入增加 w_I 个单位。w_e、w_u 则分别表示子代的禀赋以及市场随机因素对子代收入的边际影响。上标 i 表示收入的影响因素对不同个体的边际影响存在差异。

而子代 i 的禀赋 e_{t+1} 可以表示为：

$$e_{t+1}^i = (1 - h + f)\bar{e}_t + h^i e_t^i + v_{t+1}^i \tag{8.4}$$

其中，e_t 为父代的禀赋，$\bar{e}_t$ 表示父代一整代人平均的禀赋水平，h^i 表示子代遗传父代 e_t 的比例，h 为子代遗传父代 e_t 比例的社会平均值，f 为社会平均禀赋的增长率。$(1 - h + f)\bar{e}_t$ 衡量来自社会平均水平对子代 i 禀赋的影响，即个体禀赋会随社会平均禀赋的提升而提升。V_{t+1} 表示外部因素对子代禀赋的影响。

家庭总收入表示为父代与子代收入的加总，可以表示为：

$$C_t + H_t + \frac{\sum_{i=1}^{N} Y_{t+1}^i}{1 + r_t} = Y_t + \frac{\sum_{i=1}^{N} (w_{t+1}^i e_{t+1}^i)}{1 + r_t} + \frac{\sum_{i=1}^{N} (w_{t+1}^i u_{t+1}^i)}{1 + r_t} = S_t \tag{8.5}$$

父代要解决的效用最大化问题是：

$$\begin{aligned} &\mathrm{Max}U_t = U(C_t,\ H_t,\ Y_{t+1}^1,\ Y_{t+1}^2,\ \cdots,\ Y_{t+1}^N) \\ &st: C_t + H_t + \frac{\sum_{i=1}^{N} Y_{t+1}^i}{1 + r_t} = S_t \end{aligned} \tag{8.6}$$

满足上式的一阶条件是：

$$\frac{\frac{\partial U}{\partial C_t}}{\frac{\partial U}{\partial Y_{t+1}^i}} = \frac{\frac{\partial U}{\partial H_t}}{\frac{\partial U}{\partial Y_{t+1}^i}} = 1 + r_t \tag{8.7}$$

则可设均衡时存在：

$$\frac{Y_{t+1}^i}{1 + r_t} = \beta^i(1 + r_t,\ \phi,\ \delta)S_t \tag{8.8}$$

$$H_t = \eta S_t \tag{8.9}$$

$$C_t = (1 - \eta - \sum_{i=1}^{N} \beta^i)S_t \tag{8.10}$$

式（8.8）、式（8.9）、式（8.10）表示，在均衡时，家庭总收入中有 β^i 部分为子代 i 的收入，η 部分用于对子代的婚姻准备，其余部分用于父代消费。其中，参数 δ 表示相对于自身消费及婚姻准备，父代对子代人力资本投资的偏好程度，ϕ 则表示父代对不同子代个体的偏好程度。同时，δ、φ 满足：

$$\frac{\partial \beta}{\partial \delta} > 0,\ \frac{\partial \beta}{\partial \phi} > 0 \tag{8.11}$$

将式（8.5）代入式（8.8），得到：

$$Y_{t+1}^i = (1 + r_t)\beta^i Y_t + \beta^i \sum_{i=1}^{N} (w_{t+1}^i e_{t+1}^i) + \beta^i \sum_{i=1}^{N} (w_{t+1}^i u_{t+1}^i) \tag{8.12}$$

将式（8.4）代入式（8.12）得到：

$$\begin{aligned} Y_{t+1}^i = &(1 + r_t)\beta^i Y_t + \beta^i \sum_{i=1}^{N} \{w_{t+1}^i[(1 - h + f)\bar{e}_t + h^i e_t^i + v_{t+1}^i]\} \\ &+ \beta^i \sum_{i=1}^{N} (w_{t+1}^i u_{t+1}^i) \end{aligned} \tag{8.13}$$

由式（8.13）可以看出，子代收入取决于父代收入、子代的禀赋以及其市场运气。而个体 i 的收入水平则取决于 β^i 系数。

而由式（8.8）可知，β^i 则取决于 δ、φ。φ 则表示父代对不同子代

个体的偏好程度，即父代会根据子代个体状况决定对子代的人力资本投资。班纳吉和迪弗洛（2013）[①] 在《贫穷的本质：我们为什么摆脱不了贫穷》一书中提到贫困家庭的父代不是选择将有限的教育投资分摊给所有孩子，而是只能孤注一掷，将所有希望都放在他们认为最有前途的一个或几个孩子身上。因此低收入家庭的人力资本投资在较大程度上取决于父代对子代的个体偏好，子代的个体异质性在此过程中发挥了重要作用。在我国农村低收入家庭中，男孩的受教育机会普遍大于女孩，长子或幼子的受教育机会大于处于中间位次的子代，这些都受到父代对子代个体偏好的影响。

δ代表父代对人力资本投资的偏好，取决于父代的观念意识，δ值越大，则父代对子代的人力资本投资越多，由式（8.3）可得，子代收入会随之提高，则子代收入在家庭总收入中的比重 β^i 提高。

$(1+r_t)\beta^i$ 表示代际收入弹性系数，测度父代收入对子代个体收入的影响程度。其中，利率 r、子代收入占家庭收入的比重 β 对代际收入弹性系数有显著正向作用，利率 r 越大，代际收入弹性值越大，则表示父代收入对子代的收入影响越明显，代际收入流动性越低。相反，利率 r 越小，则代际收入弹性值越小，子代收入受父代收入影响较小，则代际收入流动性越高。β^i 值则取决于 δ、φ，表现为父代对子代个体偏好程度的提高以及父代对子代人力资本的偏好都显著正向的影响代际收入弹性值。

子代的婚姻状态 M 取决于子代收入 Y_{t+1} 和父代对子代的婚姻准备 H_t。

$$M_{t+1}^i = f(Y_{t+1}^i,\ H_{t+1}^i) \tag{8.14}$$

其中，$\sum_{i=1}^{n} H_{t+1}^i = H_{t+1}$

为简化分析，假设上述函数为线性的，则子代婚姻状态的线性表达式可表示为：

$$M_{t+1}^i = \rho Y_{t+1}^i + \lambda H_{t+1}^i + \sigma_{t+1}^i \tag{8.15}$$

其中，$\rho > 0$，$\lambda > 0$。

将式（8.5）、式（8.9）代入式（8.15）可得：

---

① 阿比吉特·班纳吉，埃斯特·迪弗洛．贫穷的本质：我们为什么摆脱不了贫穷［M］．中信出版社，2013.

$$M_{t+1}^{i} = \rho Y_{t+1}^{i} + \frac{\lambda}{n} Y_{t} + \frac{\lambda \sum_{i=1}^{n} \{ w_{t=1}^{i} [(1 - h + f) \bar{e}_{t} + h^{i} e_{t}^{i} + v_{t+1}^{i}] \} ?}{n(1 + r_{t})} + \frac{\lambda (w_{t+1}^{n} u_{t+1}^{n})}{n} + \sigma_{t+1}^{i} \tag{8.16}$$

由式（8.16）可知，子代的婚姻状态不仅正向的取决于子代的个人收入，也受到父代收入的影响。由于 $\lambda > 0$，则父代的收入状况正向影响子代的婚姻状态，父代收入越高，则子代结婚率越高。子代的个人禀赋不仅能通过影响个体的收入间接影响子代的婚姻，更会直接影响子代的婚姻状况，例如子代的智商会通过影响子代的收入影响子代的婚姻获得性，子代的身高、相貌、性格等因素会直接影响子代的婚姻。这些个人禀赋除受到父代基因遗传等因素的影响外，还受后天因素的影响。对于相对贫困家庭而言，父代收入及父代对子代个人禀赋的影响都会通过影响子代的婚姻状态实现贫困的代际传递。例如，个体因为生理缺陷和劳动能力缺失就很容易进入光棍的行列（Kohrman，1999）①，而随着农村婚姻市场要价飙升（桂华、余练，2010）②，家庭经济实力就成为影响子代婚姻的重要因素，经济实力不济会导致子代在婚姻市场上的失败（张翠娥、狄金华，2013）③，婚姻市场的失败往往会导致个体丧失人生奋斗的动力（刘升，2014）④，进而提高了个体陷入贫困的概率，也提高了贫困代际传递的概率。

8.3.2 家庭成熟期

家庭成熟期，父代进入养老资金积累阶段，父代通过自身劳作获得收入，收入主要用于本期消费和养老资金积累，则父代在家庭成熟期的

---

① Kohrman M. Grooming “que zi”：Marriage Exclusion and Identity Formation among Disabled Men in Contemporary China［J］. American Ethnologist，1999，26（4）：890－909.

② 桂华，余练．婚姻市场要价：理解农村婚姻交换现象的一个框架［J］．青年研究，2010（03）：24－36＋94－95.

③ 张翠娥，狄金华．找回家庭：对农村单身现象的再解释——对赣南茶村的大龄未婚男青年的分析［J］．南方人口，2013，28（02）：39－49.

④ 刘升．“婚姻株连”：理解农村光棍现象的一个框架——基于豫南Q村“光棍成窝”现象的调查［J］．中共宁波市委党校学报，2014，36（03）：98－105.

选择为：

$$\begin{aligned} &\mathrm{Max}U_{t2} = U(C_{t2}, P_{t3}) \\ &st: C_{t2} + \frac{P_{t3}}{1+r_{t2}} = Y_{t2} \end{aligned} \quad (8.17)$$

在均衡时，满足：

$$\frac{\frac{\partial U_{t2}}{\partial C_{t2}}}{\frac{\partial U_{t2}}{\partial P_{t3}}} = 1 + r_{t2} \quad (8.18)$$

则父代的养老资金积累量可设为：

$$\frac{P_{t3}}{1+r_{t2}} = \tau(1+r_{t2})Y_{t2} \quad (8.19)$$

子代则进入新一轮的家庭成长期，即养育孙辈的时期，其在该时期的收入主要用家庭消费、人力资本投资和孙辈的婚姻准备，则存在：

$$C_{t2+1} + H_{t2+1} + \sum_{i=1}^{N} I_{t2+1}^{i} \leqslant Y_{t2+1} \quad (8.20)$$

讨论一：若 $Y_{t2} \leqslant C_{t2}$，父代收入小于支出，则子代需对父代提供资金支持。即子代收入在满足自身需求、对孙代的人力资本投资以及婚姻准备的同时，还要额外负担父代的消费，因此，父代收入的减少可能会增加子代陷入贫困的概率；同时，父代对子代的资金需求可能会对孙辈的人力资本投资和婚姻准备费用产生一定程度的挤出效应，从而增加了孙辈陷入贫困的概率。

讨论二：若 $Y_{t2} \geqslant C_{t2}$，父代收入除了满足自身消费以外，还能盈余留存作养老资金。在此状态下，资金的代际净流动方向取决于子代与父代经济力量对比，若子代收入满足式（8.20），即父代收入能满足其支出需求，则父代和子代之间的代际支持较少，资金的代际净流向为零。若子代收入不满足式（8.20），则子代的收入状况不能满足需求，父代会对子代进行代际支持，从而减小子代和孙辈陷入贫困的概率。

8.3.3　家庭衰老期

家庭衰老期中父代和子代的代际关系取决于父代在家庭成熟期的父代养老资金积累；而子代进入新一轮家庭成熟期，则其收入主要用于自身消费和自身养老金积累阶段。若父代的养老资金积累较少，不能支撑其在家庭衰老期的消费，则父代养老将依赖子代的经济支持，而父代对子代的经济依赖将会增加子代的经济负担、贫困的概率。父代对子代的经济依赖也会挤出子代的养老资金积累，从而增加子代在年老时陷入贫困的概率，同时增加孙辈的经济负担，增加孙辈陷入贫困的概率。

8.4 实证分析

表 8 - 2 给出了家庭生命周期视角下我国农村多维贫困代际传递的 logit 回归结果。家庭成长期、成熟期、衰老期的样本量分别为 408、600 以及 231，准 R^2 分别为 0.208、0.181 和 0.225，表明方程组拟合优度良好；LR 统计量分别为 108.49、138.76 和 60.93，对应的 p 值均为 0，表明 logit 回归所有系数的联合显著性良好。为方便查验，表 8 - 3 给出了上述 logit 回归相对应的几率比。

表 8 - 2　多维贫困发生率代际传递的 logit 回归结果（报告回归系数）

变量	家庭成长期	家庭成熟期	家庭衰老期
mp_f	1.848 *** (0.247)	1.378 *** (0.196)	0.868 ** (0.342)
$open_c$	-0.695 *** (0.259)	-0.101 (0.120)	-2.387 *** (0.761)
edu_f	-0.051 *** (0.019)		
$occupation_c$	0.078 (0.119)	0.175 (0.430)	
age_c	-0.017 (0.021)	-0.039 ** (0.018)	-0.043 (0.028)
$sick_f$		-0.008 (0.263)	0.066 (0.412)
edu_c		-0.168 *** (0.025)	-0.668 *** (0.184)

续表

变量	家庭成长期	家庭成熟期	家庭衰老期
live		-1.978** (0.931)	
c	0.116 (0.763)	5.622*** (1.270)	1.855 (1.145)
obs	408	600	231
准 R^2	0.208	0.181	0.225
LR	108.49	138.76	60.93

注：***、**、*分别表示1%、5%和10%的显著性水平。

表8-3 多维贫困发生率代际传递的logit回归结果（报告几率比）

变量	家庭成长期	家庭成熟期	家庭衰老期
mp_f	6.348*** (1.568)	3.958*** (0.778)	2.382** (0.815)
$open_c$	0.499*** (0.129)	0.904 (0.08)	0.092*** (0.00)
edu_f	0.950*** (0.018)		
$occupation_c$	1.080 (0.129)	1.191 (0.263)	
age_c	0.984 (0.021)	0.962** (0.017)	0.957 (0.027)
$sick_f$		0.992 (0.261)	1.068 (0.44)
edu_c		0.845** (0.021)	0.515*** (0.095)
live		0.138** (0.129)	
c	1.123 (0.763)	276.45*** (351.032)	6.395 (7.323)
obs	408	600	231

续表

变量	家庭成长期	家庭成熟期	家庭衰老期
准 R^2	0.208	0.181	0.225
LR	108.49	138.76	60.93

注：***、**、*分别表示1%、5%和10%的显著性水平。

如表8-2所示，在家庭成长期，父代多维贫困的系数为1.848，且通过1%显著性水平检验，表明父代的多维贫困状态会显著加剧子代陷入多维贫困的概率；在家庭成熟期，父代多维贫困的系数为1.378，表明家庭成熟期中，父代的多维贫困状态仍然会提高子代陷入多维贫困的概率；家庭衰老期中，该系数为0.868，表明父代多维贫困状态仍然对子代有着显著的正向影响。表8-3中，家庭成长期、家庭成熟期、家庭衰老期的系数分别为6.348、3.958和2.382，也表明父代的多维贫困状态会显著提高子代陷入多维贫困的概率。但从数值上看，从家庭成长期、成熟期到衰老期，父代的多维贫困状态对子代的影响出现了显著下降的趋势。家庭成长期，父代多维贫困状态对子代的影响最大，主要原因在于家庭成长期与子代的成长期较为一致，在该时期，子代对父代依赖关系较强，子代的身体健康程度、受教育程度、就业等依赖父代的生活观念、教育投资和社会关系，因此，若父代陷入多维贫困状态，则子代在家庭成长期陷入多维贫困的概率将显著增加。在家庭成熟期，子代经济上相对独立，医疗保障、健康等方面也可通过自身努力来改善，因此，父代多维贫困对子代的影响减小。而在家庭衰老期，父代虽然会因年迈而在身体健康、收入等维度受到一定程度的剥夺，需要子代的反哺，但是因为此时子代正处于中年事业上升期，父代多维贫困状况对子代的影响较小。

家庭成长期中，父代受教育水平的系数为负，且通过1%显著性水平检验，表明父代提高受教育水平会显著减小子代陷入贫困的概率。子代对新事物的敏感程度的系数为-0.695，表明子代对新事物的敏感程度越高越能减少自身陷入贫困的概率。例如互联网、电子商务的大规模运用为大批的农业劳动者和农村无业者提供了就业渠道，农村淘宝的搭建为农产品提供了新的销售渠道，物流行业的发展繁荣为部分村民提供了就业机会，提高了农村居民的收入。拥有第二份职业对子代多维贫困的影响为正，但统计上并不显著。子代年龄的系数为负，表明在家庭成长期，子代年龄越大，陷入多维贫困的概率越小。可能的原因是子代年龄偏小，存在还未完成学业或者还未正式进入工作岗位的可能性，因此年龄越小，陷入多维贫困的概率越小。

家庭成熟期，子代年龄的系数为负，且通过1%显著性水平检验，表明随着自身年龄的增长，子代的多维贫困发生率出现了明显的下降。根据个体生命周期理论，个体在中年阶段步入事业稳定期，个人收入在一定阶段内往往随着年龄的增加而增长，因此多维贫困发生率会随着年龄增长而降低。子代受教育水平的系数为 -0.168，且通过1%显著性水平检验。受教育水平提高首先会降低教育贫困的概率，其次会提高个体的就业质量，进而提高个体的收入，减少个体陷入就业贫困和收入贫困的概率。与父母同住也会显著降低子代陷入贫困的概率，其主要的原因有：首先，子代与父母同住可以通过隔代照料的形式减少子代照料孙辈的时间，增加子代的就业率和劳动时间，进而提高收入；其次，与父代同住，父代可以代替子代进行家务劳作，提高子代的工作时间；最后，与父代同住会更有效实现资金的垂直流动，减少子代陷入收入贫困的概率。

家庭衰老期，子代对新事物的敏感程度仍然对自身陷入贫困的概率有明显的阻碍作用，子代受教育水平也仍然会减少子代陷入多维贫困的概率。

表8-4给出了家庭生命周期视角下我国农村多维贫困深度代际传递的线性回归结果。与上述回归结果相似，家庭成长期、家庭成熟期和家庭衰老期，父代多维贫困的系数分别为0.560、0.453、0.292，表明父代多维贫困深度对子代多维贫困深度的影响也呈现出明显的下降趋势，父代对子代的影响将越来越小。

表8-4　　多维贫困深度代际传递的线性回归结果

变量	家庭成长期	家庭成熟期	家庭衰老期
mp_f	0.560*** (0.520)	0.453*** (0.040)	0.292*** (0.071)
$open_c$	-0.406*** (0.014)	-0.027** (0.010)	-0.132*** (0.029)

续表

变量	家庭成长期	家庭成熟期	家庭衰老期
edu_f	-0.051*** (0.002)		
$occupation_c$	0.078 (0.119)	0.023 (0.018)	
age_c	-0.026 (0.017)	-0.003** (0.001)	-0.004** (0.001)
$sick_f$		0.008 (0.021)	-0.019 (0.030)
edu_c		-0.017*** (0.002)	-0.052*** (0.011)
live		-0.083** (0.059)	
c	0.315 (0.074)	0.760*** (0.089)	0.544 (0.088)
obs	408	600	231
$Adj-R^2$	0.331	0.368	0.329

注：***、**、*分别表示1%、5%和10%的显著性水平。

8.5 本章小结

本章从家庭生命周期理论出发，根据我国农村家庭代际关系发展现状，将家庭生命周期分为家庭成长期、家庭成熟期、家庭衰老期三个时期。其中，家庭成长期始于父代结婚，结束于子代独立，家庭成熟期则指子女结婚到父代失去劳动能力这一阶段，而家庭衰老期则指的是父代失去劳动能力到父代离世这段时间。在不同的家庭生命周期阶段，家庭具有不同的功能，家庭代际关系也会有不同的特征，父代贫困状态对子代贫困的影响程度及路径也有着明显的差别，主要表现为：

第一，家庭成长期，家庭功能为父代养育子代，在此阶段，父代要完成对子代的健康投资、教育投资、就业和婚姻准备等任务。由于相对贫困家庭的父代往往在教育、健康、就业、收入等多个方面具有劣势，因此父代的贫困状态往往通过上述四个环节影响子代，进而实现贫困弱势的代际传递。由于在该时期，子代的独立性最小，对父代的依赖性最大，因此，处于成长期的农村家庭多维贫困代际传递率最高。

第二，家庭成熟期，子代独立性增加，父代的贫困状态对子代的影响减小。除此之外，父代通过隔代照料等形式可以减少子代陷入贫困的概率。

第三，家庭衰老期，随着子代年龄的增加以及事业高峰时期的来临，我国农村多维贫困代际传递的概率减小。父代衰老、子代反哺虽然加剧了子代陷入多维贫困的概率，但整体影响较小。

第四，父代多维贫困对子代的影响在整个家庭生命周期中整体呈现出递减趋势，阻断贫困代际传递还应该从家庭成长期入手。

第9章　我国农村多维贫困代际传递的治理思路和政策建议

本章将分为三节，9.1 节为本书的研究结论，9.2 节、9.3 节将在本书研究结论的基础上提出阻断我国农村多维贫困代际传递的思路和具体路径。

9.1　研究结论

本书以马克思主义理论以及中国特色社会主义反贫困理论为指导，坚持“人的全面发展”，立足于我国农村贫困现状，从贫困代际传递视角入手，分析我国农村地区多维贫困代际传递现象，探寻其历史和现实诱因，并致力于构建治理我国农村多维贫困代际传递的主要路径和措施，主要研究结论如下：

第一，我国农村多维贫困代际传递问题存在明显的阶段性。历史上，随着我国减贫事业的不断推进，我国农村贫困代际传递问题日益缓解。1949～1977 年，教育平等化缓解了我国农村地区的贫困代际传递；1978～1991 年，教育体制的恢复、人口流动管制的放松、扶贫观念的转变以及农村经济的复苏等缓解了农村的贫困代际传递问题；1992～2000 年，以社会主义市场经济为目标的改革缓解了贫困代际传递；2001～2012 年，以农村的全面发展减少贫困代际传递；2013 年至今，随着新时代脱贫攻坚目标任务如期完成，我国以精准扶贫和乡村振兴战略消除了我国的绝对贫困问题，也消除了绝对贫困代际传递问题。

第二，基于 CHNS 微观数据库的分析表明，虽然我国农村健康、医疗、教育、收入等维度的贫困发生率出现了明显下降趋势，但是我国的教育、健康、就业质量等维度的贫困发生率依然较高；相比父代，子代的多维贫困发生率和贫困深度在不同临界值、不同年份上都呈现出更低的趋势。从 logit 回归结果来看，父代陷入多维贫困会显著加剧子代陷入多维贫困的概率，由几率比来看，在给定其他条件不变的条件下，若父代陷入多维贫困，则子代发生多维贫困的几率比是其他家庭（父代为非多维贫困）的 6.374 倍；父代的多维贫困状态对女儿的影响显著大于儿子。稳健性检验进一步表明，我国农村存在较为明显的多维贫困代际传递现象，多维贫困在代际之间的流动性较差，流动质量较低，流动距离较短；父代多维贫困状态对子代多维贫困条件分布两端的影响小于中间，这也就意味着，父代若处于多维贫困状态之中，则会增加子代陷入中等多维贫困强度的概率。

第三，农村儿童在教育、健康、医疗、生活环境以及信息获得等多个方面的问题都有了较大的改善，但是我国农村家庭儿童在教育、生活环境以及保险等多个维度仍然存在着不同程度的贫困。基于 A - F 多维贫困指数构建以及分位数回归的实证结果表明：父代多维贫困指数会正向影响儿童的多维贫困指数，父代的多维贫困状态会加剧儿童的多维贫困程度，表明在儿童视角下，我国农村地区依然存在着明显的多维贫困代际传递现象。儿童的年龄越大，儿童的多维贫困指数越高，最可能的原因是儿童未完成义务教育、辍学率提高。父代受教育水平的提高会促使其教育观念、教育方式的更新，也会提高个体的卫生、健康意识，使得父代更加注重对子代的培养教育以及家庭照料，进而减小儿童的多维贫困指数。相比非留守儿童，留守儿童的多维贫困发生概率更高，而且留守儿童的多维贫困指数受父代影响更大，表明留守儿童的多维贫困代际传递现象更明显。

第四，我国农村多维贫困代际传递问题深受外部因素的困扰。恶劣的自然环境、薄弱的社会环境曾是部分深度贫困区贫困人口长期贫困的重要因素，环境因素短时间内难以改变，也是导致部分地区多维贫困代际传递的重要因素。城乡二元土地制度下的土地所有制关系较为滞后、农产品价格偏低会影响贫困人口的经营性收入；社会保障制度在设计和具体操作过程中存在的部分缺陷会加深农民在健康和医疗等维度的贫困程度，同时也影响了贫困人口的转移性收入；城乡教育资源分布不均衡导致了部分农村地区的教育贫困，教育贫困下农村贫困人口受教育年限低下又引发了贫困人口在就业市场的劣势；而在现有的市场就业制度下，中国劳动力市场存在着多重分割，农村劳动力只能进入非正式劳动力市场，并面临着较为明显的职业隔离，农村劳动力特别是贫困人口的就业质量会影响其工资性收入；城乡二元户籍制度对农村多维贫困代际传递的影响最初表现为影响人口流动，随着我国对人口流动的放松，户籍制度的影响主要表现为公共服务分布的城乡不均衡。以户籍制度为核心的城乡二元体制结构造成了城乡巨大的资源分布不均以及城乡人口发展机会的不平等，在一定程度上导致了农村地区多维贫困的代际传递。

第五，我国农村多维贫困代际传递问题有深层次的文化和精神诱因。以低收入家庭子女的受教育问题为例，低收入家庭子女的教育缺失是父代教育决策和子代受教育决策双重作用的结果。教育投资的回报周期长以及不确定性等问题导致了父代面临资金约束下的投资风险问题，加之低收入人口所存在的对模糊状态的不敏感性，导致了低收入家庭父代对子女的教育投资严重不足；而低收入家庭子女固有的“懂事”观、自身素质的低下、辍学的示范效应等都会导致低收入家庭子女的辍学现象。

第六，在家庭生命周期的不同阶段，家庭人口结构和家庭关系具有显著差异，家庭功能也随之改变，多维贫困代际传递的路径也会随家庭生命周期而改变。家庭成长期，家庭功能为父代养育子代，由于低收入家庭的父代往往在教育、健康、就业、收入等多个方面具有劣势，因此父代的贫困状态往往通过上述四个环节影响子代，进而实现贫困弱势的代际传递；家庭成熟期，子代独立性增加，父代的贫困状态对子代的影响减小，除此之外，父代通过隔代照料等形式可以减少子代陷入贫困的概率；家庭衰老期，随着子代年龄的增加以及事业高峰时期的来临，我国农村多维贫困代际传递的概率减小，父代衰老以及对子代反哺的需求在理论上虽然会加剧子代陷入多维贫困的概率但实证结果表明该影响相对较小。

9.2 我国农村多维贫困代际传递的治理思路

中共十九大四中全会报告指出：“我国国家制度和国家治理体系具有多方面的显著优势”，有“坚持公有制为主体、多种所有制经济共同发展和按劳分配为主体、多种分配方式并存，把社会主义制度和市场经济有机结合起来，不断解放和发展社会生产力的显著优势”，也有“坚持以人民为中心的发展思想，不断保障和改善民生、增进人民福祉，走共同富裕道路的显著优势”。要解决我国农村相对贫困问题、减少农村多维贫困代际传递现象，就要以党的十九大和十九大四中全会精神为指导，坚持和完善中国特色社会主义制度，不断推进国家治理体系和治理能力现代化，充分发挥社会主义制度的优越性。

全力推进乡村振兴战略，促进乡村高质量发展。“发展是解决我国一切问题的基础和关键”，经济的全面、高质量发展是解决农村贫困问题的根本，要发挥社会主义基本经济制度的优越性，促进经济高质量发展。要坚定不移地将创新、协调、绿色、开放、共享的新发展理念贯彻到经济社会发展的方方面面，用新发展理念引领我国的科学发展。坚持“产业兴旺、生态宜居、乡风文明、治理有效、生活富裕”的总要求和发展原则，全面实施乡村振兴战略，加快农业农村现代化。调整城乡发展关系，促进城乡融合发展，加强城乡融合发展的顶层设计，健全城乡融合发展的政策体系，以完善的体制机制和政策体系促进城乡要素自由流动，优化城乡要素配置，实现城乡优势互补。

提高农村居民收入，改善收入分配格局，实现全体人民共同富裕。丰富农村居民收入来源，拓宽农民增收渠道；健全再分配调节机制，深入推进个税改革，切实推行六项专项附加扣除，推进个税改革红利落地。加大财政支农惠农力度，增加农业补贴和转移支付，切实提高农民收入。

改善民生，持续巩固脱贫攻坚成果，促进人的全面发展。农村基础设施和公共服务显著落后于城市，是导致城乡发展差异的重要因素，也是影响农村多维贫困代际传递的民生痛点。构建终身教育体系，推动城乡教育一体化，缩小城乡教育发展差距；打破劳动力市场分割，建立城乡统一的劳动力市场，提高农村居民健康水平，完善社会保障体系；以人民为中心，巩固提升脱贫攻坚成果，建立完善农村低收入人口和欠发达地区帮扶机制，提高低收入人群收入水平。

9.3　阻断我国农村多维贫困代际传递的路径选择

本书通过理论分析以及实证方法分析了我国农村多维贫困代际传递

现象，并基于微观大数据库的实证研究表明我国农村地区存在较为明显的多维贫困代际传递现象，即在我国农村欠发达地区的年轻一代还面临着多个维度层面的贫困现象。同时分析了影响我国农村多维贫困代际传递的外因和内因，指出制度性、环境性因素是导致多维贫困代际传递的重要外因，而文化贫困则是导致多维贫困代际传递的重要内因，我国农村多维贫困代际传递现象是外因和内因共同作用的结果。除此之外，根据我国农村微观家庭从家庭生命周期视角研究了多维贫困代际传递的具体传递路径，在不同的家庭生命周期阶段中，多维贫困的代际传递路径以及传递方向则有着较大差别，其中，家庭成长期是多维贫困代际传递最为明显的阶段。

农村多维贫困代际传递是多个因素共同作用的结果，其表现方式多样化、传递路径错综复杂，因此，解决我国农村多维贫困代际传递问题是一个“系统工程”，从制度、文化等多个层面入手，发挥人的主观能动性，完善相关制度，破解文化贫困。本章将从“促进人的全面发展”视角出发，根据上文的相关研究结论，立足我国农村发展实际，为提高易返贫致贫人口的可持续发展能力、解决我国农村地区的多维贫困代际传递问题并提出切实可行的措施。

9.3.1 以乡村振兴战略带动农村整体发展

“乡村振兴战略是实现全体人民共同富裕的必然选择”①，农村的整体发展是巩固脱贫攻坚成果、解决农村相对贫困问题的终极方式。2017年10月18日，习近平在党的十九大报告中正式提出了乡村振兴战略，以全面解决我国的“三农”问题，实现全体人民的共同富裕。

1. 完善我国农村土地使用制度，发展现代农业

要完善土地流转市场，积极推动农村土地使用权的流转，支持一部分有土地流出意愿、有条件的农村居民转出土地；同时，支持有土地转入需求的农户转入土地，促进土地的集约化、规模化使用，推动现代农业的形成和发展，提高土地转入农户的收入。

---

① 乡村振兴战略规划（2018～2022年）中华人民共和国农业农村部网，http：//www.moa.gov.cn/ztzl/xczx/xczxzlgh/201811/t20181129_6163953.htm.

以党支部为引领，促进有特色种植业的地区发展农业生产合作社，加强对农业生产的科学指导，促进农民的科学化种植；在合作社统一运营的基础上，促进农业产品的规模化、品牌化经营，延长农产品加工产业链，提高农产品附加值，以规模化经营提高农产品在销售市场的影响力，进而提高农村居民收入。

2. 加强农村基础设施建设，改善儿童成长环境

在农村儿童多维贫困分析结果中，我国农村地区儿童面临着较为严重的环境剥夺，农村儿童的生活环境较差，影响着农村儿童的身体健康。为此，要加强农村相关基础设施建设，加强农村人居环境整治，保证农村地区儿童拥有相对安全、健康的生活环境。

首先，深入推进农村旱厕改造，因地制宜，充分考虑地区的地形、水资源丰富程度、农业生产习惯和季节变化等因素，设计、建设符合本地需求的改厕模式。例如，对于水资源较缺乏、地形复杂、对生物用肥依赖性比较大的地区来讲，可考虑每家每户安装化粪池；对于水资源较为充足的地区，可在村内建设统一管道；北方地区要充分考虑到冬季温度较低时的管道防冻问题。同时，农村的厕改并不是一劳永逸的，乡镇政府更应该做好后续的管理与服务，保证农村新厕的正常使用，要建立起长效的管理和维护机制，加强对农村新厕及其网络的检查和维护，做好定期收集与运输、集中无害化处理等工作。

其次，改善农村能源利用结构。能源供给结构是影响农村能源利用结构的重要因素，在我国农村欠发达地区，由于农村能源供给的基础设施缺乏，农户在能源利用上还以传统的污染性较强的薪柴和煤炭为主。2018 年 5 月 31 日，《乡村振兴战略规划（2018～2022 年）》明确提出要优化农村能源供给结构。虽然我国几乎所有农户都已经用上了照明电，但是电力在农户能源利用中的比例还有待进一步提高，因此要进一步加强配电网建设，减小电力供给方面的城乡差距问题，提高供电的可靠性和安全性；积极推进农村电网的升级改造工程，加快农村破旧电网的检修和替换，开发利用新型能源，提高农村新型能源的利用率，大力发展太阳能、千层地热能等新能源，鼓励有条件的地区积极开发和利用风能和水能，加快推进农村燃料清洁化工程建设进程，推进农村地区的能源消费结构升级，提高电能在农村能源消费结构中的占比，促进我国

北方地区冬季取暖清洁化，在农村地区推广绿色节能建筑技术和农业生产节能技术。

继续推动农村饮水安全工程，提高使用经过净化处理自来水的农户比重。虽然在我国农村地区，使用经过净化处理自来水的农户比重在逐年升高，但是总体比重还有待进一步提高。因此，要继续将农村饮用水安全问题纳入农村发展总体规划之中，提高农村自来水入户率。要加强对入户自来水水质的检查，保证农村自来水饮水安全。

9.3.2 提高易返贫致贫人口受教育水平

实行教育脱贫，保证低收入贫困家庭子女接受有质量的教育是缓解低收入贫困家庭贫困状态、阻断贫困代际传递的最重要措施之一。因此，要促进高质量教育资源向欠发达地区倾斜，完善欠发达地区教育基础设施建设，组建优质乡村教师队伍；在提高国家教育支出的同时，也要通过奖励、鼓励和引导等各种措施提高易返贫致贫人口接受教育的自主性，通过完善教育基础设施建设的“外力”作用以及积极宣传教育成功案例、增加入学奖励等提高低收入家庭子女学习积极性等“内力”，提高易返贫致贫人口受教育水平，进而提高低收入家庭的内生发展能力和持续脱贫能力。

1. 加强欠发达地区学校的软硬件设施建设

（1）加大欠发达地区学校的硬件设施投入，优化贫困学生的学习环境。自 2001 年开始，我国开始大规模的“撤点并校”，整合教育资源。“撤点并校”潮的推进，提高了学生上学的交通运输成本。因此，要合理布局农村欠发达地区学校分布，尽量减少低收入家庭子女入学的交通运输成本，为居住地离学校较远的学生提供免费校车服务，尽量保证低年级学生与父母同住。加强寄宿学校建设，寄宿学校要保证寄宿学生一人一床，配备必要的洗浴设施；重大欠发达地区更要注重学校洗浴设施建设，通过积极引导提高在校贫困学生的卫生意识。提高寄宿学生住宿质量，为远距离上学的学生提供高质量的寄宿生活。为有用餐需求的农村学校建设高质量的食堂、餐厅，加强餐厅食品采购、食品制造等各环节的质量监督和检查工作，根据儿童成长所需膳食营养制作菜单，保证学生餐厅的用餐质量，稳步推进欠发达地区农村义务教育阶段学生营养改善计划。配备安全的饮水设施，为学生提供安全健康的饮用水。为学校配备基本的取暖、纳凉设施，保证学生的身体健康。

加大欠发达地区学校的教学硬件投入。以学校信息化建设提高欠发达地区的办学质量，逐渐推进农村地区特别是欠发达地区的学校数字教育资源和网络学习平台建设，提高欠发达地区儿童对信息化的理解和应用，充分利用数字化、信息化手段，建设城乡联通的网络课程、同步课堂，通过异地同课堂的上课模式减少城乡教育质量的差异。加大欠发达地区的学校体育设施建设，保证为每一所学校配备标准化的塑胶操场、乒乓球桌、羽毛球场地、篮球场地等运动场所，保证入学儿童获得适量的体育运动，提高低收入家庭子女的健康水平。加强学校所需教学仪器和音体美器材的配备，提高农村学校办学质量，保证贫困学生的德智体美劳全面发展。

（2）建设高质量教师队伍，提高农村欠发达地区教学软实力。提高农村特别是欠发达地区学校的软件设施建设，建设一支能“留得下、稳得住”的高质量乡村教师队伍。要建立留得下的一支乡村教学队伍，就要在吸引人才上下功夫，本地人才的回流是重中之重。在乡村振兴的大背景下，贫困县、镇政府要积极探索教育的“反哺”模式，要积极鼓励欠发达地区的学生接受师范类教育，可通过为师范类大学生提供奖学金或签订“定向培养合同”等方式鼓励欠发达地区学生接受高等师范教育；鼓励有能力的师范类大学生学习多科知识，发展成为“多科教师”。同时，采取积极措施吸引本户籍地接受高等教育的大学生回乡任教；逐步提高在农村任教的中小学教师的收入，提高欠发达地区任教老师的绩效工资，适当提高欠发达地区教师中高级职称的比例；全面落实欠发达地区乡村教师生活补助政策，增加欠发达地区任教老师的生活补贴；改善农村教师的住宿条件，有条件的地区可为教师提供周转房或教师公寓。加强对乡村教师的免费培训，通过举办经验交流会等方式加强乡村之间的交流沟通，促进乡村教师知识结构和教学理念的不断更新，提高乡村教师对现代化教学手段的学习和掌握，不断提高乡村教师的素质。同时也可以高薪吸引部分高学历人才前往欠发达地区任教，提高农村欠发达地区的软实力。

在构建稳定的乡村教师队伍的同时，也要采取多种措施，促进高质量教育人才向乡村合理流动，为乡村教师提供学习和交流机会，建立起长效的乡村教师补充机制。建立起省级统筹的乡村教师流动、补充机制，有效利用绩效工资、职称评定、职务晋升等多种激励机制，引导名师实现城乡合理流动，增加对教育资源薄弱地区的对口支援。

2. 增加入学激励，提高低收入家庭子女的学习积极性

（1）优化教育转移支付利用结构，增加经济激励。除了增加对农村欠发达地区教育基础设施以及人才引进投资以外，还要继续稳步增加对农村欠发达地区的教育转移支付。

健全学前教育资助制度，帮助农村低收入家庭幼儿接受学前教育。建立保障农村和低收入地区学生上重点高校的长效机制，加大对低收入家庭大学生的救助力度，对低收入家庭离校未就业的高校毕业生提供就业支持。

全面发展大学生救助体系，还要对低收入家庭学生实施奖、贷、助、减、补等政策，对低收入家庭子女进行费用减免，切实减少低收入家庭子女的教育负担。

低收入家庭子女意愿较低的主要原因在于缺乏入校学习的激励机制。低收入家庭面临较强的资金约束，在儿童面临部分就业机会时，低收入家庭子女入学更存在着较大的机会成本。因此，为鼓励低收入家庭子女入学，可通过增加经济激励的方式吸引学生入学。要优化教育支付利用结构，对特别欠发达地区，要特别实施教育鼓励、支持计划，以鼓励的方式助力低收入家庭子女树立自主入学、自主学习的良好习惯。第一，对特别贫困户实行教育补贴计划，对子女按时入学的低收入家庭实行按月、按季度补贴，减少低收入家庭子女入学的机会成本，提高低收入家庭子女入学意愿。第二，建立奖学金制度，对入学且成绩较好的学生予以合理奖励，提高低收入家庭子女的学习积极性。第三，研究表明，欠发达地区儿童在“小升初”“初升高”等升级环节的辍学率较高，因此，可在“小升初”“初升高”环节增加对低收入地区儿童的转移支付，对顺利完成升级考试并继续接受教育的低收入地区儿童给予不同程度的奖励。

（2）积极宣传教育成功案例，更新教育观念。部分低收入家庭子女入学意愿较低、学习自主性上较差的原因还在于对教育的信心不足，

"上学无用论"盛行，因此更需要观念更新。同时，本书研究发现，易返贫致贫人口更容易受到"教育失败"案例的影响，认为教育投资具有较高的风险。因此，在我国农村欠发达地区，要提高低收入家庭子女入学和学习的积极性，除了要增加经济激励之外，更要关注教育宣传问题，通过教育宣传的正能量，助力易返贫致贫人口树立正确的受教育观念。在教育宣传上，可偏重本地低收入家庭子女教育成功的案例，例如通过电视台、报纸等主流媒体宣传教育成功的案例。可以邀请部分成功考入高等学府、就业较好的低收入家庭子女深入欠发达地区的学校、村落举办讲座，鼓励低收入家庭的儿童坚持学业，提高自主发展能力。同时，为了减少非农务工对儿童辍学的吸引力，政府要积极对欠发达地区的中小企业进行宣传教育，减少中小企业对儿童的吸纳，进而减少儿童辍学的经济诱惑。

3. 优化学校内部及周边教育环境

"近朱者赤，近墨者黑"反映了教育环境对学生学习的重要性。学校提供的教育环境是学生学习的重要场所，任何不良干扰因素的存在都会导致教育环境遭到破坏。恶劣的教育环境会使得学生丧失对教育的信心，进而提高学生辍学的概率；优良的教育环境对于提高儿童入学率、保证儿童的教育质量具有重要意义。因此，应该优化学校周遭环境，为学生提供安心学习的教育环境。

近年来，校园暴力事件屡禁不止，对在校儿童的身心健康有着极大的危害，同时，校园暴力事件频发会扰乱学校风气，破坏学校教育环境，影响学生的受教育质量。尤其对留守儿童来说，由于父母在生活照料和教育辅导能力方面的缺位，校园暴力事件对留守儿童的影响更大。首先，学校应该加强校园法制宣传，加强学生的法制教育，提高学生法制意识，优化学校风气，从源头上减少校园暴力事件的发生；其次，学校应安排专门人员增强课余时间对校园的巡查工作，减少校园暴力事件的发生空间，进而减少校园暴力事件的发生率；最后，对校园暴力的实施者要及时发现并教育，情节严重者要根据《未成年人保护法》以及学校的相关规定做出相关惩处。

学校是学生学习的地方，除了要排除不安全因素以外，学校还要加强教学秩序管理，保障学校形成良好的教风、学风，为学生提供安定的学习环境。教师在严守自身教学职责以外，也要严格管控课堂秩序，提高课堂教育质量。

要为学生提供安全、安定的受教育环境，只关注校内环境还远远不够，也需要优化学校周边环境，这就需要公安部门、工商部门等社会多个部门的合作和支持。第一，校园周边违规网吧。网吧吸引着众多中小学生无心学业、迷恋网络与游戏，严重危害着学生的身心健康，因此工商部门要增强对学校周边网吧的管理，对中小学周边违规经营的网吧进行清理；第二，工商部门应该加强对学校周边“餐饮摊点”的监督和管理，对食品安全、卫生状况不达标的摊点进行及时清理，保证学生的饮食健康；第三，公安部门要加强对学校周边的巡逻，及时驱散学校周边的社会闲散人员，减少校外人员对校内学生的滋事骚扰现象。

4. 适当延长农村欠发达地区义务教育年限，提供多种形式的教育

1986 年颁布的《中华人民共和国义务教育法》明确规定我国实行九年制义务教育，经过多年的发展，我国义务教育普及率得到了较大的提升，2018 年，我国义务教育巩固率达到 94.2%。从宏观层面上讲，虽然我国的基础教育发展态势良好，我国的义务教育普及率也已经达到世界发达国家的平均水平，但是对我国欠发达地区的易返贫致贫人口来讲，九年义务教育还远远不够。从教育的回报率来看，仅完成初中阶段教育的个体在劳动力就业市场中并不占优势，由于学历较低而引发的就业质量、收入水平偏低是易返贫致贫人口存在的普遍问题。而高中阶段的收费教育对于完成九年义务教育的易返贫致贫人口来讲，更像一道无形的门槛。因此，要提高易返贫致贫人口的内生发展能力，延长其受教育年限，就要打破存在于易返贫致贫人口面前的隐形教育屏障。要在欠返达地区率先普及义务教育，免除易返贫致贫家庭子女的学杂费。对于中西部深度欠发达地区，国家可适当延长义务教育年限，将义务教育年限延长至高中教育阶段。

同时，为了提高易返贫致贫人口的技术获得性，改善易返贫致贫人口的就业能力，贫困县政府需在本地大力发展免费的中、高等职业教育。根据地方发展需要建立中等职业学校，为未升入普通高中的低收入家庭子女能接受中等职业教育而提高中等职业教育国家助学金资助标准，对接受中等职业教育的低收入家庭子女免除学杂费。高等职业教育

的过程中，要增加通用型技术和技能培训课程，鼓励易返贫致贫人口根据个人兴趣和爱好以及就业需要选择合适的专业和课程，提高易返贫致贫人口的就业面；同时，也要根据本地产业发展需要设置相应的技能培训，在提高易返贫致贫人口就业率的同时促进本地产业的发展。

大力发展欠发达地区的学前教育。学前教育是个体体力、智力发展和心理发育的最关键阶段，也是个体教育的开端，学前教育事关儿童的身心健康和终身发展，因此正确合理的学前教育意义重大。然而，我国的学前教育起步较晚，发展较为缓慢，是整个教育体系中的薄弱环节，目前，我国的学前教育存在着明显的城乡、区域差距。欠发达地区的学前教育发展更为滞后，大部分贫困儿童入学较晚，学前教育严重缺失。因此，要改善欠发达地区的学前教育发展状况，就要充分发挥政府在学前教育中的主导作用。加大对农村欠发达地区幼儿园的建设力度，改善农村幼儿园的保教措施；加强学前教育机构的安全保障工作；加强安全设施建设；加强安全设施的检查监督，定期排查园内安全隐患；加强对学前教育阶段的食品卫生管理；加强对幼儿园教师的岗前培训，规范幼儿教师认知资格；加强幼儿教师的岗上培训，提高幼教教学质量。

大力发展欠发达地区的特殊教育，重视农村残疾少年儿童的教育问题，切实保障残疾儿童接受义务教育的权利；要从改善基础设施和提供人员供给等多方面积极发展农村特别是欠发达地区的特殊教育，着力保障并提高盲、聋哑等残疾儿童的入学率。

9.3.3 提高易返贫致贫人口健康水平

1. 促进基本医保制度向易返贫致贫人口倾斜

虽然我国建立起了城乡统一的合作医疗制度，但因为基本医保制度存在的部分弊端和农村易返贫致贫人口的脆弱性，“因病致贫”“因病返贫”问题在农村欠发达地区并不鲜见。

农村医保制度是减轻农民看病负担、提高农村居民健康水平的重要举措。提高农村易返贫致贫人口健康水平，减轻“因病致贫”“因病返贫”的概率，就要促进基本医保制度向易返贫致贫人口倾斜，全面发挥基本医保制度在减贫中的作用。首先，提高易返贫致贫人口特别是极度易返贫致贫人口的大病报销比例。即便在现有报销比例下，重大疾病的高额医疗费依然是易返贫致贫人口面临的重大经济负担，因此要将农村易返贫致贫人口纳入重特大疾病救助范围，提高发病率较高的重特大疾病的报销比重，对突然发生重大疾病的低收入家庭成员，要加大地方临时救助力度，启动慈善救助，减少“因病致贫”或“重疾加深贫困”的概率。其次，针对现有医疗保障制度对慢性病患者保障不足的问题，可将农村欠发达地区发病率较高的慢性疾病所需的基础治疗药物纳入基本医疗保险，并适度提高其报销比例，减小易返贫致贫人口在慢性病治疗过程中的长期支出。再次，对患病的易返贫致贫人口根据疾病性质进行分类救治。对部分治疗方法固定、疗效既定、疾病治疗负担较重的疾病组织安排专家进行集中救治，减轻低收入家庭的医疗负担；需要长时间住院治疗的疾病患者，安排就近具备能力的医院接收并提供治疗服务；需要长期治疗和康复的，由基层医疗卫生机构在上级医疗机构指导下实施治疗和康复管理。最后，以县为单位，优先为贫困户成员建立电子健康档案，动态追踪易返贫致贫人口身体健康状况。在医疗卫生机构可视情况设立易返贫致贫人口优先窗口，提高易返贫致贫人口就医的便利度。

2. 提高农村基层医疗卫生条件

根据统计数据，我们发现农村特别是欠发达地区的居民对村卫生室、乡镇医院的依赖性较大，农村居民非正规就医的现象也很明显。而在我国，医疗资源分布存在着明显的城乡差距，农村基层医疗设备和正规医疗人员的短缺是农民“看病难”的主要原因。因此，要提高农村易返贫致贫人口的健康状况，就要加强医疗资源的城乡合理、有效配置。

首先，要提高农村欠发达地区的医疗硬件设备建设。要提高农村基层医疗卫生条件，缩小医疗资源分布的城乡差距，就要增加省级财政支持力度。因地制宜，根据地区农村人口分布、地理环境、道路交通状况等因素科学合理设置农村卫生室，以最大化减少易返贫致贫人口与村级卫生室的距离，提高农村易返贫致贫人口就医的便利性。要促进基层卫生院的标准化建设，各地区根据民生发展需要，出台适合本地的乡镇卫生院和村级卫生室建设标准，构建标准化的基层卫生院。完善农村基层卫生院医疗设备的配备，尽可能为农村基层卫生院配备基本医疗设备，及时替换落后的医疗设备，提高农村基层基础医疗设备的覆盖率。优化农村特别是农村欠发达地区的医药供给，丰富药物提供种类，真正提高农村基层的就医需求；增加对农村欠发达地区的药物价格补贴，严控药物特别是治疗慢性病的药物价格，真正解决农村地区的“就医贵”问题。

其次，要增强农村欠发达地区的医疗卫生条件，提高农村基层卫生室的服务质量，还要加强农村基层卫生服务人员队伍建设。要建设一支“留得住、服务水平高”的农村基层实用性医疗服务人才，就要通过增加医疗人员的工资待遇水平来达到吸引人才、留住人才的目的。提高本地原有医务从业者的工资待遇，为该部分人员提供定时的职业培训，提高其医疗服务能力；对入村工作的医疗服务人员实行优惠政策，提高其工作待遇，为农村基层医疗工作者设置专门的绩效考核机制，对在农村基层特别是农村欠发达地区工作的医疗服务人员，要适当放松其在晋升考核中的条件，例如学历背景、服务年限以及理论水平等，提高基层医疗卫生服务岗位的吸引力；各级政府可出台相关政策，积极吸引和鼓励医学类毕业生到农村基层服务，适当放宽农村特别是农村欠发达地区基层医疗卫生机构的学历限制，建设一支可以扎根农村的医疗服务队伍。

除了要在农村基层建设医疗服务的固定队伍以外，还要加强医疗服务的外源人才队伍，为提高农村特别是欠发达地区的医疗卫生服务能力要促进城乡医疗工作者的有序流动。鼓励各大医院的专家学者积极进入农村基层，为农村基层医疗卫生服务人员进行培训，同时，鼓励高水平医疗专家定期在农村基层设立专家门诊，解决部分农村易返贫致贫人口在重大疾病方面的咨询、就医和治疗问题；将农村基层医疗工作经历真正纳入卫生人员技术职务任职资格评审中，提高高技术医疗服务人员下乡服务意愿。

3. 加强卫生常识的宣传教育，提高农村易返贫致贫人口的疾病自查能力

医疗卫生常识的缺乏是影响农村易返贫致贫人口身体健康状况的重要原因之一，因此，加强对农村易返贫致贫人口的卫生常识的宣传、教育，是提高易返贫致贫人口健康水平的重要步骤。首先，欠发达地区学校应在学前教育、小学阶段设置卫生常识课程，加强对低收入家庭儿童的卫生知识教育；其次，基层政府可通过进村分发宣传单页、安排专门人员入村演讲等活动对成年人口进行卫生知识再教育；最后，要通过书本宣传以及入村讲座等方式提高农村易返贫致贫人口对基本疾病的基本认知，丰富易返贫致贫人口在农药中毒、中暑、动物咬伤等部分常见病以及高血压、慢性炎症等慢性疾病的预防和治疗等方面的知识，提高易返贫致贫人口的基本疾病自查能力。

除了增加医疗卫生常识的公共宣传以外，还要增强农村基层医务人员对农村欠发达地区的服务工作。在村卫生院设立免费医疗咨询窗口，以备农村易返贫致贫人口医疗问询。积极鼓励基层医务人员进行上门服务，为有特殊需要的低收入家庭提供签约医疗服务，例如定期为没有行动能力的老人提供上门体检和医疗跟踪服务。对低收入家庭的备孕女性实行免费优生健康检查，免费对怀孕女性提供孕检服务，加强对新生儿的疾病筛查，对婴幼儿、儿童的身体健康状况进行动态追踪，提高欠发达地区儿童的身体健康水平。

9.3.4 积极解决农村易返贫致贫人口就业问题

1. 建立城乡统一的劳动力市场

本书研究表明，农村劳动力在劳动力市场上存在明显的以户籍为中心的职业隔离。职业隔离的存在使得农村劳动力很难进入正规的劳动力市场，只能在非正规劳动力市场徘徊。在非正规劳动力市场，农村劳动者就业不稳定，收入低下，就业环境没有保障。因此，要提高农村劳动力的就业质量，进而提高农村劳动力的收入，降低我国农村的贫困发生率，首先要建立起城乡统一的劳动力市场，真正将农村劳动力要素纳入劳动力市场中。

要建立城乡统一的就业、失业登记管理制度，建立起科学的涵盖农村劳动力在内的就业和失业统计指标体系，真正将农村劳动力就业状况纳入政府宏观统筹、规划和安排之中；建设城乡统一的基层就业服务平台，促进就业服务向农村基层特别是农村欠发达地区延伸；建设城乡统一的用工管理制度，促进就业单位对易返贫致贫人口的倾斜。发展城乡统一的社会保障体系和维权体系，切实保障农村易返贫致贫人口利益。

2. 为易返贫致贫人口提供培训服务

农村易返贫致贫人口在就业市场上备受歧视，除了学历低下等原因以外，其技术能力落后，技能单一，不能很好地满足劳动力市场需求。农村劳动力的就业技能大多来自自学或者用工单位的简单培训，在离开原就业单位寻找新就业单位时就要受到原有技能的制约。因此，为易返贫致贫人口提供相对专业的培训服务是提高其就业质量的重要保障。各省、市政府要增加对农村劳动力就业培训的资金投入，可视情况建立专业的就业培训基地，免费对农村劳动力开展技能培训；培训学校应构建科学合理的培训内容，培训内容要紧紧围绕地方产业发展规划、市场需求，提高培训的实用性；邀请大型公司企业的高级技术人员授课，提高培训质量；加强对培训质量的监控，增加培训考试机制，为考核成功的培训人员发放结业证书，提高市场对培训人员的认可度。除此之外，要鼓励企业对农村就业人员特别是易返贫致贫人口进行培训，增加对技术型企业的培训补贴，切实提高易返贫致贫人口的就业和再就业技能。

3. 高效发布就业信息

农村劳动力就业质量低下的诱因还有农村劳动力就业信息渠道不畅通。农村劳动力在待业、择业过程中的就业信息大多来自熟人之间的口耳相传，虽然由此传递的就业信息翔实，能有效解决农村劳动力在择业过程中的信息不对称问题，但是仅依靠熟人传递就业信息难免存在就业渠道狭窄、信息传递不足导致等待时间较长等问题。因此，如何实现高效率的就业信息发布、畅通易返贫致贫人口就业渠道是解决农村易返贫致贫人口就业问题的重要措施之一。

要建立科学的线上就业信息发布平台。加强地区的信息基础设施建设，构建地区性乃至全国性的就业信息网站，鼓励用工企业利用该网站发布就业信息，实现用工单位劳动力需求和农村劳动力供给之间的良性互动。鼓励部分群体利用微信群、微信公众号等工具发布就业信息，加强对该类信息平台的规范和监督，促进其科学、高效运行。对于信息较为闭塞的地区，建议乡镇一级基层组织建立专门的就业促进部门，负责对各地的就业信息进行汇总、整理，并通过村级组织将就业信息发布到村民个人。

除了要建设高效的线上就业信息发布平台以外，欠发达地区也可通过组织招聘会、发展地区劳务市场等形式提高欠发达地区的劳动力就业程度。例如，各县、乡镇可定期组织适合农村劳动力的招聘会，给农村劳动力提供就业选择机会；部分地区在长期的发展过程中，已经形成了较为稳定的劳务市场，政府可以在原有劳动市场的基础上，继续推进劳务市场的规范化，为劳务市场提供固定的场所，鼓励用工单位积极参与劳务市场。

在剩余劳动力较多的易返贫致贫地区建立专业的劳务公司负责联系工作单位与劳动力，并协商确定合理的工资水平和福利待遇，这既减少了农村贫困人口在就业市场上的劳动力信息不对称问题，也能提高其议价能力。

9.4 研究展望

本书围绕我国农村多维贫困代际传递问题进行了相关研究，得出了部分研究结论，并据此提出了阻断农村多维贫困代际传递的治理思路和具体路径。但囿于文章篇幅以及结构限制，文章在部分地方还有待进一步拓展研究，以期在今后的学习研究中进一步完善。

第一，本书虽然对引发我国农村多维贫困代际传递的制度性因素进行了定性分析，但对上述问题没有进行充分的实证考察，主要原因在于微观数据与宏观数据的衔接和融合较难实现，其次是文中涉及的制度性因素较多且难以量化，以期在后续的研究中丰富数据和研究方法，对该部分内容进行补充量化研究。

第二，本书第7章对我国农村多维贫困代际传递的内因进行了分析，分析认为文化贫困是导致我国农村多维贫困代际传递的主要内因。作为多维贫困代际传递的深层次诱因，文化贫困将通过较为隐性的方式影响贫困人口的多种选择和行为。例如，文化贫困影响农村贫困人口的教育观、就业观、健康观等。鉴于文化贫困与教育贫困互相影响，教育贫困是引发文化贫困的主要原因，文化贫困也是影响教育贫困的重要因素，因此，本书着重以低收入家庭子女的教育贫困为例，分析了低收入家庭子女教育贫困问题。作者将在后续的研究中尝试从文化贫困视角出发，分析贫困人口在就业、健康等维度的选择问题。

第三，我国农村多维贫困代际传递的路径较为复杂，本书从家庭生命周期视角研究了家庭生命周期阶段异质性下的多维贫困代际传递路径，证明了多维贫困代际传递主要发生在家庭成长期，而如何分离家庭成长期的多条传递路径并加以具体研究则任重而道远。

参考文献

[1] 阿玛蒂亚·森．以自由看待发展［M］．任赜，于真，译．北京：中国人民大学出版社，2012.

[2] 阿玛蒂亚·森．正义的理念［M］．王磊，李航，译．北京：中国人民大学出版社，2012.

[3] 阿比吉特·班纳吉，埃斯特·迪弗洛．贫穷的本质：我们为什么摆脱不了贫穷［M］．北京：中信出版社，2013.

[4] 比约恩·古斯塔夫森，魏众，吴桂英．为什么中国农村人口贫富不同？［J］．世界经济文汇，2002（3）.

[5] 陈建勋．从纳克斯的“贫困恶性循环论”所想到的［J］．上海经济研究，1988（2）.

[6] 陈杰，苏群，周宁．农村居民代际收入流动性及传递机制分析［J］．中国农村经济，2016（3）.

[7] 陈前恒，方航．打破“文化贫困陷阱”的路径——基于贫困地区农村公共文化建设的调研［J］．图书馆论坛，2017，37（6）.

[8] 陈全功，程蹊．长期贫困为什么难以消除？——来自扶贫重点县教育发展的证据［J］．西北人口，2006（3）.

[9] 陈玉宇，邢春冰．农村工业化以及人力资本在农村劳动力市场中的角色［J］．经济研究，2004（8）.

[10] 程诚，边燕杰．社会资本与不平等的再生产以农民工与城市职工的收入差距为例［J］．社会，2014，34（4）.

[11] 程猛，康永久．从农家走进精英大学的年轻人：“懂事”及其命运［J］．中国青年研究，2018（5）.

[12] 程猛．向上流动的文化代价——作为阶层旅行者的“凤凰男”［J］．中国青年研究，2016（12）.

[13] 程禹，王妍心．我国农村地区社会保障制度存在的问题及对

策探析［J］. 纳税，2018，12（22）.

［14］仇立平，肖日葵. 文化资本与社会地位获得——基于上海市的实证研究［J］. 中国社会科学，2011（6）.

［15］仇荀. 马克思主义贫困理论及当代中国贫困治理实践研究［D］. 长春：吉林大学，2016.

［16］慈勤英，宁雯雯. 家庭养老弱化下的贫困老年人口社会支持研究［J］. 中国人口科学，2018（4）.

［17］邓小平. 邓小平文选（第三卷）［M］. 北京：人民出版社，1993.

［18］都阳，蔡昉. 中国农村贫困性质的变化与扶贫战略调整［J］. 中国农村观察，2005（5）.

［19］杜鹏. 中国城乡家庭生命周期的初步分析［J］. 中国人口科学，1990（4）.

［20］杜鑫. 中国农村青少年失学的影响因素分析［J］. 中国农村经济，2008（3）.

［21］樊路放. 大学生就业问题及对策研究［D］. 苏州：苏州大学，2007.

［22］方鸣，应瑞瑶. 中国城乡居民的代际收入流动及分解［J］. 中国人口·资源与环境，2010，20（5）.

［23］冯贺霞，高睿，韦轲. 贫困地区儿童多维贫困分析——以内蒙古、新疆、甘肃、广西、四川五省区为例［J］. 山西农业大学学报（社会科学版），2017，16（6）.

［24］冯贺霞，王小林，夏庆杰. 收入贫困与多维贫困关系分析［J］. 劳动经济研究，2015，3（6）.

［25］傅晨，任辉. 农业转移人口市民化背景下农村土地制度创新的机理：一个分析框架［J］. 经济学家，2014（3）.

［26］高书国. 智力贫困代际传递的成因分析与阻遏策略［J］. 中国教育学刊，2018（1）.

［27］高树仁. 我国高等教育公平制度的价值结构及政策文本分析——一项基于 NVivo 质性研究报告［J］. 山东高等教育，2017，5（5）.

［28］高帅. 社会地位、收入与多维贫困的动态演变——基于能力剥夺视角的分析［J］. 上海财经大学学报，2015，17（3）.

［29］高圆圆，范绍丰．西部民族地区农村贫困人口精神贫困探析［J］．中南民族大学学报（人文社会科学版），2017，37（6）．

［30］葛敏，缪建东．家庭教育实践的方法论阐释：基于场域的视角［J］．首都师范大学学报（社会科学版），2018（4）．

［31］桂华，余练．婚姻市场要价：理解农村婚姻交换现象的一个框架［J］．青年研究，2010（3）．

［32］郭爱妹，张戌凡．多学科视野下的农村社会保障研究［M］．广州：中山大学出版社，2011．

［33］郭丛斌．二元制劳动力市场分割理论在中国的验证［J］．教育与经济，2004（3）．

［34］郭建宇，吴国宝．基于不同指标及权重选择的多维贫困测量——以山西省贫困县为例［J］．中国农村经济，2012（2）．

［35］郭熙保，周强．长期多维贫困、不平等与致贫因素［J］．经济研究，2016，51（6）．

［36］国务院发展研究中心农村部课题组，叶兴庆，徐小青．从城乡二元到城乡一体——我国城乡二元体制的突出矛盾与未来走向［J］．管理世界，2014（9）．

［37］国务院研究室编．十三届全国人大一次会议《政府工作报告》辅导读本（2018）［M］．北京：人民出版社，2018．

［38］韩春．中国农村贫困代际传递问题根源探究［J］．经济研究导刊，2010（16）．

［39］杭承政，胡鞍钢．“精神贫困”现象的实质是个体失灵——来自行为科学的视角［J］．国家行政学院学报，2017（4）．

［40］贺立龙，左泽，罗樱浦．以多维度贫困测度法落实精准扶贫识别与施策——对贵州省50个贫困县的考察［J］．经济纵横，2016（7）．

［41］洪兴建，邓倩．中国农村贫困的动态研究［J］．统计研究，2013，30（5）．

［42］侯亚景．中国农村长期多维贫困的测量、分解与影响因素分析［J］．统计研究，2017，34（11）．

［43］胡洪曙，亓寿伟．中国居民家庭收入分配的收入代际流动性［J］．中南财经政法大学学报，2014（2）．

［44］黄清峰，刘艺戈．农村社会保障制度变迁的演进逻辑与路径

选择——从路径依赖到路径创造［J］. 社会保障研究，2014（2）.

［45］黄少安，孙涛. 非正规制度、消费模式和代际交叠模型——东方文化信念中居民消费特征的理论分析［J］. 经济研究，2005（4）.

［46］黄衍华，乔晓春. 子女职业地位获得更依赖于父亲还是母亲？——来自1990年人口普查的历史证据［J］. 人口与发展，2017，23（2）.

［47］黄英伟，陈永伟，李军. 集体化时期的农户收入：生命周期的影响——以河北省北街2队为例［J］. 中国经济史研究，2013（2）.

［48］江求川，张克中. 中国劳动力市场中的“美貌经济学”：身材重要吗？［J］. 经济学（季刊），2013，12（3）.

［49］江泽民. 江泽民文选（第三卷）［M］. 北京：人民出版社，2006.

［50］江泽民. 论社会主义市场经济［M］. 北京：中央文献出版社，2006.

［51］解垩. 公共转移支付与老年人的多维贫困［J］. 中国工业经济，2015（11）.

［52］李晨，曾月. 贫困文化在农民工及其子女群体中的代际传递及影响［J］. 经济论坛，2013（7）.

［53］李春玲. 当代中国社会的声望分层——职业声望与社会经济地位指数测量［J］. 社会学研究，2005（2）.

［54］李春玲. 教育不平等的年代变化趋势（1940～2010）——对城乡教育机会不平等的再考察［J］. 社会学研究，2014，29（2）.

［55］李春玲. 社会政治变迁与教育机会不平等——家庭背景及制度因素对教育获得的影响（1940～2001）［J］. 中国社会科学，2003（3）.

［56］李建民. 中国劳动力市场多重分隔及其对劳动力供求的影响［J］. 中国人口科学，2002（2）.

［57］李洁，欧蒙. 贫困的代际传递：贫困程度与学业成绩［J］. 财经科学，2018（9）.

［58］李晶，刘洪. 结构性贫困中的文化——公共文化供给侧结构改革的理论基础研究［J］. 图书馆论坛，2016，36（8）.

［59］李静. 增强内生动力　打破贫困代际传递［N］. 鄂州日报，2018－02－28（6）.

［60］李培林，李炜．农民工在中国转型中的经济地位和社会态度［J］．社会学研究，2007（3）．

［61］李文钢．贫困文化论的误用与滥用［J］．中国农业大学学报（社会科学版），2018，35（5）．

［62］李晓曼，曾湘泉．新人力资本理论——基于能力的人力资本理论研究动态［J］．经济学动态，2012（11）．

［63］李晓明．贫困代际传递理论述评［J］．广西青年干部学院学报，2006（2）．

［64］李玉柱，姜玉．80 年代以来我国妇女初婚初育间隔变动分析［J］．西北人口，2009，30（3）．

［65］李煜．制度变迁与教育不平等的产生机制——中国城市子女的教育获得（1966～2003）［J］．中国社会科学，2006（4）．

［66］李仲达，王美今．职业获得的不平等研究——基于社会网络与户籍制度的“双重门槛”效应［J］．中山大学学报（社会科学版），2014，54（4）．

［67］梁怡．代际传递概念　剖析长期贫困症结［N］．上海证券报，2007－03－26（B08）．

［68］列宁．列宁选集（第 1 卷）［M］．北京：人民出版社，2012．

［69］林闽钢，张瑞利．农村贫困家庭代际传递研究——基于 CHNS 数据的分析［J］．农业技术经济，2012（1）．

［70］林善浪，王健．家庭生命周期对农村劳动力转移的影响分析［J］．中国农村观察，2010（1）．

［71］刘成军．贫困代际传递的内生原因与破解路径［J］．马克思主义与现实，2018（1）．

［72］刘冠秋，李岚彬，黄艺丹，潘丹琳，齐熙，吴小影，祁新华．山区贫困县贫困代际传递的特征与机制研究［J］．福建师范大学学报（自然科学版），2017，33（3）．

［73］刘欢．外出务工、家庭老人特征及农村家庭贫困的关联研究［J］．人口与经济，2017（1）．

［74］刘金东，杨晨．父母赠与如何影响子女首套房购置行为——基于年轻子女微观调研数据［J］．经济与管理评论，2016，32（5）．

［75］刘精明．高等教育扩展与入学机会差异：1978～2003［J］．

社会，2006 (3).

[76] 刘升．"婚姻株连"：理解农村光棍现象的一个框架——基于豫南Q村"光棍成窝"现象的调查 [J]. 中共宁波市委党校学报，2014，36 (3).

[77] 刘守英．中国城乡二元土地制度的特征、问题与改革 [J]. 国际经济评论，2014 (3).

[78] 刘云杉．"寒门难出贵子"：基础教育与高等教育的双重困境 [N]. 中国社会科学报，2012-03-07 (B01).

[79] 刘展余，张旭．论我国医疗保障制度现状及优化对策 [J]. 环渤海经济瞭望，2018 (6).

[80] 卢洪友，余锦亮，杜亦譞．老年父母照料家庭与成年子女劳动供给——基于CFPS微观数据的分析 [J]. 财经研究，2017，43 (12).

[81] 卢盛峰，潘星宇．中国居民贫困代际传递：空间分布、动态趋势与经验测度 [J]. 经济科学，2016 (6).

[82] 陆汉文，岂晓宇．当代中国农村的贫困问题与反贫困工作——基于城乡关系与制度变迁过程的分析 [J]. 江汉论坛，2006 (10).

[83] 陆明涛．结构变迁过程中的人力资本与高等教育投资回报 [J]. 金融评论，2017，9 (5).

[84] 陆学艺．当代中国社会阶层研究报告 [M]. 北京：社会科学文献出版社，2002.

[85] 陆益龙．后乡土中国 [M]. 北京：商务印书馆，2011.

[86] 马克思，恩格斯．马克思恩格斯文集（第1卷）[M]. 北京：人民出版社，2009.

[87] 马克思，恩格斯．马克思恩格斯文集（第2卷）[M]. 北京：人民出版社，2009.

[88] 马克思，恩格斯．马克思恩格斯文集（第5卷）[M]. 北京：人民出版社，2009.

[89] 马克思，恩格斯．马克思恩格斯文集（第6卷）[M]. 北京：人民出版社，2009.

[90] 马克思，恩格斯．马克思恩格斯文集（第7卷）[M]. 北京：人民出版社，2009.

[91] 马克思，恩格斯．马克思恩格斯文集（第8卷）[M]. 北京：

人民出版社，2009.

[92] 马克思，恩格斯．马克思恩格斯文集（第9卷）[M]．北京：人民出版社，2009.

[93] 马克思．1844年经济学哲学手稿 [M]．北京：人民出版社，2014.

[94] 马克思著．资本论（第一卷）[M]．郭大力，王亚南，译．南京：译林出版社，2014.

[95] 马磊，魏天保．高校扩招后我国大学学历溢价的波动研究——基于2003~2013年CGSS数据的分析 [J]，教育科学，2017，33（1）.

[96] 马文武，杨少垒，韩文龙．中国贫困代际传递及动态趋势实证研究 [J]．中国经济问题，2018（2）.

[97] 马晓河，刘振中，钟钰．农村改革40年：影响中国经济社会发展的五大事件 [J]．中国人民大学学报，2018，32（3）.

[98] 马宇航，杨东平．城乡学生高等教育机会不平等的演变轨迹与路径分析 [J]．清华大学教育研究，2015，36（2）.

[99] 孟翔飞，高婷婷．影响农民工贫困代际传递的理论研究与政策选择 [J]．理论界，2017（7）.

[100] 缪建东．家庭教育 [M]．北京：高等教育出版社，2009.

[101] 欧向军，甄峰，秦永东，朱灵子，吴泓．区域城市化水平综合测度及其理想动力分析——以江苏省为例 [J]．地理研究，2008（5）.

[102] 逄锦聚．关注"三农"振兴乡村 [N]．光明日报，2019-03-07（6）.

[103] 彭继权，吴海涛．家庭生命周期视角下农户多维贫困影响因素研究 [J]．世界经济文汇，2017（6）.

[104] 彭新万．当代中国农村贫困：性质、原因及政策选择——基于社会排斥视角的分析 [J]．理论与改革，2008（4）.

[105] 亓寿伟．中国代际收入传递趋势及教育在传递中的作用 [J]．统计研究，2016，33（5）.

[106] 阙祥才，舒黎．人力资本视域下的农村家庭贫困代际传递研究——基于武汉市J乡的调查 [J]．华中农业大学学报（社会科学版），2017（6）.

[107] 申秋．中国农村扶贫政策的历史演变和扶贫实践研究反思

[J]. 江西财经大学学报，2017 (1).

[108] 史清华，黎东升. 民族间农民生育行为的比较研究——来自湖北省418户农户家庭的调查 [J]. 中国人口科学，2004 (5).

[109] 宋旭光，何宗樾. 义务教育财政支出对代际收入流动性的影响 [J]. 财政研究，2018 (2).

[110] 宋扬，刘建宏. 儿童时期多维贫困的长期影响——基于CHARLS生命历程数据的实证分析 [J]. 中国人民大学学报，2019，33 (3).

[111] 宋月萍，张涵爱. 应授人以何渔？——农民工职业培训与工资获得的实证分析 [J]. 人口与经济，2015 (1).

[112] 孙俊三，孙松竹. 家庭教育是基础教育，也是终身教育 [J]. 湖南师范大学教育科学学报，2016，15 (5).

[113] 孙三百，黄薇，洪俊杰. 劳动力自由迁移为何如此重要？——基于代际收入流动的视角 [J]. 经济研究，2012，47 (5).

[114] 中国宏观经济研究院产业所课题组. 改革开放40年中国工农关系演变：从缓和走向融合 [J]. 改革，2018 (10).

[115] 万向东. 农民工非正式就业的进入条件与效果 [J]. 管理世界，2008 (1).

[116] 汪三贵. 在发展中战胜贫困——对中国30年大规模减贫经验的总结与评价 [J]. 管理世界，2008 (11).

[117] 王爱君，肖晓荣. 家庭贫困与增长：基于代际传递的视角 [J]. 中南财经政法大学学报，2009 (4).

[118] 王爱君. 女性贫困、代际传递与和谐增长 [J]. 财经科学，2009 (6).

[119] 王博，朱玉春. 改革开放40年中国农村反贫困经验总结——兼论精准扶贫的历史必然性和长期性 [J]. 西北农林科技大学学报（社会科学版），2018，18 (6).

[120] 王冲. 农地“三权分置”改革的历史沿革及展望 [J]. 西北农林科技大学学报（社会科学版），2018，18 (5).

[121] 王春超，叶琴. 中国农民工多维贫困的演进——基于收入与教育维度的考察 [J]. 经济研究，2014，49 (12).

[122] 王峰明. 悖论性贫困：无产阶级贫困的实质与根源 [J]. 马

克思主义研究，2016（6）.

［123］王虹．文化扶贫：新时代扶贫工作的重要内容［J］．国家治理，2019（3）.

［124］王瑾．破解中国贫困代际传递的路径探析［J］．社会主义研究，2008（1）.

［125］王琳，伍麟．风险偏好可以代际传递吗？——来自多学科的证据与元理论思考［J］．心理科学，2018，41（3）.

［126］王素霞，王小林．中国多维贫困测量［J］．中国农业大学学报（社会科学版），2013，30（2）.

［127］王小林，尚晓援．论中国儿童生存、健康和发展权的保障——基于对中国五省（区）的调查［J］．人民论坛，2011（14）.

［128］王晓东．贫富差距的代际传承——对“穷二代”现象的透视与反思［J］．甘肃社会科学，2011（3）.

［129］王延中，王俊霞，单大圣，龙玉其，宁亚芳，王宇和．改革开放40年与社会保障中国模式［J］．学术界，2018（8）.

［130］王奕，陈寅瑛．农村贫困代际传递链的形成机制研究［J］．北方经济，2013（12）.

［131］王志章，刘天元．连片特困地区农村贫困代际传递的内生原因与破解路径［J］．农村经济，2016（5）.

［132］王卓．论暂时贫困、长期贫困与代际传递［J］．社会科学研究，2017（2）.

［133］吴帆．家庭生命周期结构：一个理论框架和基于CHNS的实证［J］．学术研究，2012（9）.

［134］吴理财．论贫困文化（下）［J］．社会，2001（9）.

［135］吴晓刚，张卓妮．户口、职业隔离与中国城镇的收入不平等［J］．中国社会科学，2014（6）.

［136］伍海霞．河北农村老年人家庭生命周期及影响因素分析［J］．人口与经济，2010（4）.

［137］习近平．深入理解新发展理念［J］．求是，2019（10）.

［138］向延平．教育贫困代际传递与阻断：教育精准扶贫路径选择［J］．当代教育论坛，2018（3）.

［139］谢婷婷，司登奎．收入流动性、代际传递与农村反贫困——

异质性视角下新疆30个贫困县的实证分析［J］．上海财经大学学报，2014，16（1）．

［140］谢益民．论教育场域中的话语权与教育人本精神的回归［J］．求索，2013（2）．

［141］邢成举，赵晓峰．论中国农村贫困的转型及其对精准扶贫的挑战［J］．学习与实践，2016（7）．

［142］邢成举．结构性贫困对贫困代际传递的影响及其破解——基于豫西元村的研究［J］．中州学刊，2017（2）．

［143］徐慧．转型期农村贫困代际转移、影响因素及对策研究［J］．经济体制改革，2016（3）．

［144］徐进．城乡居民基本养老保险制度发展的逻辑：基本公共服务均等化［J］．黑河学刊，2018（5）．

［145］徐小言．我国农村贫困成因动态认知的维度构建分析——基于家庭生命周期理论的结构性扩充［J］．理论学刊，2018（5）．

［146］续继，宗庆庆．转型期中国居民家庭收入与子女高等教育机会——基于家庭收入结构外生变化事实［J］．世界经济文汇，2016（6）．

［147］晁钢令，万广圣．农民工家庭生命周期变异及对其家庭消费结构的影响［J］．管理世界，2016（11）．

［148］杨江华，程诚，边燕杰．教育获得及其对职业生涯的影响（1956～2009）［J］．青年研究，2014（5）．

［149］杨穗，李实．转型时期中国居民家庭收入流动性的演变［J］．世界经济，2017，40（11）．

［150］姚俊，赵俊．农村人口流动的健康不平等结果——基于劳动力再生产的视角［J］．江苏社会科学，2015（4）．

［151］叶普万．贫困经济学研究：一个文献综述［J］．世界经济，2005（9）．

［152］尹秀．代际收入流动的职业传递效应分析［D］．山东财经大学，2016.

［153］于洪彦，刘艳彬．中国家庭生命周期模型的构建及实证研究［J］．管理科学，2007（6）．

［154］于长永，代志明，马瑞丽．现实与预期：农村家庭养老弱化的实证分析［J］．中国农村观察，2017（2）．

[155] 禹奎．遗产、赠与和贫富差距——美国学者的研究概述 [J]．首都经济贸易大学学报，2010 (1)．

[156] 庾德昌．乡镇企业发展与农村就业 [J]．中国农村经济，1994 (12)．

[157] 袁磊．我国居民代际收入流动的实现路径——兼文献综述 [J]．经济问题探索，2016 (11)．

[158] 袁天立，陶思学，郭珊．浅析当前贫困代际传递问题及解决方案 [J]．中国集体经济，2018 (6)．

[159] 张翠娥，狄金华．找回家庭：对农村单身现象的再解释——对赣南茶村的大龄未婚男青年的分析 [J]．南方人口，2013，28 (2)．

[160] 张立冬．中国农村多维贫困与精准扶贫 [J]．华南农业大学学报（社会科学版)，2017，16 (4)．

[161] 张全红，周强．中国多维贫困的测度及分解：1989～2009 年 [J]．数量经济技术经济研究，2014，31 (6)．

[162] 张瑞．教育扶贫：阻断贫困代际传递的根本之策 [J]．人民论坛，2018 (4)．

[163] 张赛群．阻止贫困现象代际传递功在当代利在千秋 [N]．光明日报，2016-08-24 (13)．

[164] 张婉君．基于家庭生命周期理论的家庭资产配置优化策略研究 [J]．经济师，2018 (1)．

[165] 张兴平，刘同德．试论西部农村的贫困文化变革 [J]．重庆社会科学，2007 (11)．

[166] 赵红霞，高培培．子代教育对中国农村贫困代际传递的影响——基于 CHIP2013 的实证分析 [J]．教育学术月刊，2017 (12)．

[167] 赵入坤．20 世纪五六十年代之交的人口流动与管理 [J]．当代中国史研究，2015，22 (2)．

[168] 中共中央关于坚持和完善中国特色社会主义制度　推进国家治理体系和治理能力现代化若干重大问题的决定 [N]．人民日报，2019-11-06 (1)．

[169] 中共中央宣传部．习近平总书记系列重要讲话读本（2014 年版）[M]．北京：学习出版社，人民出版社，2014．

[170] 中共中央宣传部．习近平总书记系列重要讲话读本 [M]．

北京：学习出版社，人民出版社，2016.

[171] 周强，夏显力，姚芬. 影响不同类型农户土地流转的因素分析——基于家庭生命周期理论 [J]. 广东农业科学，2011，38 (11).

[172] 周兴，张鹏. 代际间的职业流动与收入流动——来自中国城乡家庭的经验研究 [J]. 经济学（季刊），2015，14 (1).

[173] 朱晨，杨晔. "啃老"还是"反哺"？——老年抚养对子女创业决策的双重影响 [J]. 经济科学，2018 (5).

[174] 邹红，彭争呈，栾炳江. 隔代照料与女性劳动供给——兼析照料视角下全面二孩与延迟退休悖论 [J]. 经济学动态，2018 (7).

[175] 邹薇，方迎风. 关于中国贫困的动态多维度研究 [J]. 中国人口科学，2011 (6).

[176] 邹薇，郑浩. 贫困家庭的孩子为什么不读书：风险、人力资本代际传递和贫困陷阱 [J]. 经济学动态，2014 (6).

[177] 邹薇. 传统农业经济转型的路径选择：对中国农村的能力贫困和转型路径多样性的研究 [J]. 世界经济，2005 (2).

[178] 邹蕴涵. 我国农村基础设施建设现状及存在的主要问题 [J]. 财经界（学术版），2018 (1).

[179] Alkire S, Foster J. Counting and multidimensional poverty measurement [J]. Journal of Public Economics, 2010.

[180] Becker G. S, Tomes N. An equilibrium theory of the distribution of income and intergenerational mobility [J]. China Labor Economics, 1979.

[181] Bjorklund A, Chadwick R. Intergenerational income mobility in permanent and separated families [J]. Economics Letters, 2003.

[182] Blackman H, Litchfield T. Supporting children in their working lives: obstacles and opportunities within the international policy environment [J]. Journal of International Development, 2009.

[183] Carneiro P, Cunha F, Heckman J. Interpreting the evidence of family influence on child development [J]. 2003.

[184] Christiaensen L, Alderman H. Child malnutrition in ethiopia: can maternal knowledge augment the role of income? [J]. Economic Development & Cultural Change, 2004.

[185] Cunha F, James J. H., Lance L., Dimitriy V. M. Chapter 12 Interpreting the evidence on life cycle skill formation [J]. Handbook of the Economics of Education, 2006.

[186] Dahl G. B, Lochner L. The impact of family income on child achievement [J]. Institute for Research on Poverty, 2005.

[187] Dieden S, Gustafsson B. Child poverty in South Africa: an assessment based on microdata for 1995 [J]. International Journal of Social Welfare, 2010.

[188] Dunan G. J, Jeanne B. G. Consequences of growing up poor [J]. Journal of Marriage and Family, 1999.

[189] Duncan G. J, Ziol-guest K. M, Kalil A. Early-childhood poverty and adult attainment, behavior, and health [J]. Child Development, 2010.

[190] Engle P. L, Black M. M. The effect of poverty on child development and educational outcomes [J]. New York Academy of Sciences. Annals, 2008.

[191] Garcia A. B, Gruat J. V. Social Protection: A life cycle continuum investment for social justice [J]. Social Protection Sector, 2003.

[192] Gilly M. C, Enis B. M. Recycling the family life cycle: a proposal for redefinition [J]. Adanvances in Consumer Research, 1982.

[193] Glick P. C. The family cycle [J]. American Sociological Review, 1947.

[194] Gregorio J. D. Borrowing constraints, human capital accumulation, and growth [J]. Journal of Monetary Economics, 1996.

[195] Gustafsson B, Shi L I. The structure of Chinese poverty [J]. The Developing Economies, 2007.

[196] Hagenaars A. A class of poverty indices [J]. International Economic Review, 2001.

[197] Harry J. H., Diane W. S., Greg J. D., Jens L. The economic costs of poverty in the United States: subsequent effects of children growing up poor [C]. Journal of Children and Poverty, Research on Poverty, Paper No. 1327 - 07, 2007.

[198] Hellerstein J, Morrill M. S. Dads and daughters the changing

impact of fathers on women's occupational choices [J]. The Journal of Human Resources, 2011.

[199] Horii R, Sasaki M. Dual poverty trap: intra and intergenerational linkages in frictional labor markets [J]. Journal of Public Economic Theory, 2012.

[200] Kohrman M. Grooming "que zi": Marriage exclusion and identity formation among disabled men in contemporary China [J]. American Ethnologist, 1999.

[201] Lewis O. Five Families: Mexican case studies in the culture of poverty [M]. Basic Books, 1975.

[202] Li C. Are the poor worse at dealing with ambiguity? [J]. Journal of Risk & Uncertainty, 2017.

[203] Mazumder B. Sibling similarities and economic inequality in the US [J]. Journal of Population Economics, 2008.

[204] Michael P, Keane K. I. Wolpin. The effect of parental transfers and borrowing constraints on educational attainment [J]. International Economic Review, 2001.

[205] Moore K. Frameworks for understanding the inter-generational transmission of poverty and well-being in developing countries [C]. Chronic Poverty Research Centre Working Paper, No. 8, 2011.

[206] Morris M. D, Council O. D. Measuring the condition of the world's poor: the physical quality of life index [M]. Oxford: Pergamon Press, 1979.

[207] Morris P, Duncan G. J, Clark K. E. Child well-being in an era of welfare reform [J]. Developmental Psychology, 2005.

[208] Mullainathan S., Shafir E. Scarcity [M]. London: Penguin UK, 2013.

[209] Murphy P. E, Staples W. A. A modernized family life cycle [J]. Journal of Consumer Research, 1979.

[210] Peter T. Poverty in the United Kingdom: a survey of household resources and standards of living [M]. Berkeley: University of California Press, 1979.

[211] Rodgers R. H. Improvements in the construction and analysis of family life cycle [D]. Thesis – University of Minnesota, 1962.

[212] Romer P. M. Endogenous technological change [J]. Nber Working Papers, 1989.

[213] Rowntree B. S, Hunter R. Poverty: A study of town life [J]. Charity Organisation Review, 1902.

[214] Rucker C. J, Robert F. S. The influence of early-life events on human capital, health status, and labor market outcomes over the life course [J]. The B. E. Journal of Economic Analysis & Policy, 2011.

[215] Sen A. Commodities and capabilities [J]. The economic journal, 1986.

[216] Sen A. Development as freedom [M]. New York: Oxford University Press, 1999.

[217] Smeeding T, Thévenot C. Addressing child poverty: how does the united States compare with other nations? [J]. Academic Pediatrics, 2016.

[218] Solon G. Chapter 29 – Intergenerational mobility in the labor market [J]. Handbook of Labor Economics, 1999.

[219] Trautmann S. T, Van De kuilen G. Ambiguity attitudes [J]. The Wiley Blackwell Handbook of Judgment and Decision Making, 2013.

[220] UNDP: Human Development Report [R]. http://hdr.undp.org, 1997.

[221] Wakker P. P. Prospect theory for risk and ambiguity [M]. Cambridge: Cambridge University Press, 2012.

[222] Wells william D, Gubar george. Life cycle concept in marketing research [J]. Journal of Marketing Research, 1966.

[223] Xiaobo Zhang, Guo Li. Does guanxi matter to nonfarm employment? [J]. Journal of Comparative Economics, 2003.

[224] Zhong D, Treiman D. J. The impact of the cultural revolution on trends in educational attainment in the people's Republic of China [J]. American Journal of Sociology, 1997.